LÍDERES QUE ORAM

Ryan Skoog
Peter Greer
Cameron Doolittle

Com Jill Heisey

LÍDERES QUE ORAM

OS HÁBITOS ESPIRITUAIS DAS
PESSOAS QUE MUDAM O MUNDO

Prefácio de John Mark Comer

Tradução de Francisco Nunes

Título original
LEAD WITH PRAYER
The Spiritual Habits of World-Changing Leaders

Copyright © 2024 *by* Ryan Skoog, Peter Greer e Cameron Doolittle

Nenhuma parte desta obra pode ser reproduzida ou transmitida
por meio eletrônico, mecânico, fotocópia ou sob
qualquer outra forma sem a prévia autorização do editor.

Edição brasileira publicada mediante acordo com Worthy Books, uma divisão
da Hachette Book Group Inc., New York, NY, USA. Todos os direitos reservados.

Direitos para a língua portuguesa reservados
com exclusividade para o Brasil à
EDITORA ROCCO LTDA.
Rua Evaristo da Veiga, 65 – 11º andar
Passeio Corporate – Torre 1
20031-040 – Rio de Janeiro - RJ
Tel.: (21) 3525-2000 – Fax: (21) 3525-2001
rocco@rocco.com.br|www.rocco.com.br

Printed in Brazil/Impresso no Brasil

Preparação de originais
LUIZ ANTONIO WERNECK MAIA

CIP-BRASIL. CATALOGAÇÃO NA PUBLICAÇÃO
SINDICATO NACIONAL DOS EDITORES DE LIVROS, RJ

L68

Líderes que oram : os hábitos espirituais das pessoas que mudam o mundo / Ryan Skoog ... [et al.] ; prefácio de John Mark Comer ; tradução Francisco Nunes. - 1. ed. - Rio de Janeiro : Rocco, 2025.

Tradução de: Lead with prayer : the spiritual habits of world-changing leaders
ISBN 978-65-5532-562-1
ISBN 978-65-5595-365-7 (recurso eletrônico)

1. Liderança - Aspectos religiosos. 2. Líderes religiosos - Orações. I. Skoog, Ryan. II. Comer, John Mark. III. Nunes, Francisco.

CDD: 206.1
CDU: 2-732

25-97745.2

Meri Gleice Rodrigues de Souza - Bibliotecária - CRB-7/6439

A editora não é responsável por sites
(ou seu conteúdo) que não sejam de sua propriedade.

Salvo indicação em contrário, as citações da Bíblia são retiradas
da versão Almeida Revista e Atualizada (ARA), da Sociedade Bíblica do Brasil,
disponível em www.bibliaonline.com.br.

SUMÁRIO

Prefácio	9
Os líderes neste livro	11
Nota sobre ferramentas e recursos adicionais	15
Introdução: Líderes têm um problema com oração	17

PARTE I
COMO OS LÍDERES PRIORIZAM A ORAÇÃO

Capítulo 1: Líderes "perdem tempo" com Deus	37
Capítulo 2: Líderes treinam a alma	57
Capítulo 3: Líderes praticam a presença de Deus	75
Capítulo 4: Líderes ajoelham-se diante do Senhor	93

PARTE II
COMO OS LÍDERES DESENVOLVEM A VIDA DE ORAÇÃO

Capítulo 5: Líderes oram em tempos difíceis	109
Capítulo 6: Líderes oram as Escrituras	125
Capítulo 7: Líderes aprendem a ouvir	139
Capítulo 8: Líderes se arrependem	157
Capítulo 9: Líderes buscam a Deus por meio do jejum	169
Capítulo 10: Líderes separam tempo para um retiro	181

PARTE III
COMO OS LÍDERES MULTIPLICAM A ORAÇÃO DENTRO DE SUA ORGANIZAÇÃO

Capítulo 11: Líderes criam uma cultura de oração — 195

Capítulo 12: Líderes oram por aqueles que eles lideram — 211

Capítulo 13: Líderes constroem equipes para orar com elas e por elas — 227

Capítulo 14: Líderes investem na oração — 243

Estudo de caso: De líder que ora à construção de uma cultura de oração — 259

Conclusão — 265

Lista de verificação para se tornar um líder que ora — 271

Agradecimentos — 273

Notas — 275

"Os pastores se tornaram estúpidos
    e não buscaram ao Senhor
por isso, não prosperaram,
    e todos os seus rebanhos se acham dispersos."

(Jeremias 10:21)

PREFÁCIO

Há um ditado do mundo empresarial que eu adoro: "Líderes são os últimos a comer." Ou seja, os líderes colocam os outros à frente de si mesmos, um princípio que nós, cristãos, chamamos de "liderança de servo". Em nenhum lugar vemos esse tipo de liderança mais claramente do que no próprio Jesus.

Há outro princípio-chave de liderança, no entanto, que vemos em todo o exemplo de vida de Jesus: o da oração. Seu ministério *começou* com quarenta dias no deserto devotados à oração; em várias passagens, vemos que Ele voltava a esse lugar de oração e dali erguia-se para seguir a direção de Seu Pai. Poderíamos nos referir a isso como "líderes são *os primeiros* a orar".

Penso no registro biográfico de Lucas: Jesus "se retirava para lugares solitários e orava" (Lucas 5:16). O texto grego original também pode ser traduzido como: "Frequentemente se retirava [...] e orava" (New English Translation), ou: "Com frequência se afastava [...] para poder orar" (New Century Version), ou: "Tão frequentemente quanto possível, Jesus se retirava para lugares remotos a fim de orar" (A Mensagem).

Jesus não era um eremita; Ele era um líder ativo e ocupado, mas, ainda assim, intencionalmente reservava grandes períodos de tempo para orar. Quando ouço líderes dizerem: "Estou muito ocupado para orar assim", ou: "Simplesmente não tenho tempo para deixar tudo", eu lamento. Por que achamos que nos seria possível viver e liderar sem aquilo que o próprio Jesus considerava essencial?

Não é de se admirar que os discípulos de Jesus, encantados com a bela vida de seu rabino, uma vez disseram a Ele: "Senhor, ensina-nos a orar" (Lucas 11:1). Parece que depois de assistirem seu Senhor "nos bastidores", eles chegaram à conclusão de que a extraordinária vida *exterior* de poder de Jesus era o resultado de uma ainda *mais* extraordinária vida *interior* de oração. Em Seus frequentes retiros ao silêncio a fim de orar, Jesus bebia de uma profunda fonte de sabedoria, direção, poder e coragem em Deus. E eles queriam acesso a essa mesma água.

Aquela antiga fonte de vida em Deus ainda está disponível para qualquer um que seja discípulo de Jesus.

Em *Líderes que oram*, Ryan, Cameron e Peter nos apresentam um caminho seguro para aquela antiga fonte. O levantamento que eles fazem sobre a vida de oração particular de líderes respeitados — ultrapassando as fronteiras da Igreja, de organizações sem fins lucrativos e do mundo dos negócios — já valeria a leitura por si só. Mas o resumo e a síntese que eles oferecem desses grandes do Caminho são o presente verdadeiramente raro.

Você terminará a leitura, assim como eu, convencido, inspirado, instruído e encorajado a orar.

Mas lembre-se: oração não é uma *ideia*; é uma *prática*. Essa foi uma das coisas de que mais gostei neste livro: cada capítulo termina com um exercício espiritual para transformar a visão de se tornar um líder de oração em *realidade*, para ir da informação e da inspiração à *formação*.

Afinal, o próprio Jesus disse que aquele que "*observar* [praticar] e ensinar" o Seu Caminho "será considerado grande no reino dos céus" (Mateus 5:19, ênfase adicionada).

Os líderes são os primeiros a orar.

John Mark Comer
Fundador de *Practicing the Way*

OS LÍDERES NESTE LIVRO

Ao escrever este livro, tivemos o imenso privilégio de aprender com muitos que admiramos por sua liderança fundamentada na oração. Somos gratos àqueles que generosamente compartilharam seu tempo, histórias e sabedoria conosco em entrevistas pessoais, como foi o caso da maioria dos líderes contemporâneos desta lista. Em alguns casos, e certamente com relação a figuras históricas, baseamo-nos em fontes públicas. A seguir está a relação desses líderes com indicação dos capítulos em que são abordados.

Aila Tasse (capítulo 7)
Alexander McLean (capítulo 6)
André Mann (capítulo 12)
Christine Baingana (capítulo 4)
Christine Caine (capítulo 12)
Dallas Willard (capítulos 3, 9 e 10)
David Denmark (estudo de caso)
David Green (capítulo 3)
David Sykora (capítulo 12)
David Wills (capítulo 12)
Don Millican (capítulo 4)
Evelyn Underhill (capítulo 10)
Florence Muindi (capítulo 11)
Francis Chan (capítulo 1)
Ganesh (capítulo 5)
Gary Haugen (capítulo 14)

George Müller (capítulo 7)
Hala Saad (capítulo 10)
Ibrahim Omondi (capítulo 1)
Inácio de Loyola (capítulo 8)
Irmão Andrew (capítulo 7)
Irmão Lawrence (capítulo 3)
Jamie Rasmussen (capítulo 8)
Japhet Yanmekaa (capítulos 6 e 9)
Jay Martin (capítulo 14)
Jean (capítulo 8)
John Kim (capítulo 1)
John Mark Comer (capítulo 2)
John Ortberg (capítulo 4)
John Piper (capítulo 6)
Jon Tyson (capítulo 14)
Joni Eareckson Tada (capítulo 5)
Judah Mooney (capítulo 13)
Justin Whitmel Earley (capítulo 4)
Madre Teresa (capítulo 1)
Mark Batterson (capítulo 11 e conclusão)
Mark Zhou (capítulo 3)
Mary Elizabeth Ellett (capítulo 14)
Nikolaus Ludwig von Zinzendorf (capítulo 14)
Patrick Johnson (capítulo 9)
Pavel (capítulo 9)
Peter Kubasek (capítulo 13)
Priscilla Shirer (capítulo 7)
Regi Campbell (capítulo 12)
Richard Beaumont (capítulo 10)
Rob Ketterling (capítulo 8)
Rosebell (introdução e capítulo 1)
Shalom (capítulos 2, 13 e 14)

Steve Shackelford (capítulo 11)
Terry Boynton (capítulo 2)
Terry Looper (capítulos 5 e 7)
Tim Mackie (capítulos 6 e 10)
Todd Peterson (capítulo 11)
Zehra (capítulo 3)

NOTA SOBRE FERRAMENTAS E RECURSOS ADICIONAIS

Mais do que um mero livro que você está prestes a ler, queremos que *Líderes que oram* seja bastante prático. Temos o privilégio de fornecer ferramentas e recursos suplementares tanto para ajudá-lo a desenvolver uma vida de oração como uma cultura de oração em sua organização.

Em nosso site, www.leadwithprayer.com, você encontrará:

- Um conjunto gratuito de cartões de oração para desenvolver sua vida de oração e ensinar aqueles que você lidera a orar
- Uma ferramenta de avaliação da oração pessoal
- Uma ferramenta de avaliação da oração organizacional
- Sugestões de leituras adicionais para aprofundar sua vida de oração
- Estudos de caso de organizações em que há oração
- Conteúdo bônus de entrevista
- Um link para compras, em grande quantidade, do livro *Liderando com oração*, para sua equipe ou para sua rede de contatos

Além disso, percebemos que as organizações têm sistemas para (quase) tudo o que é importante: sistemas contábeis para gerenciar finanças, sistemas de RH para atender funcionários, sistemas de mensagens para comunicação… *Mas a maioria de nós não tem um sistema para o processo mais importante em nosso ministério: o processo da oração.*

Fizemos uma parceria com a Echo Prayer para criar **um aplicativo de distribuição de pedidos de oração**, bem como outras ferramentas que ajudarão os líderes a implementar sistemas de oração. Acreditamos que esses recursos fornecem "maneiras práticas" de ajudar os líderes a irem além do discurso sobre oração, capacitando suas organizações e equipes a praticá-la de modo mais completo.

É claro que a oração é um relacionamento, não um *software* ou um processo! Mas aprendemos com líderes de oração que um sistema pode agilizar a coleta, a filtragem e o compartilhamento de motivos de oração em uma equipe. Por isso, criamos o que acreditamos serem maneiras simples e estruturadas de investir na oração. Saiba mais em nosso site.

Uma parte da renda deste livro financiará movimentos de oração em todo o mundo.

INTRODUÇÃO

LÍDERES TÊM UM PROBLEMA COM ORAÇÃO

"Não se glorie o sábio na sua sabedoria, nem o forte, na sua força, nem o rico, nas suas riquezas; mas o que se gloriar, glorie-se nisto: em me conhecer [...]."

(Jeremias 9:23–24)

—Oh, não! Eu perdi Billy Graham!

O segurança entrou em pânico. Ele tinha uma tarefa a realizar: vigiar os bastidores do auditório para garantir que Billy Graham estivesse seguro. Por um momento, o segurança saiu pela porta para verificar o corredor de acesso, retornou e, naquele breve instante, perdeu o pregador mais famoso do mundo.

Procurando nos bastidores, ele ouviu uma voz desesperada clamando da passarela, e, quando subiu ao topo, ele encontrou Billy Graham prostrado, implorando em oração: "Deus, eu não posso fazer isso sem Ti! Deus, eu preciso da Tua força e do Teu poder para falar hoje."[1] Naquele dia, Billy Graham estava se preparando para discursar para um grupo não muito grande de líderes por apenas quinze minutos.

Se alguém podia dar uma palestra de quinze minutos contando apenas com sua própria capacidade ou presença, esse alguém era Billy Graham, um orador incrivelmente talentoso que falou para milhões de pessoas e se reuniu e conversou com os líderes mais poderosos do planeta.

Mas, em vez disso, Billy Graham orava como se o exato oposto fosse verdade. Ele caiu com o rosto em terra, clamando desesperadamente a Deus. Apesar de sua experiência, de suas qualificações e da posição como líder global, Billy Graham vivia com uma consciência elevada de sua dependência de Deus: uma consciência evidenciada em sua vida de oração.

Billy Graham parecia levar as palavras de Jesus a sério quando Ele disse: "Sem mim nada podeis fazer" (João 15:5). Mas, com base em estudos recentes, fica claro que poucos lideram com uma convicção semelhante hoje. Coletivamente, perdemos o que era essencial para Billy Graham: sua confiança em Deus, expressa por meio da oração, para sustentar sua liderança.

Os desanimadores estudos sobre a oração

Pessoalmente e por meio de relatos, sabemos que líderes cristãos muitas vezes lideram com base em suas próprias forças, dedicando um tempo significativo à pesquisa, à estratégia e à discussão, antes de encerrar seus esforços com uma rápida oração para que Deus abençoe seus planos.

Estudos sobre líderes cristãos chegaram à mesma conclusão: em geral, eles relatam uma esmaecida vida de oração. Um estudo, por exemplo, mostrou que apenas 16% dos pastores estão muito satisfeitos com sua vida de oração.[2] Outro estudo revelou que 72% dos pastores identificam "consistência na oração pessoal" como uma das maiores necessidades a serem enfrentadas.[3] Quando se trata de oração, o abismo entre onde estamos e onde queremos estar é imenso.

Indo além do âmbito dos pastores, uma grande fundação nos Estados Unidos contratou uma empresa de pesquisa de primeira linha para investigar as práticas de oração dentro de organizações cristãs. Foram investidos seis dígitos em pesquisa quantitativa e qualitativa para entender como essas organizações oravam e qual era o impacto da oração em sua missão e equipe.

Os pesquisadores compilaram uma lista de duzentas organizações cristãs que publicamente promoviam uma cultura de oração. Esse grupo seleto foi escolhido para representar a vanguarda da oração organizacional, e todos os envolvidos no estudo aguardavam ansiosamente os resultados para ver o que poderiam aprender com aqueles que eram um exemplo. O relatório, no entanto, revelou algumas realidades desoladoras enfrentadas pela Igreja e pelas organizações paraeclesiásticas. Especificamente, que a oração corporativa intencional é a exceção, e não a regra, em organizações cristãs.[4] Se essa é a realidade decepcionante da oração entre pastores e as principais organizações, quão mais sombrio é o cenário para o restante das pessoas? E, se os líderes cristãos não estão orando, qual é o impacto disso nos ambientes e equipes que lideram?

Nível de crise

Essa não é uma questão pequena, porque há, de fato, consequências quando os líderes não oram. Como o falecido pastor Tim Keller alertou, a falta de oração é *prejudicial* para qualquer cristão, mas é *mortal* para um líder cristão.[5] "A falta de oração vai matar vocês. Não vai apenas machucá-los; vai matar vocês", ele disse a um grupo de líderes cristãos. Ele continuou: "Quanto mais bem-sucedida for sua igreja [ou organização, ou pequeno grupo], maior a probabilidade de você se sentir ocupado demais para [orar]. E isso é mortal [...] É totalmente mortal."[6] E vemos o alerta de Keller se concretizar à medida que líderes cristãos ao nosso redor tropeçam e falham publicamente ou sucumbem ao esgotamento e renunciam a suas posições de influência.

Também vemos isso claramente nas Escrituras. Conhecemos a história dos grandes líderes da Bíblia, e sabemos que muitos deles tropeçaram. Quando o estudioso de liderança J. Robert Clinton analisou os líderes bíblicos, descobriu que apenas 30% "terminaram bem". Ele acredita que ainda menos estejam terminando bem hoje, e a conexão com a oração é determinante e clara: "Depois de algum tempo no ministério, a tendência é confiar na competência, na capacidade de fazer as coisas, em vez de principalmente em Deus."[7] Para líderes competentes, Clinton sugere, a "própria força se torna uma fraqueza".⁸ Negligenciar a oração não é desastroso apenas para os líderes; é desastroso para as organizações também. Assim como as plantas com o tempo murcham sem água, uma organização que não é revigorada e nutrida pela oração torna-se apática e perde sua vitalidade. As divisões surgem. Os membros da equipe ficam insatisfeitos e desinteressados. As organizações tornam-se mais ocupadas, mas menos eficazes. Uma organização que negligencia a oração está efetivamente se deteriorando.

A centelha

Ao longo dos anos, nós (Ryan, Peter e Cameron) frequentemente discutimos as implicações pessoais e organizacionais de negligenciarmos nossa vida de oração. Apesar de nossa crescente conscientização sobre os perigos, foi um único versículo bíblico que trouxe a convicção que deu origem a este livro.

Certo dia, durante meu período habitual de leitura da Bíblia, eu (Ryan) li as palavras de 1Samuel 12:23, em que o profeta e líder Samuel diz ao povo de Israel: "Longe de mim que eu peque contra o Senhor, deixando de orar por vós." Coloquei minha Bíblia de lado, levantei-me e comecei a andar de um lado para o outro. As palavras de Samuel me tocaram profundamente, tanto como líder empresarial quanto como dirigente de uma associação sem fins lucrativos. Além disso, elas pareciam lançar um desafio mais amplo aos líderes cristãos que fizeram da oração um último recurso em vez de uma prioridade. Perguntas inundaram minha mente: "Deus considera a falta de oração dos líderes um pecado contra Ele? Ele exige dos líderes um padrão mais elevado em relação à oração? Há milhares de líderes falando sobre liderança, mas como são suas vidas de oração, que deveriam sustentar sua liderança? E, se a oração é a base de suas vidas, por que ouvimos tão pouco sobre isso?"

Decidi explorar a vida de oração dos líderes, e convidei Cameron e Peter para essa jornada como colegas líderes de organizações globais sem fins lucrativos. Começamos simplesmente perguntando uns aos outros: "Como deve ser a vida de oração de um líder?" A princípio, a discussão era apenas para nosso próprio benefício e o das organizações que lideramos: VENTURE, Practicing the Way e HOPE International, respectivamente. Mas, com o tempo, nossa conversa se expandiu para uma pesquisa mais ampla, e passamos os últimos três anos investigando como os líderes que mudam o mundo lideram por meio da oração.

Uma busca global por líderes que oram

Não nos consideramos especialistas em oração, mas entusiastas: ávidos por aprender enquanto nos esforçamos para liderar organizações produtivas. Essa postura deu início à nossa missão de encontrar o que o trabalho de pesquisa milionário não encontrou: líderes de oração que nos permitissem sentar a seus pés e aprender a orar como líderes.

Passamos mais de cem horas entrevistando líderes em seis continentes, que, juntos, atuam em mais de cem países, e contratamos uma equipe de pesquisadores para estudar a vida de oração dos líderes em nosso tempo e ao longo da história.

Nosso *eureka* veio quando começamos a estudar líderes globais pedindo-lhes que nos ensinassem a como nos tornar líderes que oram.

Algo milagroso, até mesmo histórico, está acontecendo na Igreja global. Os missiólogos dizem que nunca viram nada parecido. Os historiadores da Igreja confirmam o mesmo.[9] Pessoas estão vindo a Cristo, igrejas estão sendo plantadas e comunidades estão sendo transformadas por meio do desenvolvimento comunitário e do Evangelho em proporções nunca antes vistas em lugares desafiadores como Irã, Nepal, Afeganistão, Índia, China, Iraque e Norte da África.

Está acontecendo em nosso tempo: um reavivamento ou reforma mundial em uma escala não vista desde os primeiros dias da Igreja.

Quando começamos a entrevistar os diversos líderes por trás desses movimentos, o princípio, a prática e a ênfase número um que impulsionam a transformação radical — para cada pessoa sem exceção — é a *oração extraordinária*.

O segredo de liderança deles não é, de forma alguma, uma "prática de liderança": é uma vida de oração.

A primeira entrevista

Nossa primeira entrevista foi com uma mulher chamada Rosebell, uma heroína anônima que atendeu a vítimas de genocídio por quarenta anos em uma zona de guerra cheia de minas terrestres.[10] Ela está construindo uma organização extremamente eficaz em uma das áreas mais difíceis do mundo. A maioria das pessoas não conseguiria suportar esse trabalho perigoso e desgastante por alguns meses, muito menos por quatro décadas. Mas Rosebell irradia alegria, e ela dá o crédito disso a sua robusta vida de oração. "Mesmo em uma guerra, Jesus me faz tão feliz", disse ela. "Quando eu era jovem e queria contribuir com o dízimo, não tinha dinheiro. A única coisa valiosa que eu tinha era tempo. Eu me comprometi a dar o dízimo de meu tempo e orar, e ler as Escrituras e adorar por duas a duas horas e meia todos os dias, *e tenho feito isso pelos últimos quarenta anos.*"

Precisávamos saber se essa incrível líder de oração era uma exceção ou a norma para a Igreja global, e queríamos continuar a busca por pessoas como ela em contextos mais semelhantes ao nosso.

Ampliamos nossa pesquisa para líderes de oração em todas as esferas, desde empresas até organizações sem fins lucrativos e igrejas. Entrevistamos líderes proeminentes e bem conhecidos, como Joni Eareckson Tada, Francis Chan, John Mark Comer, John Ortberg, Tim Mackie, Jon Tyson e Mark Batterson, pedindo que compartilhassem seus hábitos de oração. Pesquisamos a vida de oração bem documentada de líderes como Christine Caine, Priscilla Shirer e John Piper. Conversamos com líderes que seguem a Cristo em uma variedade de empresas, grandes e pequenas. Finalmente, pesquisamos os hábitos de oração de líderes cristãos ao longo da história. Padrões, princípios e pontos em comum emergiram com clareza inegável.

A descoberta

Um empresário bilionário, um líder de uma organização sem fins lucrativos para refugiados de guerra e o pastor de uma igreja de aldeia aninhada entre as montanhas do Himalaia — todos tinham práticas de oração *muito semelhantes*. Mas suas práticas não eram novas; elas ecoavam aquelas de líderes cristãos ao longo da história, de Tiago, o irmão de Jesus, a Inácio de Loyola.

O que encontramos foram diamantes: práticas belas e transcendentes compartilhadas por todo o espectro de liderança. Entrevistamos um financista de Nova York que ora por horas para ouvir o Espírito Santo antes de tomar grandes decisões de negócios, um pastor que investe em oração e desafia líderes a fazer da oração "um item essencial em seu orçamento", um plantador de igrejas que orou ao longo da criação de 15 mil igrejas e um líder que mobilizou mais de 200 mil pessoas para se reunirem em uma montanha exclusivamente para oração.

Acima de tudo, ficou bastante claro: *uma vida de oração deliberada é a constante inegociável da vida e da liderança cristãs duradouras e frutíferas.*

Quatro abordagens comuns à oração e à liderança

Nossa pesquisa revelou quatro abordagens principais à oração e à liderança, que podem ser representadas por uma matriz 2x2 com um eixo para oração e outro para liderança.

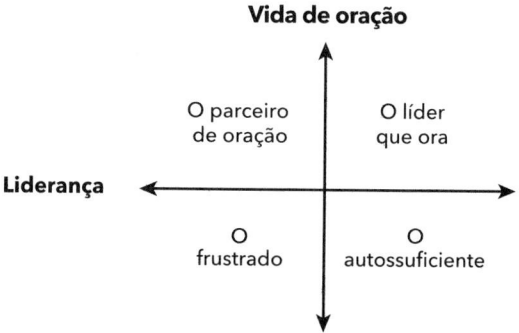

Tipo 1: Os frustrados — pessoas que não se desenvolvem em oração ou em liderança

Essa categoria será pouco mencionada, exceto para destacar que aqueles que identificamos nesse estado pareciam repetir os mesmos erros em um ciclo de frustração. Descobrimos que esses líderes não buscavam desenvolver-se nem em sua liderança nem em sua vida de oração. Eles tendiam a ser apáticos em relação a Deus ou a culpar os outros em vez de tomar uma iniciativa.

Tipo 2: Os parceiros de oração — intercessores, crentes que oram, monásticos

As pessoas da segunda categoria podem ser consideradas guerreiros de oração ou parceiros de oração. Esses indivíduos desempenham um papel essencial em uma organização, embora muitas vezes estejam fora de posições formais de liderança. Intercessores e parceiros de oração têm sido, ao longo de milhares de anos, os catalisadores para reavivamentos, reformas, renovação cultural e disseminação das boas-novas de Jesus até os confins da Terra.

Nem todos têm papéis formais de liderança, mas *todo* crente pode orar e ser um exemplo de vida de oração para os outros. Aqueles que são fiéis exemplos de oração podem capacitar todos que influenciam a se tornarem pessoas de oração, independentemente da posição ou do cargo. Esses líderes de oração são parte de uma rica e bela tradição de crentes de todas as culturas e posições de vida chamados a "abrir os céus" por meio da oração e a pavimentar o caminho para que o Reino de Deus venha com poder e beleza. Ana e Simeão, na história do Advento, oraram por décadas pela vinda do Messias, exemplificando a devoção à oração que caracteriza o Tipo 2, os parceiros de oração (Lucas 2:22–38).

Na Igreja global, muitos crentes são treinados para passar de uma a duas horas por dia em oração pessoal, leitura das Escrituras, oração corporativa e adoração, independentemente do papel ou da responsabilidade na organização.[11] Essas comunidades praticam uma oração extraordinária em nível individual.

Outro exemplo de parceira de oração é Dorothea Clapp. No fim da vida, Dorothea morava em frente a uma escola secundária da cidade, e queria ver os alunos encontrarem Jesus, mas ela não tinha contato direto ou relacionamento com eles. Então, ela orava por cada aluno que passava diante de sua janela. Um desses alunos era um adolescente rebelde chamado George. Durante dois anos, ela orou incessantemente por George enquanto ele passava diante da sua janela diariamente, indo e vindo da escola.[12] George Verwer conheceu Jesus de maneira poderosa e fundou a Operação Mobilização (OM), um movimento missionário que tocou milhões de vidas, envolvendo mais de cinco mil obreiros, representando mais de cem nacionalidades.[13] Dorothea permaneceu uma parceira de oração da OM por décadas.

Deve-se mencionar também que, apesar do papel vital dos parceiros de oração, não podemos simplesmente delegar a oração. Essa prática moderna de terceirizar a oração para a equipe ou para voluntários enquanto assumimos outras responsabilidades e oportunidades de liderança é, em grande parte, um engano entre os cristãos ocidentais que nos impede de nos tornarmos líderes que oram.

Jesus *nunca* ensinou isso, os discípulos praticaram *o oposto*, e não há nenhum líder na história da Igreja que tenha endossado a ideia de delegar a oração apenas àqueles considerados mais aptos para o papel de intercessor.

Tipo 3: Os autossuficientes — líderes que tentam servir a Deus com suas próprias forças e habilidades

Um líder de uma organização sem fins lucrativos compartilhou francamente: "À medida que fui crescendo no papel e nas responsabilidades de liderança, meu foco e minha priorização da oração diminuíram inquestionavelmente." Os pesquisadores do Barna Group documentaram essa tendência em um estudo sobre oração de 2017. Eles descobriram que indivíduos com ensino superior tinham 20% menos probabilidade de orar e pedir orientação a Deus do que aqueles com apenas o ensino médio.[14] E essas descobertas correspondem à nossa experiência de que líderes com boa formação, bem-treinados e experientes geralmente têm menos probabilidade de valorizar a oração, dar exemplo em oração ou investir na oração do que seus colegas menos *autossuficientes*. À medida que ganhamos posição como líder, corremos o risco de perder a dependência de Deus.

Mas Jesus deu um exemplo que é exatamente o oposto.

À medida que as demandas e o renome de Seu ministério se intensificam, há *mais* referências à vida de oração de Jesus. Quanto mais peso e responsabilidade e quanto mais seguidores conquistava, *mais* Ele enfatizava retirar-se para lugares solitários a fim de estar a sós com Deus e orar.

Em vez de seguir esse exemplo de Jesus, muitos líderes fazem um "acordo" secreto com Deus: "Senhor, Tu vês o quão ocupado estou fazendo Tua obra. Não posso reservar tempo para estar contigo, mas, ainda assim, abençoarás tudo o que estou fazendo, não é?" Não ensinaríamos ou mesmo admitiríamos essa prática, mas é uma barganha tácita feita de um milhão de maneiras diferentes.

Em nossa pesquisa, apreciamos a franqueza de líderes cristãos bem conhecidos e respeitados que confessaram ter uma vida de oração anêmica. Os dados confirmam que essa é uma aflição compartilhada pela maioria dos líderes cristãos em nosso contexto.

É preciso humildade para admitir que precisamos tão desesperadamente da presença de Deus a ponto de dedicarmos tempo à oração e à busca, em vez de planejar e trabalhar arduamente. Muitos líderes cristãos sucumbem à grande tentação de operar no quadrante inferior direito de "líder autossuficiente". Muitos deles usam o carisma e o talento concedidos por Deus para construir organizações e promover causas importantes. No entanto, eles lideram sintonizados com as próprias habilidades e influência, lutando contra suas limitações, em vez de enxergá-las como um convite para buscar Aquele que é ilimitado.

À medida que seus seguidores aumentam, esses líderes impulsionam o crescimento, esforçam-se e promovem o engajamento. A maioria dos livros sobre liderança que lemos treina líderes para fazer isso de forma mais eficaz: gerenciar estresse, tempo ou influência; fortalecer a comunicação ou a estratégia; moldar a nós mesmos até nos tornarmos líderes que outros gostariam de seguir.

Esses não são objetivos ilegítimos, mas também não são o objetivo supremo. Pensemos no tempo de nossos filhos no futebol pré-escolar. Muitas manhãs de sábado, ficávamos na lateral do campo gritando: "Não! Vire-se! O gol é do outro lado!" Mais de uma vez, os pequenos chutadores marcaram no gol errado. Em meio ao enxame de camisas e caneleiras, nossos filhos lutavam para lembrar qual gol estavam mirando. Da mesma forma, o enxame da cultura de liderança pode nos impedir de ver que o objetivo não é influência, produtividade ou eficiência, mas Jesus. Marcamos pontos, mas, às vezes, no gol errado.

Enquanto tentamos encaixar a oração em nossa vida ocupada, Deus está do outro lado do campo, dizendo: "Vire-se! Eu estou aqui; Eu *sou* o alvo!" Influência, produtividade e eficiência fluem de nossa imersão em Cristo.

Afinal de contas, o objetivo da liderança cristã ainda é Jesus.

Tipo 4: O líder que ora — líderes que se desenvolvem enraizados em uma vida de oração dinâmica e crescente

Abraçar a oração não é desconsiderar indiscriminadamente os princípios de liderança; não é isso que propomos. Praticamos e estudamos liderança, e possuímos graduações avançadas de Harvard, Stanford, Universidade da Califórnia, em Berkeley, e St. Thomas. Valorizamos a educação, o treinamento de liderança e a excelência organizacional. Mas, em nosso âmago, cremos que uma ênfase exagerada na liderança e uma falta de ênfase na presença de Cristo podem resultar em tragédia, tanto pessoal quanto organizacional.

Precisamos descobrir o fantástico equilíbrio entre oração e liderança que o falecido teólogo escocês John Murray chamou de "misticismo inteligente", que valoriza tanto a liderança estratégica quanto a oração fervorosa.

Líderes que oram pararam de adorar nos altares da conquista e destruíram a ilusão de sua autossuficiência. Como resultado, eles, assim como Billy Graham, investem em uma vida de oração dinâmica e crescente. Eles trocam o esforço do quadrante inferior direito pela rendição do quadrante superior direito.

A liderança devotada à oração nos convida a buscar as prioridades divinas em vez das melhores práticas de liderança. Os líderes que oram, com os quais aprendemos, priorizam a oração, mesmo ao custo da "produtividade", e eles realmente acreditam que a troca vale a pena. Eles atraem pessoas para Jesus e seus legados são duradouros e impactantes no Reino ao confiarem em Deus, liderando a partir de um lugar de alegria, paz e descanso. Ao buscarem a presença de Deus, o céu se mostra abundantemente em suas vidas e em suas organizações de maneiras muito além da capacidade humana.

O mentor espiritual de C. S. Lewis, o sacerdote Walter Adams, incutiu em Lewis um conceito simples e transformador: "Cuide das raízes, e os frutos cuidarão de si mesmos."[15] Muitas vezes, podemos ficar obcecados com os frutos a ponto de negligenciar nossas raízes. Isso é loucura, do ponto de vista eterno.

Muitas vezes renunciamos à força do céu e confiamos em nossa própria habilidade. Evitamos a sabedoria do céu em favor de nossas próprias ideias. Confiamos em nossa capacidade e influência quando a capacidade e a influência do céu estão disponíveis. Todos os recursos celestiais estão disponíveis, a cada momento, quando paramos de preencher nossa vida ocupada além da capacidade para sermos preenchidos com a vida de Cristo, quando paramos de perseguir nossa agenda para receber Sua orientação e paramos de correr para dedicar tempo a fim de caminhar com Ele.

Mas nossa transformação em líderes que oram não é algo que ocorre rapidamente. E não deveria ser. Temos de lutar de coração e alma por uma vida de oração dinâmica. Isso exigirá a plenitude de nosso ser.

Lemos livros sobre oração que focam a vida interior. Lemos livros sobre liderança que focam em administrar organizações bem-sucedidas. Mas não queremos — ou cremos que somos chamados para — viver essa vida dicotômica. O que aconteceria se nos tornássemos não apenas líderes que oram, mas, mais especificamente, líderes de oração? Como isso mudaria a maneira de orarmos, a maneira de liderarmos e a vitalidade espiritual das organizações a que servimos?

Dois campos de treinamento

Descobrimos que os líderes que oram aprenderam a orar principalmente em dois campos de treinamento. O primeiro é o aprendizado prático. A melhor maneira de um líder se tornar um líder que ora é aprendendo com outros líderes que oram: replicando e modificando hábitos, posturas, orações e periodicidade. A ideia popular de "aprende-se mais vendo do que ouvindo" alinha-se com essa ideia de aprendizado prático.

Para aprendermos com líderes que oram, priorizamos entrevistas presenciais e observações prolongadas para mergulharmos na vida desses líderes, dar exemplos concretos e despertar uma sede semelhante à de uma corça que anseia por água (Salmo 42:1).

Esses líderes que oram estavam em uma jornada para "treinar a alma", constantemente buscando novas maneiras de orar, novas orações para guiá-los e novas maneiras de incorporar as Escrituras ao próprio coração. Eles buscavam passar mais, não menos, tempo em oração, inventando novas formas de se lembrar de Deus e de conectar a alma a Ele ao longo do dia, da semana e do ano. Essas práticas, periodicidade e princípios de líderes que oram se tornaram as correntes subjacentes unificadoras que impulsionaram legados frutíferos, prósperos e duradouros de liderança.

O segundo campo de treinamento é aos pés de Jesus. Havia um fogo, uma beleza e uma irresistibilidade na vida de oração de Jesus que atraía os discípulos a pedir-Lhe: "Ensina-nos a orar" (Lucas 11:1). Não há nenhum registro deles pedindo-Lhe para ensiná-los a liderar, falar, ensinar ou orientar. Mas eles foram compelidos a pedir a Jesus que lhes ensinasse a orar porque viam que isso era o fundamento da vida e da liderança de Jesus, que frequentemente ensinava a importância da oração, tanto por meio de palavras quanto de ações.

- "Nem uma hora pudestes vós vigiar comigo?" (Mateus 26:40)
- "Vigiai e orai, para que não entreis em tentação" (v. 41).
- "Esta casta não pode sair senão por meio de oração" (Marcos 9:29).

- "Quem permanece em mim, e eu, nele, esse dá muito fruto; porque sem mim nada podeis fazer" (João 15:5).
- "E aquele que me enviou está comigo, não me deixou só, porque eu faço sempre o que lhe agrada" (João 8:29).
- "E, quando orardes [...]" (Mateus 6:5).
- "Disse-lhes Jesus uma parábola sobre o dever de orar sempre e nunca esmorecer" (Lucas 18:1).

É profundo pensar que Deus veio à Terra, andou entre nós e nos ensinou a orar. A vida de oração de Jesus nas Escrituras constitui o núcleo de todos os hábitos que exploraremos, e assim, à medida que explorarmos cada hábito, mergulharemos em sua "origem em Jesus".

Christian Dawson, um pastor da Igreja Bridgetown em Portland, Oregon, descreveu o assunto desta forma: "As primeiras pessoas que seguiram Jesus ficaram todas perplexas com a Sua vida de oração — ficaram fascinadas por ela. Jesus acordava cedo para orar. Quando estava exausto, ficava sozinho para orar. Quando tinha bom resultado no que fazia, saía para orar. Quando estava em provação, ficava acordado a noite toda para orar. É como se a primeira e a última atividade de Jesus sempre fossem a oração. Nosso rabi viveu algo que é tão fácil de esquecer: a oração, mais do que qualquer outra coisa, alimenta nosso amor por Deus, por Seu povo e por Sua missão no mundo."[16] Os discípulos tinham observado Jesus orar e queriam que seu rabi os ensinasse diretamente, mas nós também podemos experimentar a beleza de aprender a orar com o próprio Senhor. Jesus ainda está ensinando Seus líderes a orar. Como um hino de 1.500 anos expressa tão lindamente, Ele ainda é nosso "melhor pensamento, de dia ou de noite".[17] As Escrituras nos revelam outro segredo: Jesus ainda está orando por nós neste exato momento, porque Ele vive "sempre para interceder" por nós, ainda hoje (Hebreus 7:25).

Líderes cristãos não precisam de outro axioma impactante de liderança, como se um novo *insight* fosse tão profundo a ponto de mudar a face da liderança cristã. Mas, se os líderes cristãos desenvolvessem, em massa, uma vida de oração dinâmica e incutissem essa paixão naqueles que orientam e lideram, a história e as Escrituras nos afirmam que bairros e nações seriam transformados por gerações. Como Deus disse a Israel: "Se o meu povo [...] se humilhar, e orar, e me buscar [...] então, eu ouvirei dos céus [...] e sararei a sua terra" (2Crônicas 7:14).

Todo o céu está esperando ansiosamente que nos ajoelhemos.

ORAÇÃO

Querido Jesus, ajuda-me a espalhar Tua fragrância por onde quer que eu vá. Inunda minha alma com Teu espírito e com Teu amor. Invade e possui todo o meu ser tão completamente que toda a minha vida seja apenas um brilho Teu. Brilha por meio de mim e esteja em mim para que cada alma com quem eu entrar em contato possa sentir Tua presença em minha alma. Que as pessoas olhem para mim e não me vejam mais, mas apenas a Jesus. Fica comigo, e então começarei a brilhar como Tu brilhas, para brilhar como uma luz para os outros.
Amém.

(Madre Teresa)

FERRAMENTA DE ORAÇÃO

Cada capítulo terminará com ferramentas práticas para ajudar você a se tornar um líder com oração. Ferramentas e recursos adicionais estão disponíveis em www.leadwithprayer.com.

Embora a oração em um contexto ocidental seja frequentemente considerada uma atividade individual, nós o encorajamos a convidar amigos ou colegas para participar desse propósito. Quem você conhece que poderia ajudar a criar mudanças significativas em sua vida de oração? Convide essas pessoas para esse processo e considere ler este livro junto com elas.

Escrever este livro em equipe não só aumentou a alegria de escrevê-lo, mas também nos ajudou, sem dúvida, com a aplicação prática. Este livro foi escrito em comunidade, e nós encorajamos você a lê-lo em comunidade também.

Por fim, convidamos você a vivenciar este livro em oração. Pare frequentemente e ore quando ler uma entrevista que acenda algo em seu coração. Ore uma das orações que você leu. Ore usando alguns dos salmos que você vê. Fazemos esse convite com confiança, porque a maior parte do presente conteúdo não nos pertence, mas sim aos santos que encontramos ao longo do caminho.

PARTE I

COMO OS LÍDERES PRIORIZAM A ORAÇÃO

CAPÍTULO 1

LÍDERES "PERDEM TEMPO" COM DEUS

"O primeiro grande negócio ao qual eu deveria atender todos os dias é ter minha alma feliz no Senhor."

(George Müller)

Há alguns anos, eu (Ryan) ouvi uma história que nunca esqueci desde então. Um presidente estrangeiro chegou cedo para o compromisso agendado com um pastor sul-coreano. Para grande frustração do presidente, o assistente do pastor o fez esperar enquanto o pastor concluía sua hora de oração ininterrupta do meio-dia. Nada deveria ficar entre o pastor e esse tempo reservado para estar com Deus.

— Você sabe quem eu sou? — o presidente perguntou com raiva ao secretário.

O secretário tentou colocar as coisas na perspectiva correta ao responder calmamente:

— Você sabe com quem ele está falando agora?

Poucos líderes adotam a perspectiva compartilhada por esse pastor e seu assistente: de que nenhum poder terreno ou demanda urgente tem precedência sobre passar tempo com o Rei dos reis.

Líderes têm uma superabundância de demandas sobre seu tempo. Agendas lotadas impõem uma barreira prática para se tornar um líder que ora. Mas essa barreira prática está enraizada em uma barreira ideológica: *esquecemos com quem estamos falando.*

Se operarmos sob a ilusão de que estamos no controle de nossa agenda, do nosso dia ou da nossa organização, então por que orar? Se acreditamos que estamos no controle, teremos dificuldade em enxergar como a oração pode ser o melhor e mais eficaz uso do nosso limitado tempo. A oração exige que devolvamos a Deus o controle que sempre foi d'Ele.

Eu (Peter) confesso que ver a oração como *prioridade* tem sido muitas vezes uma luta, embora eu *saiba* e seja rápido em reconhecer a importância dela. Desacelerar não é fácil, mesmo quando há horários e lugares dedicados para a oração.

A cada trimestre, a HOPE International, onde sirvo, promove dias reservados para oração. Eu participo fielmente, mas em um desses dias, quando os facilitadores convidaram nossa equipe a encontrar um lugar tranquilo para oração silenciosa, lembro-me de passar meu "tempo de oração" ruminando sobre os desafios operacionais e de pessoal que a HOPE estava enfrentando. Eu fui dar uma caminhada, mas me concentrei em tentar resolver os problemas sozinho.

No final do dia, enquanto caminhava pelos arredores, eu tinha passado pouquíssimos momentos preciosos em oração. Em vez disso, eu me vi fixado no que *eu* precisava fazer: criar estratégias, planejar e trabalhar duro — optando pelo esforço humano com uma pitada de pó mágico de oração. Terminei o dia sem paz nem uma direção clara. O que eu tinha, talvez pela primeira vez, era clareza a respeito de um problema com a oração e suposições errôneas sobre quem estava no controle.

A hora que salvou uma década

Na minha família (Ryan), frequentemente relembramos e contamos uma história para nos lembrar de quem está no controle.

Quando eu era adolescente, meu pai lançou uma marca e desenvolveu um negócio de sucesso. Depois de dez anos de longos dias, noites em claro e viajando pelo país, sua *startup* recebeu uma oferta de um acordo exclusivo com uma grande empresa da Fortune 100. Esse era o tipo de acordo com o qual empreendedores ambiciosos sonham quando iniciam suas empresas com entusiasmo.

"Sim!", parecia a resposta óbvia, mas meu pai submeteu o assunto à oração, lembrando-se de Provérbios 3:6: "Reconhece-O em todos os teus caminhos, e Ele endireitará as tuas veredas." Ele orou sobre o acordo por uma hora. Com uma oferta tão atraente na mesa, aquela hora de oração poderia ter sido mais bem aproveitada assinando contratos e redigindo comunicados à imprensa. Mas enquanto orava, meu pai sentiu claramente, vindo do céu, que deveria recusar o acordo, embora não soubesse dizer o porquê.

As Escrituras dizem "Saireis com alegria e em paz sereis guiados" (Isaías 55:12) e, mesmo que aquele acordo parecesse irresistível no papel, meu pai sentia o oposto de paz. Ele recusou a oferta. Seu parceiro de negócios ficou furioso ao lembrar meu pai: "Foi para isso que você trabalhou a vida inteira!" Mas meu pai se manteve firme.

Vários meses depois, a mesma empresa da Fortune 100 surpreendeu Wall Street e o mundo ao declarar falência após uma mudança imprevista na indústria. Se meu pai tivesse assinado o acordo, aquela empresa teria levado a sua empresa à ruína junto com ela. A hora dedicada ao Senhor em oração salvou dez anos de investimento e dezenas de empregos que a empresa do meu pai havia criado.

Desde aquela experiência, não há dúvidas em nossa família de que o tempo dedicado a Deus nunca é desperdiçado.

Os dados sobre os líderes que oram

Sem exceção, os líderes que oram que entrevistamos afirmam que os momentos mais produtivos de sua vida são aqueles passados com Jesus.

De maneiras misteriosas e maravilhosas, esses líderes podem dar testemunhos de como centralizar sua liderança na oração aumentou exponencialmente seu impacto, e pesquisas apoiam suas afirmações baseadas na experiência pessoal. Um estudo encomendado privadamente, conduzido pelo Barna Group, revelou resultados encorajadores. Entre as organizações que priorizam a oração:

- 91% dos entrevistados se sentem mais alinhados à missão da organização;
- 85% acreditam que Deus está realizando Sua obra de forma mais clara por meio do ministério;
- 78% concordam que se sentem "menos estressados nas [suas] responsabilidades do dia a dia" devido à oração corporativa; e
- 70% concordam que sua "produtividade aumentou".

O estudo mostrou que esses efeitos são especialmente verdadeiros em ministérios em que a oração é corporativa e não individual, compulsória e não opcional, e proativa e não reativa.[1] Embora cada um de nós tenha visto Deus trabalhar por meio da oração para realizar "tudo muito mais abundantemente além daquilo que pedimos ou pensamos" (Efésios 3:20), não oferecemos garantias de que o investimento em oração produzirá resultados previsíveis e desejáveis ou aumentos exponenciais na produtividade, como geralmente imaginamos. Os frutos da oração são muito mais discretos do que simplesmente receber a resposta esperada de nossos pedidos. Líderes que oram nos diriam que o tempo dedicado à oração *é* produtivo e frutífero, mas, além disso, o tempo dedicado à oração é fundamental para todos os aspectos de sua liderança.

Liderando em campos minados

"Eu tinha 14 anos quando as bombas começaram a cair na minha aldeia. Todos procurávamos um lugar para nos esconder. Eu encontrei uma pequena caverna, mas, ao entrar, vi uma cobra venenosa bem à minha frente. Bombas explodiam atrás de mim, e havia uma cobra à minha frente. Eu me ajoelhei e orei para que Deus detivesse a cobra — assim como Ele deteve os leões em Daniel —, e Ele fez isso! A cobra nunca me picou."[2]

Rosebell (que apresentamos na Introdução) compartilhou essa história quando perguntamos a ela sobre uma de suas primeiras respostas à oração que colaborou para a edificação de sua fé. Histórias como essa se sucederam enquanto ela descrevia quarenta anos de respostas às suas orações, orquestradas por um Deus soberano.

Rosebell é como uma Madre Teresa menos conhecida. Ela comanda uma rede clandestina altamente eficaz de líderes que atendem crianças em uma zona de guerra, fornecendo comida, educação, abrigo e deslocamento seguro. A situação no local está mudando constantemente, e ela passa os dias elaborando planos de ação para responder a uma crise após outra. Muitos líderes podem se identificar com dias assim, mas as crises de Rosebell geralmente envolvem a trágica intersecção de minas terrestres, projéteis de morteiros e crianças.

Quarenta anos de liderança em uma zona de guerra não endureceram essa líder que ora. Quando eu (Ryan) visitei pela primeira vez a vila de bambu onde Rosebell reside, o medo era palpável. Passamos um tempo com vítimas de minas terrestres, cujos corpos foram marcados por explosões e cujas sinapses foram alteradas pelos traumas. Nossa visita foi interrompida quando todos nós tivemos que fugir abruptamente, pois os soldados estavam a poucas horas de chegar novamente à vila.

Por décadas, os moradores da vila têm vivido sob ameaça e incerteza constantes. Muita coisa estava fora de seu controle, mas, em forte contraste com a escuridão da morte, da urgência, dos ferimentos, do medo e da perda que os cercam, a luz da alegria de Rosebell brilha intensamente. Ela atribuiu ao tempo que passa na presença de Deus a fonte dessa alegria. Desde que ela decidiu dar 10% de seu tempo, começando aos 18 anos, a oração extraordinária tem sido a base de seu ministério cheio de alegria.

Quando seu ministério estava apenas começando, Rosebell recebeu a ligação com a qual potenciais refugiados sonham: um oferecimento de asilo em um país seguro. Em vez de assumir que isso era um presente de Deus, ela considerou o assunto em oração e, em sonhos recorrentes, ouviu diretamente de Jesus para ficar e servir seu povo.

Ela começou levando algumas crianças para sua casa. Agora, Rosebell atende milhares de crianças refugiadas e treina refugiados de guerra a plantar igrejas e a cultivar terras. Ela e a equipe que montou semeiam sementes de alegria eterna e de esperança em lugares sem esperança, sombrios e cheios de dor. Ela é rápida em dizer que é a oração que os sustenta.

Ao ver a fé e a alegria duradouras de Rosebell em meio a uma situação aparentemente impossível, queríamos entender mais. "Rosebell, por favor, nos ensine a orar como você!", pedimos.

Seu hábito pessoal de oração começa com trinta minutos de oração solitária durante a caminhada matinal. "Eu caminho com Jesus todas as manhãs. Eu olho para a teia de aranha, e vejo seu desenho intrincado e sua beleza, e penso em como Jesus teceu minha vida com precisão e beleza, e agradeço a Ele por esses pequenos lembretes. Tudo me lembra de Jesus. Eu sempre procuro maneiras de desfrutar de Jesus." Após sua caminhada matinal, Rosebell se reúne com sua equipe para mais trinta minutos em oração.

Ao longo do dia, ela faz pausas para orar e receber paz de Jesus. A oração é parte integrante do seu dia, surgindo em momentos inesperados quando alguém está em necessidade. Enquanto atravessa selvas infestadas de minas para chegar aos campos de refugiados, ela está ciente dos riscos, mas confiante no controle de Deus.

À noite, Rosebell passa um tempo estudando as Escrituras, orando por necessidades e escrevendo em seu diário. Ela mantém um livro de orações no qual registra seus pedidos de oração de um lado de um caderno e as respostas correspondentes do outro. Ao longo das décadas, ela encheu pilhas desses diários e os manteve todos como lembretes tangíveis de orações respondidas para despertar sua fé e incitá-la a confiar em Deus a respeito das necessidades atuais.

Um buquê em meio a bombas

Rosebell nos enviou recentemente uma foto de uma lona cheia de água na qual seu ministério conduziu um batismo-relâmpago em uma área onde há conflito armado em andamento. Um buquê de flores adornava cada canto do batismo improvisado. O contraste de um batismo cheio de esperança com flores recém-cortadas no meio de uma zona de guerra era como um dos lembretes que Rosebell tem sobre Jesus: Ele é como flores recém-cortadas na zona de guerra, alegria em meio a provações e tribulações inimagináveis.

Liderança requer não apenas produtividade, mas também compaixão, energia e visão. Rosebell percebe que somente a amizade com Jesus refresca sua alma. Somente descobrir as novas misericórdias de Deus e Sua grande fidelidade todas as manhãs lhe dá forças para continuar com uma alegria que desafia as circunstâncias.

Em vez de fazer da produtividade sua meta, o tempo significativo que Rosebell "desperdiça" em amizade com Jesus a enche de uma alegria tão sobrenatural que ela se sente "disposta a qualquer coisa",[3] nas palavras de Oswald Chambers. O segredo de Rosebell para um serviço contínuo e frutífero é reservar tempo para um profundo desfrute de Jesus.

"Eu não conseguiria fazer isso por um dia se não recebesse alegria de Jesus várias vezes ao longo do dia", ela diz. Repetidamente, Rosebell parava, sorria e nos dizia novamente: "É Jesus; Ele me faz tão feliz em meu íntimo, não importa o que eu enfrente durante o dia."

A maioria de nós não serve em uma zona de guerra real, mas todas as formas de liderança podem trazer cansaço afetivo e drenar lentamente a alma. O estresse e as pressões da liderança são reais, e os desafios podem aumentar a adrenalina como se estivéssemos sob ataque. Sem uma conexão regular e vital com Cristo, podemos deixar que as pressões da liderança roubem nossa alegria, nossa força, nossa vida.

A jornada de oração de Rosebell começou com comprometimento, mas progrediu para o deleite. Seu exemplo se alinha com as conclusões do filósofo e autor James K. A. Smith, que afirma que podemos treinar o nosso sentimento amoroso, aprendendo a amar os rituais que praticamos. Isso é verdadeiro para os líderes que oram que conhecemos. A alegria deles na oração aumentou conforme dedicavam mais tempo a ela.

Como um líder nos disse: "As pessoas que conheço que têm uma vida de oração mais consistente e vibrante são aquelas que aprenderam a *realmente gostar* de orar." Elas não nasceram com uma vida de oração sobrenatural: elas aprenderam a gostar de orar.

Encontrar alegria na oração se torna uma das habilidades mais importantes e sustentadoras da liderança cristã.

Embora muitos de nós, que somos novatos em liderar com oração, possamos nos perguntar se o tempo em oração é desperdiçado, os líderes que oram que entrevistamos encontram alegria, deleite e frutos tais em seu tempo com o Pai que anseiam por "perder tempo" com Deus: estar com Ele apenas pelo prazer de fazê-lo.

Um monge em Manhattan

À primeira vista, seria difícil imaginar um contraste mais gritante com o ambiente de Rosebell do que uma empresa de investimentos sediada em Manhattan. No entanto, John Kim, que administrou bilhões de dólares e tem um doutorado pelo MIT, demonstrou prazer semelhante na oração. John não é movido por produtividade e por retorno financeiro; ele é movido por oração. Ele fundou uma casa de oração e empreendedorismo chamada *Coram Deo* (em latim, "viver diante da face de Deus") no coração de Manhattan. Foi John quem primeiro nos apresentou ao conceito de "perder tempo" com Deus. Inicialmente, ficamos intrigados com a expressão, considerando o quão duro trabalhamos para maximizar a eficiência e minimizar o desperdício nas organizações que lideramos — mas, à medida que John descrevia o que queria dizer, percebemos que era isso que líderes que oram, como Rosebell, vinham praticando o tempo todo.

Conforme compartilhava suas práticas de oração, John usou o exemplo de como bons amigos se reúnem sem nenhuma meta específica. John é investidor, empreendedor, pastor, membro de conselho, marido e pai de um filho pequeno. Ele não pode se dar o luxo de perder tempo, ainda assim reserva diariamente um tempo considerável apenas para "estar com Jesus, sem nenhuma meta específica".[4] O objetivo é conexão, experiência compartilhada e deleite. Certamente não é tempo perdido; é, acima de tudo, fonte de alegria e sabedoria.

John compartilhou um momento em que passou horas em uma auditoria detalhada antes de um investimento. Então, levou toda a sua pesquisa para um momento de oração, dedicando algumas horas adicionais "fixando os olhos em Cristo". Ele trouxe suas ideias a Jesus, assim como alguém discute planos com um amigo ou um colega próximo. Na conversa, Deus lapidou as ideias de John, e a estratégia de investimento ousada e confiante que surgiu superou suas expectativas. Mas quando conta essa história, ele não destaca o sucesso. O resultado é quase um complemento. Ele se concentra na amizade com Jesus e na alegria de servir a um Deus que quer passar um tempo com ele. Para John, é a alegria da amizade com Jesus que importa.

John descreve o momento transformador quando entendeu o contexto da declaração de Deus Pai sobre o deleite em Jesus: "Este é o meu Filho amado, em quem me comprazo" (Mateus 3:17). Não foi depois da crucificação, da alimentação dos cinco mil ou de uma cura milagrosa. O Pai declarou Seu prazer *antes* que Jesus realizasse qualquer coisa: antes que Ele curasse, ensinasse ou liderasse alguém. Deus não está esperando que alcancemos um objetivo específico antes que Ele se compraza em nós.

Da mesma forma, o primeiro chamado de Jesus para Seus jovens líderes em treinamento não foi para atingir resultados ou metas específicas, mas simplesmente para estar com Ele: "E nomeou doze para que *estivessem com Ele*" (Marcos 3:14, ênfase adicionada).

Alegria, uma exigência

Ibrahim Omondi, líder da DOVE África, supervisiona igrejas e ministérios por toda a África oriental e central. É uma função que exige muito dele. Ele poderia passar o ano inteiro apenas acompanhando os pastores sob sua supervisão, mas, como Rosebell, sua alegria é inconfundível, apesar das pressões. "Eu não conseguiria passar um dia sem orar", ele diz. "A alegria do Senhor é minha força!"

Ele dá uma risada enquanto cita Neemias 8:10, porque sabe que parece banal, mas para Ibrahim, Rosebell e outros líderes que oram, é uma realidade.

"Deus me ajuda a ficar acima das nuvens de desânimo e de frustração e a cavalgar sobre essas nuvens. Elas estão lá, sim, mas não vou deixar que pesem sobre mim. Estou olhando para o Rei dos reis, o Senhor dos senhores, que é capaz de lidar com cada uma dessas coisas, e estou sorrindo porque Ele está sorrindo para mim."[5]

Nas Escrituras, somos *ordenados* a encontrar alegria no Senhor (Filipenses 4:4), e esse mandamento é tão direto quanto aqueles que nos instruem a não cometer assassinato ou adultério. Encontrar alegria em Deus não é uma sugestão trivial, como C.S. Lewis indicou quando escreveu: "Alegria é o assunto sério do céu."[6] G.K. Chesterton falou de forma semelhante quando chamou a alegria de "o gigantesco segredo do cristão".[7] Caso houvesse alguma dúvida de que a alegria é um dos objetivos centrais da oração, Cristo disse aos Seus líderes em treinamento: "Peçam e receberão, *para que* a alegria de vocês seja completa" (João 16:24 NVI, ênfase adicionada).

Jesus extraía alegria das experiências com o Pai, e buscava o mesmo para os Seus seguidores.

Sutilezas divinas

Jesus serviu de modelo de amizade nas maneiras simples como se relacionava com os discípulos, por meio de algo que um amigo nosso gosta de chamar de "sutilezas de Deus". Por exemplo: há milhões de maneiras pelas quais Jesus poderia ter aparecido diretamente a Pedro após a ressurreição. Mas a maneira que escolheu para se mostrar foi repetir o milagre pelo qual o relacionamento entre eles começou (João 21:1–6). É como se um roteirista contemporâneo tivesse escrito a cena acompanhada de uma chamada de retorno (*callback*) bem executada. A disposição para brincadeiras, a alegria e a personalidade de

Deus são evidentes na maneira pela qual Jesus se mostrou disfarçado várias vezes após a ressurreição (Lucas 24:13–31; João 20:11–18).

Na minha (de Ryan) própria vida, eu experimentei essas "sutilezas de Deus" e gestos de amizade. Quando eu tinha 19 anos, meu pai e eu fizemos uma caminhada de oração na floresta para pedir orientação a Deus. Nós sentimos que deveríamos fazer uma viagem de pai e filho para servir à igreja clandestina em um país comunista fechado. A viagem seria perigosa, e queríamos confirmar que era Deus, e não nossos próprios caprichos, nos compelindo a ir. No topo da colina de uma clareira na floresta, nós oramos juntos. Assim que dissemos "Amém", uma águia-de-cabeça-branca voou bem sobre nossa cabeça e grasnou estridentemente. Para nós, aquilo não foi um sinal supersticioso, mas uma pequena sutileza do céu, uma reminiscência da brincadeira de Cristo com Seus discípulos.

Essa viagem e a oração que a precedeu levaram a várias fugas milagrosas de soldados comunistas e à oportunidade de ajudar milhares de líderes de igrejas clandestinas ao longo de muitos anos.

Duas décadas depois, eu estava prestes a perder meu negócio por causa da covid. Todas as noites em claro, riscos, dinheiro e estresse investidos na construção de um negócio próspero estavam evaporando em alguns meses. Eu estava na minha caminhada de oração matinal, mas o fardo que carregava tornava um desafio até mesmo caminhar. Perguntei ao Senhor: "Vamos conseguir passar por isso?"

Naquele momento, uma águia-de-cabeça-branca voou bem perto da minha cabeça e grasnou. Eu já tinha feito aquela mesma caminhada mais de mil vezes e nunca tinha visto uma águia, especialmente nenhuma voando a alguns metros acima da minha cabeça. Era a sutileza de novo. Era o amor de um Pai, não apenas encorajador, mas gentil... até mesmo brincalhão. A alegre segurança daquele momento me deu força para continuar liderando com esperança em um período de desespero.

Gerard Manley Hopkins escreveu um poema sobre a disposição de Deus para brincadeiras, dizendo "Cristo brinca em dez mil lugares":[8] em teias de aranha e em águias, em histórias de peixes com os discípulos, em piscadelas e sorrisos para Seus filhos.

A amizade precede o impacto

Cristo deu exemplo de amizade não apenas com Seus seguidores, mas também com Seu Pai. Ele frequentemente falava sobre a conexão próxima que tinha com o Pai por meio da oração. Declarações como "Pai, graças te dou, por me haveres ouvido", "Tudo o que ele [o Pai] faz, o Filho o faz igualmente" e "Rogo [...] para que todos sejam um, como tu, ó Pai, o és em mim, e eu em ti" estão enraizadas em profunda amizade e confiança (ver João 11:41; 5:19; 17:21).

Um dos grandes mistérios da fé cristã é que Deus tenha viajado através do tempo e do espaço para vir até nós e se reunir ao redor de uma fogueira no deserto, fazendo amizade com um monte de pessoas comuns. Por meio dessas amizades, Jesus virou o mundo de cabeça para baixo sem nunca ir além de um punhado de cidades.

Não ouvimos nenhum guru de liderança endossar esta estratégia de "desperdício de tempo", que coloca a amizade em primeiro lugar. No entanto, Deus projetou nossa eficácia para fluir de nossa amizade com Ele: "Permaneçam em mim, e vocês darão frutos" (ver João 15:4–5).

Vemos o mesmo modelo de amizade com Deus precedendo o impacto em todas as Escrituras. Davi, Moisés e Abraão fariam parte de qualquer lista de "maiores líderes bíblicos", mas a Bíblia os honra não pelas muitas realizações, mas por sua amizade com Deus: chamando Davi de "um homem segundo o Seu [de Deus] coração" (1Samuel 13:14), dizendo que Deus falou a Moisés como alguém "fala com o seu amigo" (Êxodo 33:11), e se referindo a Abraão como "o amigo de Deus" (Tiago 2:23).

A jornada de amizade de Francis Chan

A experiência de Rosebell, em muitos aspectos, se assemelhava à vida de oração do autor e plantador de igrejas Francis Chan. Quando nos sentamos com ele, ficamos surpresos com as semelhanças. Francis é um ex-pastor de megaigreja e autor do livro extremamente popular *Louco amor*. Mas há vários anos ele se afastou do que parecia o auge do sucesso para investir mais profundamente e sem distrações em sua amizade com Deus.

Ele fala frequentemente sobre a importância da oração em sua vida.

> Gosto de alcançar objetivos e de concluir tarefas. E vivemos em uma época em que você pode fazer muitas coisas em cinco minutos. Então, a tentação é: "Deixe-me fazer isso, deixe-me fazer aquilo." Tenho de acordar e dizer: "Não, não vou ver quem ligou. Não vou ver o que está me esperando [...]." O autocontrole é: "Quero verificar minhas mensagens — ver quantas coisas preciso fazer hoje, mas me recuso. Porque [a oração] é realmente a única coisa que *tenho* de fazer."⁹

Francis nos lembrou de que a oração é tão importante quanto urgente: uma prioridade máxima. Ele nos contou que costumava dizer à sua equipe: "Por favor, me digam se vocês não estão passando uma hora com o Senhor todos os dias para que eu possa demiti-los e contratar alguém que o faça."¹⁰ Isso demonstra o quanto Francis valoriza seriamente que os líderes orem.

Quando Francis se reúne com os outros presbíteros em sua igreja, cada reunião começa com uma oração — e algumas reuniões nunca vão além da oração. "Às vezes, nos últimos cinco minutos, pensamos: 'Há alguma coisa que precisamos conversar rapidamente?'" Ele ri. Então, até isso volta a ser oração: "Senhor, ajude-nos com as coisas que deveríamos ter conversado."

A oração é o centro da vida e da liderança de Francis. Ele observa que "os momentos mais grandiosos" da sua vida foram os de comunhão com Deus em oração, porque conhecer Deus "não é *parte* do cristianismo, isto *é* o cristianismo".¹¹

Ele desenvolveu uma prática particular de imaginar com quem está falando em oração antes de começar a falar. "Comecei a desejar mais do que apenas fechar os olhos e dizer coisas, mas realmente imaginar com quem estava falando", diz Francis. "Como é esse Deus? [...] Eu nem mesmo entendo Sua essência, Sua transcendência, e, ainda assim, Ele me convida para me aproximar d'Ele, e diz que é um trono de graça [...] Eu tiro um tempo para apenas imaginar, com tudo o que sei das Escrituras, a quem estou indo, e então começo a falar."

Tal como Rosebell, Francis gosta de "simplesmente sair para dar um passeio e orar — apenas falar com [Deus], agradecer-Lhe, adorá-Lo".[12]

Essa caminhada de amizade com Deus é um hábito comum, ao redor do mundo, de líderes que oram. De um ponto de vista profundo, é parte da restauração do Éden. No Jardim, Deus andava com Adão e Eva no frescor do entardecer. A caminhada foi abruptamente interrompida pelo pecado e pela vergonha.

A oração será mencionada novamente nas Escrituras ao se falar de Enoque, que andou com Deus (Gênesis 5:24). Esse foi o início da restauração da amizade rompida entre os humanos e seu Criador. Jesus restaurou a caminhada do Éden, convidando-nos a andar livremente, sem nos envergonharmos, na presença de nosso Criador mais uma vez.

Todas as vezes que os líderes "desperdiçam tempo" com Deus em amizade, estamos restaurando o paraíso na Terra. O Reino nos restaura ao estado original, flui por intermédio de nós e restaura os outros. E o resultado é alegria: o tipo de alegria que nos ajuda a liderar atravessando uma zona de guerra literal ou figurativa.

Um novo hábito de perder tempo com Jesus

Inspirado pelo exemplo de Rosebell e de outros líderes de oração, eu (Ryan) experimentei essa ideia de passar um tempo com Deus apenas para apreciá-lo — e isso deu um novo rumo para minha vida. Ajoelhei-me na cama e disse ao Senhor que só queria falar com Ele sem nenhuma meta específica. Por fim, perguntei a Ele: "Jesus, o que está em Teu coração? Pelo que devo orar?" Ouvi o nome de um país; então, comecei a orar por ele. Algo muito estranho começou a acontecer: senti uma paixão profunda brotar e comecei a chorar enquanto orava por aquele lugar. Essa experiência deu início a uma jornada que, por fim, me levou a trabalhar naquele país, e milhares de vidas foram tocadas — tudo por eu "perder tempo" com Deus.

Agora, todo domingo, tenho um tempo de oração prolongado em que não peço nada a Deus. Eu adoro, louvo, ouço e medito, mas não peço nada. Foi incrivelmente difícil no começo. Eu ficava pedindo algo, orando por certa pessoa ou expressando essa necessidade ou aquele desejo. Mas, com o tempo, aprendi a ansiar por um tempo com Deus sem nenhuma meta específica. Uma alegria inexprimível emana de apenas estar com Ele. Agora, espero ansiosamente por meu dia de alegria em oração: ele se tornou uma fonte de alegria que me carrega pela semana como carrega Rosebell por uma zona de guerra.

Uma hora de adoração

Certa vez, quando sentiu o peso de seus problemas em vez da alegria da presença de Deus, o renomado teólogo e autor Henri Nouwen buscou a orientação espiritual de Madre Teresa. Ele relembra o encontro:

> Lembro que estava visitando Madre Teresa em Roma. Todos queriam falar com ela, e eu queria vê-la também. Fui lá porque tinha alguns problemas. Eu tinha algumas lutas pessoais — muitas, na verdade —, e queria perguntar a Madre Teresa como lidar com isso. Levei todas as minhas questões pessoais a ela... Eu apenas falei sobre todos os meus problemas.
> Então ela olhou para mim e disse:
> — [...] Se você passar uma hora por dia em adoração ao seu Senhor e nunca fizer nada que saiba que é errado, você ficará bem.
> [...] Obviamente, ela não disse nada que eu não soubesse, mas de repente me pareceu tão verdadeiro e vindo do lugar tão certo que aquela pequena palavra foi o suficiente para mim.[13]

Isso levanta a questão: como é uma hora de adoração para Madre Teresa? Como ela explicou a um repórter, parece-se com "perder tempo" com Deus.

— Quando você reza, o que você diz a Deus? — perguntou o repórter.
— Eu não digo nada — ela respondeu. — Eu escuto.
— E o que Ele diz? — o repórter questionou ansiosamente.
— Ele não diz nada. Ele escuta. E, se você não entende isso, eu não posso lhe explicar.[14]

Mais tarde, ela escreveu:

Tudo começa com a oração. Sem pedir a Deus por amor, não podemos possuir amor, e muito menos somos capazes de dá-lo aos outros [...] Para poder trazer sua paz, sua alegria e seu amor, precisamos tê-los nós mesmos, pois não podemos dar o que não temos.[15]

A alegria é estratégica para os líderes

A Universidade da Califórnia, em Berkeley, fez um estudo amplo e vasto sobre o efeito do "assombro" no cérebro, particularmente o assombro espiritual, algo que os cristãos chamariam de "alegria do Senhor". Quando os humanos experimentam um assombro transcendente, as sinapses disparam no cérebro, fazendo com que sejamos significativamente:

- mais humildes
- mais pacientes
- mais conectados com os outros
- mais gentis
- mais generosos

Também experimentamos:

- expansão do pensamento analítico
- melhor estado de ânimo
- diminuição do senso de materialismo[16]

É como se o assombro na adoração literalmente levasse ao fruto do Espírito em nossa vida, e isso é cientificamente mensurável. Essas qualidades nos ajudam a liderar como Jesus e nos tornam uma bênção para aqueles que lideramos.

Desacelerar para "perder tempo" com Deus é a coisa mais difícil que um líder pode fazer nesta era mais ocupada da humanidade. Mas os líderes que oram vivem as palavras do hino "No jardim": "A alegria que compartilhamos, enquanto permanecemos lá, ninguém jamais conheceu."[17] É preciso um compromisso para "permanecer", mas o tempo gasto entre duas pessoas é a base da amizade, e a amizade com Jesus é a base da liderança cristã.

Através dos tempos e ao redor do mundo, líderes que oram aprenderam o segredo de "perder tempo" na presença de Deus e, como resultado, gerações foram transformadas.

ORAÇÃO

Tarde Te amei, ó Beleza tão antiga e tão nova! Tarde demais eu Te amei! Tu estavas dentro de mim, mas eu estava fora, e foi lá que Te procurei.

Em minha falta de amor, mergulhei nas coisas belas que criaste. Tu estavas comigo, mas eu não estava contigo. As coisas criadas me afastaram de Ti; contudo, se não estivessem em Ti, elas não existiriam de modo algum.

Tu chamaste, Tu gritaste, e Tu rompeste minha surdez. Tu brilhaste, Tu cintilaste, e Tu dissipaste minha cegueira. Tu exalaste Tua fragrância em mim; eu a inspirei e agora eu suspiro por Ti.

Eu Te provei, agora tenho fome e sede por mais. Tu me tocaste, e eu ardi de desejo por Tua paz.

(Agostinho de Hipona)

FERRAMENTA DE ORAÇÃO

GUIA PARA CAMINHAR COM DEUS

Assim como Francis Chan e Rosebell, muitos dos líderes que entrevistamos utilizam-se de uma caminhada diária para "perder tempo" com Deus e fortalecer a amizade entre eles.

Estudos recentes mostraram que caminhar é uma das atividades mais saudáveis que você pode praticar para a mente, o corpo, o cérebro e o espírito.

Saúde mental

Caminhar conecta os hemisférios direito e esquerdo do cérebro, ajudando-o a "desbloquear". Isso libera endorfinas e ativa os neurotransmissores, proporcionando maior clareza de pensamento.

Saúde do corpo

Dar um único passo movimenta mais de duzentos ossos e seiscentos músculos no corpo humano, impulsiona o sangue pelo sistema cardiovascular e ativa o sistema nervoso para manter a pessoa relaxada.

Saúde do cérebro

Caminhar regularmente melhora a memória, combate a rigidez no cérebro e ajuda na função e na saúde cerebrais no longo prazo de inúmeras maneiras.

Saúde espiritual

Mais importante do que tudo isso é que andar com Deus e orar é uma das maneiras mais fáceis de expandir sua vida de oração. Você está envolvendo ambos os hemisférios do seu cérebro na comunhão com Deus. Então, independentemente da dominância cerebral padrão, todo o seu ser pode se envolver com Deus em oração.

DICAS ÚTEIS PARA CAMINHAR E ORAR

- Convide verbalmente Jesus para acompanhá-lo em uma caminhada.
- Escolha uma passagem das Escrituras e memorize-a.
- Leia um salmo várias vezes durante a caminhada.

- Ouça uma música de adoração enquanto caminha.
- Olhe para a natureza ao seu redor e louve a Deus por sua beleza.
- Tire um tempo para ouvir.
- Repita uma frase simples várias vezes, como: "Deus, eu preciso de Ti", "Jesus, eu Te amo" ou "Aleluia".
- Compartilhe com Deus preocupações, medos, frustrações, ansiedades, desafios e lutas que você esteja enfrentando.
- Compartilhe com Deus suas esperanças, seus sonhos, aquilo que entusiasma você e lhe dá ânimo.
- Reserve um tempo para orar a fim de que qualquer pessoa que você veja durante a caminhada tenha uma experiência com Cristo.
- Reflita sobre sua vida, sua família e seu ministério e entregue tudo nas mãos de Cristo.

Encontre formas de desfrutar de Jesus e de encontrar alegria n'Ele. Alegria em Jesus e amizade com Ele são os fundamentos duradouros da liderança cristã.

CAPÍTULO 2

LÍDERES TREINAM A ALMA

"Orando [...] com toda a oração."

(Efésios 6:18)

Como capelão da NFL [National Football League] no Miami Dolphins, Terry Boynton trabalhou com alguns dos maiores atletas vivos.

Os jogadores de futebol americano que ele orienta estão constantemente buscando uma vantagem no treinamento, seja consumindo quantidades precisas de proteína dentro de um período de tempo prescrito após um treino, seja fazendo supino com cronômetros a *laser* para monitorar a explosão em microssegundos, seja encontrando o peso ideal para o equilíbrio máximo de potência e velocidade — qualquer coisa para lhes dar uma pequena vantagem na competição.

Os atletas adotam uma técnica, aperfeiçoam o treinamento e encontram o ponto ideal da resposta pessoal do corpo. Então eles repetem o processo, vez após vez. Eles estão constantemente treinando o corpo, mas Terry encoraja os atletas que orienta a aplicar esse mesmo nível de disciplina para treinar a alma em oração. É algo profundo para esses atletas pensar em direcionar tanto esforço e intencionalidade à vida de oração. Com a ajuda de Terry, eles começaram a tratar a oração e o discipulado com foco e comprometimento sérios, criando um plano para a vida de oração como fariam para seu treinamento físico.

Não são apenas os atletas que se beneficiam desse nível de intencionalidade na vida de oração. Ao passarmos um tempo com líderes que oram em todo o mundo, testemunhamos e ouvimos sobre comprometimento e uma busca proposital de maiores profundidades no relacionamento com Deus. Esses líderes compartilharam e viveram as palavras do rei Davi: "A minha alma te *segue de perto*" (Salmo 63:8 ACF, ênfase adicionada).

Com criatividade e foco, a oração foi incorporada aos dias, semanas e anos dos líderes. Eles experimentaram diferentes ritmos e práticas de oração, adotando uma variedade de técnicas e abordagens com o objetivo de cultivar um modo pessoal que incluía devoções matinais, retiros de oração, reuniões de oração, orações noturnas, listas de oração e orações antigas. Eles eram comprometidos e praticavam *tudo o que foi mencionado anteriormente*.

Se isso soa um pouco extremo, um dos líderes bíblicos mais respeitados foi ainda mais longe: ele estava disposto a morrer por causa de seus hábitos de oração.

Daniel era um jovem judeu levado cativo para a Babilônia. Reconhecido por sua sabedoria, ele se tornou o conselheiro principal do maior império que o mundo já viu. Sua responsabilidade não era apenas sobre uma nação, mas sobre *nações*. Colegas invejosos, no entanto, elaboraram um plano para orquestrar a queda de Daniel, usando a dedicação de Daniel à oração contra ele. Como a Bíblia relata, aquele homem preferiu uma cova de leões a modificar suas práticas de oração (Daniel 6).

Em uma história dramática com leões vorazes, podemos facilmente perder a intensidade das pressões de liderança que Daniel sofria e o comprometimento que mantinha com sua vida de oração na agenda pessoal. Se ele tivesse escolhido apenas orar silenciosamente durante a caminhada matinal, para si mesmo, não haveria leões para enfrentar. Mas tudo isso — a rotina, a postura ajoelhada, a frequência de ficar sozinho com Deus várias vezes ao dia — era tão importante para Daniel que ele preferia morrer a liderar sem seu hábito particular de oração.

Tanto Daniel quanto os líderes que entrevistamos exemplificam o que há séculos é conhecido como Regra de Vida. É um conceito nascido do cristianismo do século IV e praticado por centenas de milhões de cristãos por mais de 1.500 anos.

Por ser um conceito bastante antigo, há muitas definições, mas a autora Marjorie Thompson sugere este enquadramento útil: "Uma regra de vida é um padrão de disciplinas espirituais que fornece estrutura e direção para o crescimento em santidade."[1] Simplificando: é um plano de treinamento para se tornar mais próximo de Cristo.

Sobre a importância de uma Regra de Vida, um líder escreveu: "O diabo derrota a maioria das orações antes que elas aconteçam porque não fizemos um plano."[2]

Outro líder de oração descreveu sua Regra de Vida desta forma: "Eu estabeleço minha vida de oração e então organizo o restante da minha vida em torno dela."

Antigo feito novo

John Mark Comer, autor de *Elimine a pressa definitivamente* e pastor fundador da Bridgetown Church em Portland, Oregon, tem paixão por trazer disciplinas espirituais antigas para o século XXI. Essa paixão cresceu e se tornou a organização sem fins lucrativos Practicing the Way, onde ele cria recursos para discipulado e formação espiritual em contextos pós-cristãos.

Depois de muitos anos ajudando famílias e fundações cristãs a encontrar oportunidades de doação pouco exploradas e fora do comum, eu (Cameron) agora tenho o privilégio de trabalhar ao lado de John Mark como diretor executivo da Practicing the Way. Ao avaliar e identificar ministérios, percebi que os ministérios mais frutíferos também são os que mais oram. Tendo observado a correlação entre oração e impacto, agora trabalho com John Mark para reviver e renovar disciplinas e práticas espirituais cristãs centenárias, como a oração, em nossa cultura apressada e superestimulada. Nosso trabalho visa ajudar os seguidores de Cristo a se tornarem discípulos que impactam o próprio lugar em que vivem no mundo.

John Mark e eu acreditamos em um equilíbrio entre o hábito das práticas de oração programadas e o das espontâneas. A tradição cristã chamaria esses dois entendimentos de "oração em hora fixa" e "praticar a presença de Deus". Sobre a oração em hora fixa, John Mark disse: "Seguir Jesus tem de estar na sua agenda, ou as chances são de que não aconteça ou que será esporádico, na melhor das hipóteses."[3]

Pergunte a John Mark sobre uma Regra de Vida, e ele citará Dallas Willard: "Você deve organizar seus dias de modo a experimentar contentamento, alegria e confiança profundos na vida cotidiana com Deus."[4]

A Regra de Vida de John Mark inclui práticas matinais, ao meio-dia e à noite, seguindo o modelo das palavras de Davi em Salmos 55:17, quando ele clama a Deus nesses intervalos regulares. John explicou como acorda de manhã, lê um salmo e ouve Deus na oração. Ele formou o hábito de perguntar a Deus: "O que te agradaria hoje?", e então separa um tempo para ouvir a resposta divina. A leitura das Escrituras é incorporada de diferentes maneiras ao longo do dia, desde o estudo ao devocional, até orar as Escrituras.

Ao meio-dia, John Mark sai do escritório para uma breve caminhada. Ele ora o Pai-Nosso e o faz utilizando cartões de oração que nomeiam pessoas, sonhos, organizações e questões que ele está regularmente apresentando a Deus. À noite, ele faz o *Examen*, uma oração na qual ele Repete, Regozija-se, Arrepende-se e Resolve.[5]

Esses horários programados e praticados todos os dias criam uma base para todas as outras práticas espirituais na Regra de Vida de John Mark.

Orando rápido e devagar

No livro de sucesso *Rápido e devagar: Duas formas de pensar*, o professor de psicologia Daniel Kahneman detalha dois estados mentais primários ou duas maneiras pelas quais vivenciamos o mundo.

O primeiro estado é o pensamento rápido, nosso modo-padrão. É um estado em que pensamos aceleradamente. Não temos tempo para refletir, então estamos principalmente reagindo a estímulos. No mundo acelerado em que vivemos, passamos a maior parte do tempo nesse estado mental. Mas esse estado-padrão é profundamente instruído pelo segundo.

O segundo estado é o pensamento lento. É aquele em que refletimos sobre um problema ou mesmo sobre os próprios pensamentos. Esse tipo de pensamento demanda tempo, esforço e intencionalidade. Estratégia, decisões que mudam a vida, análise e reflexão são todas feitas em nosso estado de pensamento lento.[6]

A verdadeira revelação do livro de Kahneman é que, quando nos encontramos no estado de pensamento lento, estamos, na verdade, formando e moldando como vamos pensar quando estamos no estado mental de pensamento rápido. Por exemplo: se percebêssemos, durante um momento de reflexão e pensamento lento, que interrompemos as pessoas quando elas falam, resolveríamos nos conter quando estivéssemos no modo rápido. Por fim, o hábito mudaria à medida que aplicássemos a percepção do pensamento lento ao estado-padrão de pensamento rápido.

Há grande quantidade de neurociência por trás desse fenômeno: o pensamento lento acessa uma seção totalmente diferente do cérebro. As sinapses literalmente disparam de forma diferente. Sabemos que os grandes líderes aprendem a treinar seu estado-padrão por meio de horários programados de pensamento lento, deliberado e intencional. Esse tipo de treinamento se aplica igualmente à oração.

Tirando água do poço

A maioria dos cristãos aprende a fazer uma oração rápida. Aprendemos a oração rápida quando abençoamos um amigo ou uma refeição, pedimos ajuda, fazemos um rápido louvor ou nos lembramos continuamente da presença de Jesus. No entanto, as orações rápidas ganham grande força e poder com as temporadas de "oração lenta", assim como o pensamento rápido é instruído por nosso pensamento lento. Orar vagarosamente é o que chamamos de "tempo de oração" pela manhã, à noite ou, como fazem muitos dos líderes que entrevistamos, tanto de manhã *quanto* à noite.

Nós enchemos o poço do coração quando desaceleramos com um tempo de oração intencional a cada dia; extraímos água desse poço em nossas orações rápidas ao longo do dia.

Talvez o melhor exemplo histórico de oração lenta dando poder a orações rápidas ao longo do dia seja quando Jesus ressuscitou Seu amigo Lázaro dos mortos. Lázaro estava morto havia quatro dias quando Jesus chegou à casa que Maria e Marta dividiam com o irmão. Tendo visto Jesus fazer milagres, a multidão reunida parecia reprová-Lo em relação à sua chegada tardia. "Não podia Ele, que abriu os olhos ao cego, fazer que este não morresse?" (João 11:37). Eles pensaram que, se Jesus estivesse lá, as coisas poderiam ter sido diferentes.

Mas, mesmo antes de Sua chegada, Jesus estava cumprindo Sua promessa: "Esta enfermidade não é para morte" (João 11:4). Jesus já havia passado um longo tempo orando e havia recebido a graça de Deus para ressuscitar Lázaro antes. Sabemos disso porque, quando Ele chegou ao túmulo, Sua única oração foi: "Pai, graças te dou porque me ouviste" (v. 41). Então, quando Jesus chamou Lázaro, este saiu do túmulo.

Recentemente, eu (Ryan) estava no National Prayer Breakfast [Café da manhã nacional de oração] em uma sessão paralela para líderes empresariais. Um empresário franco-canadense se levantou para orar. Ele era um líder sábio e talentoso com milhares de funcionários. Mas o que mais impressionou os que estavam ali foi sua oração — mais especificamente, a única palavra que ele proferiu em oração.

Ele fechou os olhos e pronunciou apenas a palavra *Jesus*. A realidade de Jesus naquele momento era tão avassaladora que os indivíduos na sala foram levados às lágrimas. Era inegável que aquele homem havia passado muito tempo com Jesus. Com apenas uma palavra, apenas uma menção do nome de Jesus, a sala se encheu da presença de Deus, e ele não precisou dizer mais nada.

Dizer o nome de Jesus e fazer uma pausa era uma oração rápida para esse líder, mas o poder daquele momento veio de sua profunda fonte de orações lentas e prolongadas feitas por anos.

Quanto mais praticamos orações mais lentas, mais conectados a Deus nos sentimos no modo de pensamento rápido dos nossos dias enquanto recorremos à intuição para resolver problemas e levar iniciativas adiante. Nos momentos de orações prolongadas, o Espírito de Deus anima nossas fragilidades e lentamente forma tesouros a partir do barro. Como na criação, a oração é onde o pó e o Espírito se encontram, e a vida é criada.

Do hábito à identidade

Há uma diferença entre alguém que joga golfe ocasionalmente e um *golfista* ou alguém que canta às vezes e um *cantor*. Da mesma forma, há uma diferença entre alguém que murmura ocasionalmente e um *murmurador*.

Por meio da repetição, as coisas que fazemos se tornam parte da nossa identidade.

Nos salmos, por exemplo, o hábito de Davi de orar a Deus o transforma de alguém que ora ocasionalmente em um homem de oração (Salmo 109:4): um homem que ora tão regularmente que isso molda sua identidade. É quem ele é, e isso lhe dá confiança em seu relacionamento com Deus.

Esse conceito está embutido no grego, a língua do Novo Testamento. Para descrever alguém fazendo algo habitualmente, a gramática grega diria que a pessoa literalmente *é* aquela coisa. Em vez de dizer: "Ela joga golfe", o grego diria: "Ela *é* golfe". A tradução para o português seria: "Ela é uma golfista."

Lucas usou essa ideia quando descreveu a vida de oração de Jesus: "Ele costumava se retirar para lugares solitários e orava" (5:16). O grego pressupõe que Jesus fazia isso com tanta frequência que era parte de quem Ele era.

A frase poderia ser traduzida como: Jesus "era um escapulidor e 'orante'".

Jesus não era um líder que orava ocasionalmente; Ele era um líder "orante".

A oração muda positivamente nosso cérebro

Andrew Newberg, um neurocientista agnóstico da Universidade e Hospital Thomas Jefferson, foi celebrado como um dos "trinta neurocientistas vivos mais influentes". Ele é autor de vários livros, incluindo *Como Deus pode mudar sua mente*, e fez uma extensa pesquisa documentando cientificamente os efeitos da oração no cérebro humano. Seu trabalho é anunciado em diversas publicações, da NPR[7] a periódicos médicos.[8] Aqui está o que ele concluiu:

> "Biologicamente, a oração regular prolongada durante um período de oito semanas pode mudar o cérebro, a tal ponto que isso pode ser medido em uma tomografia cerebral."[9]

A oração fortalece ou constrói novos caminhos neurais em áreas do cérebro associadas à interação social, à compaixão e à sensibilidade para com os outros. A oração regular também diminui a ansiedade, o estresse e a depressão de maneiras cientificamente mensuráveis, mudando positivamente nossa neuroquímica.[10] A oração prolongada e constante também funciona contra a raiva e a rigidez no cérebro, reduzindo os hormônios do estresse.[11]

O neurocientista Richard Davidson, professor de psicologia e psiquiatria na Universidade de Wisconsin-Madison e fundador e diretor do Center for Healthy Minds, afirma: "Você pode esculpir seu cérebro assim como esculpiria seus músculos se fosse à academia. Nosso cérebro está sendo esculpido continuamente, quer você goste ou não, consciente ou inconscientemente."[12]

Newberg expande essa ideia.

> Se quer ser bom em palavras cruzadas, você pode praticá-las e ficar melhor nelas, mas isso não o torna bom em outras coisas. Mas a oração parece ter o mesmo efeito que o levantamento de peso tem para o corpo, pois permite que você faça outros esportes, atividades e movimentos com mais eficiência à medida que fortalece os músculos.[13]

Isso pode levantar a questão: "Nenhum ato de atenção plena produz esses mesmos benefícios?" Estudos mostram que não. Kenneth Pargament, da Bowling Green State University, em sua pesquisa[14] comparou a atenção plena isoladamente com a oração e encontrou diferenças positivas significativas na saúde mental e física em diversas situações quando as pessoas oravam, em comparação com quando praticavam a atenção plena ou a meditação materialista.[15]

Isso não acontece imediatamente, mas a oração muda fisicamente o sistema nervoso de maneiras mensuráveis.

Assim como levantar pesos por cinco minutos uma só vez não deixará ninguém mais forte, começar um hábito de oração não trará resultados instantâneos. Mas levantar peso por trinta a sessenta minutos ao longo de vários meses trará uma transformação física significativa. O mesmo é verdade com respeito à vida de oração. Com o tempo, as coisas mudam em nós e em nossa percepção do mundo.

As Escrituras apresentam um paralelo poderoso entre treinamento físico e treinamento espiritual, e revelações recentes na neurociência confirmam o que a Bíblia afirma há milhares de anos: há treinamento físico e há treinamento da alma, e ambos são profundamente mensuráveis e reproduzíveis.

Treinamento cruzado

Há uma bela interação entre rotina e variedade, que mantém uma rotina renovada. Atletas chamam isso de treinamento cruzado, e levantadores de peso chamam de *variação de treino*. Variar a rotina é mais benéfico para o corpo do que fazer a mesma rotina de exercícios toda semana. O mesmo é verdade quanto à nossa alma, como o apóstolo Paulo sugere quando nos encoraja a orar "com toda oração" (Efésios 6:18), indicando haver vários tipos de oração. Como exemplo, aqui estão alguns dos muitos tipos de oração que a Bíblia ensina e que são praticados por líderes que oram:

Meditação nas Escrituras (Salmo 1:2)
Registrada em diário (Salmo 102:18)
De deleite (Salmo 1:2)
Sussurrada (1Samuel 1:13)
De confissão (Salmo 51)
Com mãos erguidas (Salmo 141:2)
Batendo palmas (Salmo 47:1)
Curvando-se (Salmo 95:6)
Ajoelhando-se (Salmo 95:6)
Cantando (Salmo 5:11)
Clamando (Salmo 98:4)
Louvando (Salmo 145:2)
Buscando (Salmo 27:8)
Esperando (Salmo 27:14)
Intercedendo (1Timóteo 2:1)
Pedindo (Filipenses 4:6)
Ouvindo (Salmo 25:14)

A variação de treino em nossa vida de oração exige comprometimento diário e criatividade. Mas não começamos como levantadores de peso profissionais ou atletas da NFL. Começamos aos poucos com o objetivo de ganhar força. Estabelecemos um dia com Deus e depois o expandimos.

Treinamento da alma de Shalom

Um dos melhores exemplos de treinamento cruzado de oração veio do nosso amigo Shalom, na Etiópia.[16] Ele dirige um dos movimentos de plantação de igrejas mais dinâmicos e eficazes do mundo atualmente. Shalom começou a plantar igrejas, e elas começaram a plantar igrejas, e hoje há mais de 15 mil igrejas em países que as pessoas consideravam impossíveis de alcançar. É um movimento do livro de Atos acontecendo em nossos dias.

Shalom diz que todo movimento é construído sobre um fundamento de oração. Ele diz: "Quando não estamos orando, *nós* trabalhamos. Mas, quando estamos orando, Deus está trabalhando." Quando a equipe de Shalom se reúne para retiros de liderança, o primeiro dia é reservado completamente para a oração. Somente depois de dedicar um dia inteiro à oração é que eles passam para o planejamento.

Shalom nos disse: "Um líder sem oração é como um pássaro tentando voar sem asas completas. Há muito bater de asas, mas nenhum voo. Muita atividade, mas nenhum fruto duradouro."

Shalom delineia sua vida diária de oração assim:

Começo meu período de oração matinal com muito canto, muita imersão na adoração. O Senhor me dá canções, e Ele me imerge em Sua presença. Às vezes, toco uma música suave para me levar à Sua presença. O objetivo é realmente ficar maravilhado com a grandeza de Deus. Quando vejo o quão grande Deus é, vejo o quão incompetente eu sou, o quão pecador eu sou, que preciso de perdão. Então, tiro um tempo para confessar meus pecados e conectar minha alma a Jesus.

A Bíblia diz que há um inimigo que distrai e um inimigo que quer matar, roubar e destruir [...] Então eu oro Efésios 6, a armadura de Deus. Em nome de Jesus, eu oro contra-ataques demoníacos.

Depois disso, oro pelo país, pelas famílias, pelos indivíduos no ministério. Então, de volta à adoração. Tudo em voz alta. Orar em voz alta mantém você alerta e acordado.

Manhã, meio-dia, noite

Praticamente todos os líderes de oração que pesquisamos e entrevistamos tinham planos para seus momentos de oração diários, semanais e anuais, tanto pessoal quanto profissionalmente. Aqui estão apenas alguns exemplos.

Oração da manhã

Dallas Willard, filósofo e autor de best-sellers, recita o Salmo 23 enquanto ainda está na cama a fim de despertar a alma para o lindo amor de Deus.

Mark Batterson, pastor principal da National Community Church e autor de *A força da oração perseverante*, começa sua manhã escrevendo um diário e lendo as Escrituras.

Tim Mackie, cofundador do BibleProject, começa o dia com as mãos abertas para o céu, aquietando a alma e ouvindo Deus.

Francis Chan e Rosebell fazem uma caminhada pela manhã, experimentando pequenos vislumbres do paraíso.

Eu (Ryan) fui profundamente impactado pelo hábito de sair da cama e pôr-me de joelhos de imediato todas as manhãs, e orar diferentes salmos e orações antigas para despertar a sede por Deus e me conectar com Ele antes de o meu dia começar.

As práticas matinais são projetadas para elevar o coração, os olhos e a alma ao céu, para nos lembrar do amor de Deus que pode fluir por meio de nós a fim de impactar outras pessoas ao longo do dia.

Oração do meio-dia

Como John Mark Comer, muitos líderes que oram param ao meio-dia ou definem lembretes ao longo do dia para se reorientarem de volta a Deus. Em vez de detalhar uma lista expansiva aqui, abordaremos esses planos e lembretes no Capítulo 3.

Oração da noite

Muitos líderes que encontramos tinham práticas e tradições para a oração noturna também. Algumas das mais comuns eram:

- O *Examen*: uma prática de oração em que há reflexão, arrependimento e aceitação;
- Oração de purificação: uma oração que limpa a alma de tudo o que foi acumulado durante o dia e libera tudo para o Senhor;
- Louvor vespertino: louvor e gratidão à noite.

Criando uma Regra de Vida para a oração

Sem um plano de treinamento, um atleta pode levantar um pouco de peso aqui ou ali, mas provavelmente não sofrerá alterações significativas pelo processo. Mas mesmo um plano simples pode ajudar a criar um treino poderoso. Um objetivo deste livro é funcionar como um *personal trainer* da oração, ajudando os líderes a criar um conjunto de práticas de oração para incluir em sua Regra de Vida. Fornecemos uma tabela simples no final deste capítulo para você anotar práticas específicas a serem seguidas diária, semanal e anualmente.

Os líderes que oram que encontramos dedicaram períodos de tempo que totalizavam cerca de uma a duas horas ao longo do dia para leitura das Escrituras e oração individual ou em grupo. Independentemente de como escolhiam dividir esse tempo, esse período prolongado era reservado para desacelerar e orar, dando-lhes oportunidade de serem preenchidos com alegria na presença de Deus, de lutar e perseverar em oração por aqueles que lideram, de meditar nas Escrituras e orar todos os tipos de oração.

Como explica Terry, o capelão da NFL:

Para muitas pessoas, a ideia de passar horas em oração seria semelhante a sair pela porta e correr uma maratona. Sem treinamento, não há resistência, memória muscular, foco e capacidade pulmonar necessários para correr uma maratona. Mas, para a maioria de nós, há força suficiente para correr um primeiro quilômetro desafiador. Com o programa de treinamento adequado, a maioria das pessoas pode se preparar para uma maratona muito mais rápido do que imaginaria ser possível apenas seguindo um plano.

A jornada de um líder que ora

Há uma jornada de três etapas que observamos em líderes que oram que foram além de um simples discurso vazio sobre oração. Cada parte deste livro detalha uma fase diferente dessa jornada.

Jornada de um líder que ora

Frutificação

1. Priorize a oração
2. Cultive a oração
3. Multiplique a oração

Raízes mais profundas na oração

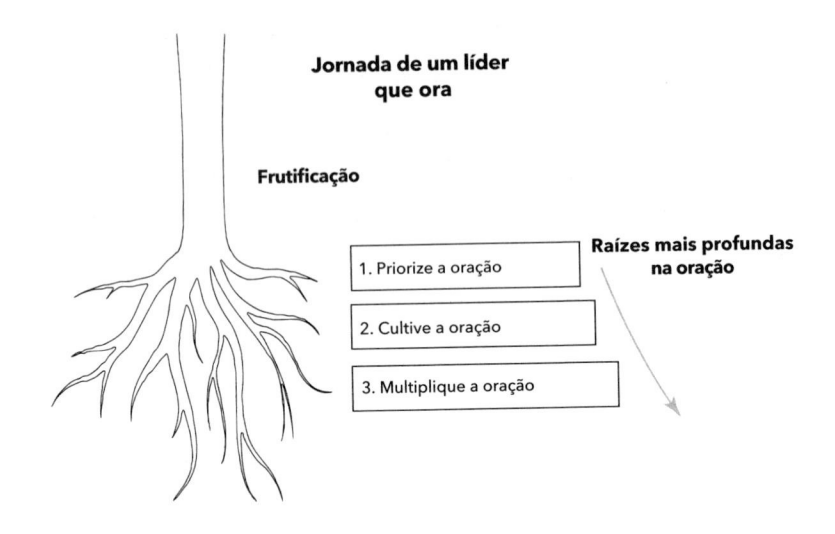

1. Priorize a oração e comece a criar um conjunto constante de práticas de oração como parte de uma Regra de Vida, observando o tempo de oração e aprendendo a apreciá-lo.
2. Envolva-se em uma variedade de práticas de oração para crescer no relacionamento com Deus e começar a praticar uma vida de oração.
3. Invista na construção de uma cultura de oração, multiplicando a oração em sua organização.

O esquema progride intencionalmente para baixo a fim de refletir a jornada humilde de se tornar uma pessoa de oração profundamente enraizada: um líder que "se concentra nas raízes".

A maioria de nós está nos passos 1 ou 2 e está pronta para aprofundar ainda mais as raízes na oração, aprendendo a nos tornar pessoas de oração. Estamos ansiosos para descobrir o que os líderes que oram encontraram ao longo dos séculos: a alegria infinita de Cristo e os recursos do céu estão disponíveis para nós, esperando que lhes abramos espaço.

ORAÇÃO

Jesus, conquistador deste mundo,
Ajuda-me a superar esse mundo de orgulho
E a viver em humildade.
Ajuda-me a superar este mundo de prazer
E a encontrar alegria em Tua presença.
Ajuda-me a superar este mundo de ganância
E a viver na simplicidade.
Ajuda-me a superar este mundo de conquistas
E a viver em obediência.
Ajuda-me a superar este mundo de medo
E a viver em paz.

Ajuda-me a superar este mundo de egoísmo
E a desistir dos meus direitos.
Ajuda-me a superar este mundo de escuridão
E a viver em pura luz.
Ajuda-me a superar este mundo de ódio
E a amar profundamente, diariamente, as pessoas.
Ajuda-me a superar um mundo de raiva
E a viver com gentileza.
Ajuda-me a superar esse mundo de fofoca
E a descansar em silêncio.
Ajuda-me a superar um mundo preguiçoso
E a viver com disciplina.
Ajuda-me a vencer um mundo que se esqueceu de Ti
E a viver em gratidão diária.

Tu venceste toda tentação e vives em mim.
Levanta-Te, meu Deus.

Sê forte em meu coração e vence,
Pois o maior desafio que enfrentarei
Está nos meus próprios desejos enganosos.
Para me ajudar a vencer este mundo,
Por favor, destrói meu desejo por ele.
Quero ser simples de coração, desejando somente a Ti,
Meu Cristo, meu Capitão.

(Ryan Skoog)

FERRAMENTA DE ORAÇÃO

MAPA DE ORAÇÃO

Todo plano de treinamento começa com um compromisso de tentar *algo*. Para ajudar você a desenvolver um plano, criamos uma ferramenta personalizável com o objetivo de criar sua própria Regra de Vida.

Não pense nessas práticas como se fossem escritas em pedra. Talvez, ao concluir este livro, você encontre outras estratégias que gostaria de tentar ou práticas diferentes que o ajudem a se conectar regularmente com Deus.

Com o tempo, Deus usará suas práticas de oração e as demais partes de sua Regra de Vida para transformá-lo, chegando até mesmo a definir sua liderança. Você passará de um líder que ora a um líder "*orante*".

	DOMINGO	SEGUNDA-FEIRA	TERÇA-FEIRA	QUARTA-FEIRA	QUINTA-FEIRA	SEXTA-FEIRA	SÁBADO
TEMA							
SALMOS							
PRÁTICAS							
ORAÇÕES DA MANHÃ							
ORAÇÕES DO MEIO-DIA							
ORAÇÕES DA NOITE							
ESCRITURAS							

Aqui está um exemplo do meu (Ryan) roteiro pessoal:

	DOMINGO	SEGUNDA-FEIRA	TERÇA-FEIRA	QUARTA-FEIRA	QUINTA-FEIRA	SEXTA-FEIRA	SÁBADO
TEMA	Adoração e gratidão	Família	Trabalho e ministério	Confissão, escuta e perdão	Nações e os pobres	Salvação Sexta-feira	Crescimento e caráter
SALMOS	Salmos 19; 84; 148	Salmos 63; 112	Salmos 27; 91	Salmos 25; 51	Salmos 10; 67	Salmos 34; 103	Salmos 139
PRÁTICAS	Ler hinos e cânticos de adoração	Orar por bênçãos sobre toda a família e proclamá-las	Orar por funcionários, empresas, trabalho e metas	Arrependimento de pensamentos, ações e negligência pecaminosos	Para que o Evangelho alcance as nações, pela igreja perseguida e pelos missionários	Orar por: família, amigos, vizinhos, colegas de trabalho	Fruto do Espírito, Bem-aventuranças, Armadura de Deus
	Confessar realidades do Evangelho e verdades das Escrituras	Orar uma oração escrita a favor de cada membro	Orar pela liderança na igreja e na nação	Ouvir Deus para a lista de oração: orar por quem vier à mente	Orar pelos pobres e oprimidos próximos em todo o mundo	Orar por oportunidades de compartilhar a fé com outros	Orar para que o caráter de Cristo seja formado em mim
ORAÇÕES DA MANHÃ	Louvar e lista de gratidão	Efésios 1; Efésios 3	Oração do Senhor, Couraça de São Patrício	Oração de perdão, oração de rendição	Colossenses 1	Filipenses 1; Efésios 1	Oração de São Francisco
ORAÇÕES DO MEIO-DIA	Orações e louvores em uma frase	Orações e louvores em uma frase	Orações e louvores em uma frase	Orações e louvores em uma frase	Orações e louvores em uma frase	Orações e louvores em uma frase	Orações e louvores em uma frase
ORAÇÕES DA NOITE	Comunhão, Examen, adoração	Comunhão, Examen, adoração	Comunhão, Examen, adoração	Comunhão, Examen, adoração	Comunhão, Examen, adoração	Comunhão, Examen, adoração	Comunhão, Examen, adoração
ESCRITURAS	Plano de leitura, trecho diário de Provérbios	Plano de leitura, trecho diário de Provérbios	Plano de leitura, trecho diário de Provérbios	Plano de leitura, trecho diário de Provérbios	Plano de leitura, trecho diário de Provérbios	Plano de leitura, trecho diário de Provérbios	Plano de leitura, trecho diário de Provérbios

CAPÍTULO 3

LÍDERES PRATICAM A PRESENÇA DE DEUS

"A primeira e mais básica coisa que podemos e devemos fazer é manter Deus em nossa mente."

(Dallas Willard)

Algumas centenas de anos atrás, um lavador de pratos de uma pequena abadia francesa tentou algo revolucionário: passar cada minuto possível consciente da presença de Deus.

Ele nunca liderou uma grande equipe nem obteve um diploma, mas influenciou milhões de vidas por meio de uma série de cartas que escreveu detalhando sua prática de fixar pensamentos, palavras e atenção em Cristo a cada momento. Ele chamou essa experiência de orar ao longo do dia de "praticar a presença de Deus". Suas cartas reunidas se tornaram um dos livros cristãos mais vendidos de todos os tempos pelo mundo.[1]

Embora, é claro, o irmão Lawrence tivesse momentos dedicados exclusivamente à oração — às vezes, de horas por dia —, algo poderoso acontecia depois que ele terminava seu tempo de oração programado.

Isso se refletiu em sua vida cotidiana.

O irmão Lawrence praticava trazer Jesus para cada momento, para cada tarefa normal, para cada ato de gentileza ou de serviço. Ele permanecia em uma atitude de oração ao longo dos dias, orando constantemente. Ele viveu a atemporal oração celta: "Que Deus esteja em minha mente."

Era como se ele se recusasse a dizer "Amém" ou a desligar o telefone. Ele levava sua atitude de coração orante do quarto de oração para a cozinha e para a bancada de sapateiro. Ele ensinava essa prática aos outros, encorajando: "Devemos viver conscientes da presença de Deus, conversando continuamente com Ele."

Como ele falava com Deus? "Na maior simplicidade, falando com Ele franca e claramente, e implorando Sua assistência em nossos assuntos, conforme eles acontecem."

O fruto dessa prática na vida de Lawrence foi uma felicidade despreocupada e o que ele chamou de "uma conversa habitual, silenciosa e secreta da alma com Deus, que muitas vezes causa em mim alegrias e arrebatamentos interiores".

Quando exposto às ideias do irmão Lawrence pela primeira vez, o líder espiritual Henri Nouwen comentou: "Elas pareciam simples, até mesmo um tanto ingênuas e irrealistas."

Mas com o tempo e a reflexão, Nouwen chegou à conclusão oposta, e mais tarde escreveu: "O conselho do irmão Lawrence [...] não é apenas uma boa ideia para um monge do século XVII, *mas um desafio muito importante para a nossa situação de vida atual.*"[2]

Os líderes modernos ainda estão aprendendo a aceitar o convite aparentemente simples de Deus para permanecermos n'Ele enquanto vivemos o cotidiano.

O CEO e a máquina de lavar louça

A vida na presença contínua de Deus está plenamente ao nosso alcance, não apenas para Jesus ou para os monges do século XVII, mas para pessoas normais como nós... ou até mesmo para um dos líderes mais ocupados da Terra: o CEO e fundador da Hobby Lobby, David Green.

À primeira vista, a vida de David tem poucas semelhanças com a de um lavador de pratos do interior. A Hobby Lobby é uma das maiores empresas do planeta, com bilhões de dólares em receita anual e dezenas de milhares de funcionários. Fizemos uma visita à sede; os prédios se estendiam por cerca de dois quilômetros. A Hobby Lobby tem tantos funcionários que construiu sua própria clínica de atendimento como parte do plano de saúde dos colaboradores.

Conforme David nos mostrava as instalações da Hobby Lobby, sua paixão por Jesus veio à tona ainda mais claramente do que a paixão pela empresa. Pudemos perguntar a David sobre sua vida de oração, e ele descreveu cuidadosamente sua jornada de praticar a presença de Deus.

Foi profundo ouvir o líder de uma das maiores empresas privadas do mundo[3] descrever experiências tão semelhantes às do irmão Lawrence. Ele falou sobre tentar "ficar consciente da presença de Deus ao longo do dia" e "manter uma conversa contínua com o Senhor" em seu escritório.[4]

A oração é uma marca definidora de sua liderança. Um dos marcos mais profundos na jornada de oração de David aconteceu no início da história da Hobby Lobby, quando a empresa ainda era pequena e enfrentava dificuldades financeiras. Quando David voltou para casa vindo de uma convenção em que vários missionários compartilharam a necessidade de literatura bíblica, Deus o motivou a dar um passo de fé a fim de atender a essa necessidade. "Eu estava olhando pela janela do avião quando algo incomum aconteceu. Parecia que uma voz calma dentro de mim dizia: 'Você precisa doar trinta mil dólares para literatura.'"[5]

David não tinha trinta mil dólares, mas, por fé, ele enviou quatro cheques de US$ 7.500 cada, com data posterior para os próximos quatro meses.[6] David escreve:

> Quando o membro da equipe da igreja do outro lado da linha ligou para confirmar minha doação, ele fez um comentário intrigante. "O dia em que sua carta foi postada", ele disse, "foi o mesmo dia em que quatro missionários africanos tiveram uma reunião especial de oração a respeito de fundos para literatura. Parece que Deus respondeu à oração deles!".[7]

Essa confirmação acendeu uma chama em David. Ele sabia que tinha ouvido a voz de Deus e queria continuar a conversa.

Assim como David Green, Davi, o antigo rei de Israel, descreve uma prática semelhante de conexão contínua: "O Senhor, tenho-O sempre à minha presença" (Salmo 16:8). A palavra que ele usou, *tenho*, é um verbo de ação. É algo que continuamente nos *esforçamos* para fazer. Isso significa que David Green, o irmão Lawrence e o rei Davi dedicaram tempo, esforço e intencionalidade a fim de manter Deus "em sua mente".[8]

Em nossa pesquisa, praticar a presença de Deus foi o segundo hábito mais prevalente; apenas os horários de oração programados foram mais comuns e essenciais aos hábitos pessoais dos líderes que oram. Em linguagem variada, muitos dos líderes que entrevistamos descreveram esse mesmo princípio:

- "Quando estamos orando, quando estamos falando com o Pai, abrimos o dia em oração e não dizemos 'Amém'. Deixamos o telefone fora do gancho o dia todo."
- "Minha comunhão com o Espírito Santo é constante. Estou orando em movimento."
- "Estou sempre falando com Jesus e carrego meu quarto de oração comigo durante o dia."
- "É um relacionamento minuto a minuto. 'Pai, o que Tu achas?'"
- "Ore o tempo todo. Todo dia, toda vez que você faz seu trabalho, você permanece no modo de oração. Você está conectado ao céu."

Esses líderes vivem a "permanência" da qual Jesus foi exemplo e nos convida a praticar.

Como Jesus praticava a presença de Deus?

Em Lucas 11:1, os discípulos pedem a Jesus que os ensine a orar. O pedido deles incita o agora famoso "Pai-Nosso", mas, no contexto que precede a oração, é fascinante ver como os discípulos *perceberam* a vida de oração de Jesus:

> "De uma feita, estava Jesus orando em certo lugar; quando terminou..." (Lucas 11:1)

Embora aqui Lucas use a palavra *terminou*, Jesus nunca realmente terminou de orar. Ele vivia com a realidade de Deus sempre diante de si, e sua conversa com o Pai era contínua. Cada ação sua imitava as ações do Pai: "Em verdade, em verdade vos digo que o Filho nada pode fazer de si mesmo senão somente aquilo que vir fazer o Pai" (João 5:19). E cada momento Seu era gasto com o Pai: O Pai "está comigo", afirmou Jesus, e acrescentou: "[Ele] não me deixou só, porque eu faço sempre o que Lhe agrada" (João 8:29).

Ao dialogar, Jesus tinha um olho no parceiro de conversa e o outro no Pai. Ao ouvir as pessoas, Jesus tinha um ouvido sintonizado com as palavras delas e um ouvido atento ao Pai. Ele tinha momentos de oração verbal focada, mas também dava o exemplo de uma vida continuamente permeada pela oração.

Jesus nos diz que esse ato de permanecer em constante conexão com o Pai não é apenas um distintivo de mérito para superdotados espirituais. Já que o único caminho para o fruto é "permanecer" em Jesus, precisamos aprender como fazer isso!

Como a igreja primitiva praticava a presença de Deus

O apóstolo Paulo fornece outro modelo de oração contínua:

> Por esta razão, também nós, desde o dia em que O ouvimos, *não cessamos de orar por vós e de pedir* que transbordeis de pleno conhecimento da sua vontade, em toda a sabedoria e entendimento espiritual (Colossenses 1:9, ênfase adicionada).

Como Paulo orava continuamente, era natural que encorajasse outros a orarem com ele. Paulo entremeia desafios à oração em cada carta canônica nas Escrituras.

- "Perseverai na oração" (Colossenses 4:2).
- "Orando em todo o tempo no Espírito" (Efésios 6:18).
- "Orai sem cessar" (1 Tessalonicenses 5:17).

Quando Paulo diz "Orai sem cessar", ele usa a palavra *adialeiptos*, do verbo grego *dialeipo*, que significa "deixar intervalo ou lacuna entre algo". O prefixo *a* em *adialeiptos* nega o significado de *dialeipo*; portanto, Paulo está dizendo literalmente que não deve haver intervalos ou lacunas no tempo de oração. O pastor e autor J. D. Watson escreve que *adialeiptos* "era usado nos tempos romanos para uma tosse incômoda. Embora a pessoa não tossisse a todo momento, ela ainda tossia frequentemente; então podia-se dizer: 'Ela ainda está tossindo.'"[9]

Esse é o tipo de "orante" que queremos nos tornar: pessoas que oram e, ao longo do dia, continuam orando.

Praticar a presença de Deus é um processo

Dallas Willard escreveu em *The Great Omission*: "A primeira e mais básica coisa que podemos e devemos fazer é manter Deus diante de nossa mente [...] Este é o segredo fundamental de cuidar de nossa alma. Nossa parte em praticar assim a presença de Deus é direcionar e redirecionar a mente constantemente para Ele."[10]

Mas Willard sabia que essa permanência e o redirecionamento da mente não acontecem imediatamente. Isso também é um "músculo" que deve ser desenvolvido. Ele acrescenta:

No início da nossa prática, podemos muito bem ser desafiados por nossos hábitos penosos de nos deter em coisas menores que Deus. Mas esses são hábitos — não a lei da gravidade — e podem ser quebrados. Um hábito novo e cheio de graça substituirá os antigos à medida que tomamos medidas intencionais para manter Deus diante de nós. Logo nossa mente retornará a Deus como a agulha de uma bússola retorna constantemente para o norte [...] Se Deus é o grande anseio de nossa alma, Ele se tornará a estrela polar de nosso ser interior.

Temos confiança de que a oração contínua é possível! Acreditamos que tenha sido uma realidade para Jesus, para Paulo e para santos do passado como o irmão Lawrence — e é uma realidade para aqueles que entrevistamos ao redor do mundo. Praticar a presença de Deus pode se tornar uma realidade para nós também, e os líderes que oram com os quais aprendemos propuseram dois passos que funcionam juntos, como duas pernas caminhando com Deus: planos e lembretes.

Planos: organize o dia em torno da oração

Dos líderes que entrevistamos, Zehra foi, de longe, quem mais recebeu ameaças de morte.[11]

Sua conversão ao cristianismo e o subsequente compromisso de compartilhar o Evangelho com outras pessoas em um contexto de maioria muçulmana fizeram dela um alvo, mas praticar a presença de Deus sob essa ameaça de morte dá a Zehra uma dependência do Espírito e uma proximidade com Jesus que são lindas de contemplar.

Seu ministério é focado em compartilhar o Evangelho por meio do rádio e da internet; por meio de seu trabalho, ela não apenas levou muitos muçulmanos à fé em Jesus, mas também capacitou mulheres muçulmanas em sua comunidade de maneiras sem precedentes. Zehra e seus parceiros de ministério estão vendo milagres que lembram aqueles descritos no livro de Atos: pessoas têm sido curadas e libertadas de forças demoníacas, prisioneiros foram libertados por hienas roendo cordas, e indivíduos que não sabem ler foram capazes de ler as Escrituras. À medida que ela compartilha o Evangelho com grupos de pessoas não alcançadas, muitos ouvintes dizem-lhe que viram Jesus ou ouviram falar d'Ele em sonhos; por meio de seu ministério, Zehra é capaz de trazer confirmação e contexto para esses sonhos.

Ela cresceu como muçulmana e seguiu sua fé com "zelo religioso". Embora sua vida tenha mudado drasticamente com a conversão, algumas práticas do islamismo — particularmente os chamados frequentes para a oração — provaram ser úteis na busca por maior intimidade com Jesus. Ela diz: "Agora, não tenho um ritual, mas tenho uma rotina. Não *tenho* de orar cinco vezes ao dia, mas estou sempre falando com Jesus e carrego meu quarto de oração durante o dia. É algo completamente baseado em liberdade e amor."[12]

Zehra aprendeu a importância de organizar seus momentos e dias em torno de Deus. "Eu acordo por volta das quatro ou cinco da manhã. Eu rolo da cama para o chão. Eu me prostro e O chamo pelo nome e digo: 'Tu és o Senhor do meu dia. Tu és meu CEO'."

Zehra faz de Deus seu primeiro pensamento e, *a cada duas horas*, ela faz uma pausa de dez minutos para concentrar seus pensamentos em Jesus, fechando os olhos e entrando em Sua presença.

Lembretes: chamadas sonoras para a oração

A função tradicional do campanário central de uma cidade era encorajar os moradores a praticar a presença de Deus. Em 604 d.C., o papa Sabiniano sancionou oficialmente o badalar dos sinos da igreja para anunciar os horários de oração diária.[13] Durante séculos, os campanários ficavam no centro das cidades em todo o mundo, badalando para lembrar aos fiéis de elevar o coração ao Pai várias vezes por dia, ecoando o lembrete do amor e da presença de Deus hora a hora. "A cada hora preciso de Ti" não era apenas um hino poético: era uma realidade concreta construída no centro das cidades em todo o mundo cristão.

Aqueles que praticam a presença de Deus aprenderam a construir "campanários" no centro de sua vida diária. Certas tarefas, momentos, pessoas e até mesmo marcos servem como "sinos" ao longo do dia para incitá-los a parar e orar, elevar um louvor ou sussurrar uma oração ao Deus do céu.

Na vida de oração dos líderes que entrevistamos, havia muitos tipos diferentes de sino que os lembravam de voltar-se para Jesus, mas alguns dos estímulos mais comuns eram refeições, reuniões, estado de espírito e ocasiões.

Refeições

Da mesma forma que Jesus olhava para o céu e orava durante as refeições, todos os líderes com quem conversamos usam as refeições como um estímulo para as orações.

Reuniões

Temos visto muitos ministérios que oram antes das reuniões. Isso é bem comum. Mas nossos entrevistados tendem a orar também durante as reuniões, parando para ouvir Deus quando lhes falta clareza ou precisam de sabedoria. Mark Zhou, que é o líder da segunda geração de um grande movimento de plantação de igrejas na China, disse:

> Quando começamos uma reunião, é tão natural. Você começa com uma oração. Conforme a reunião avança, dizemos: "Vamos fazer uma pequena pausa para tentar outro modo de agir. Vamos orar no meio das reuniões e ver se o Senhor nos concedeu o favor de fazer [o que estávamos discutindo]." As pessoas sentem isso e dizem: "Definitivamente, há uma mudança."[14]

A razão para incorporar oração ao decurso da reunião é clara: o Espírito existe, o Espírito fala de maneiras que podemos entender, e Deus tem uma percepção sobre as situações tratadas nas reuniões que nós não temos. Para Mark e muitos outros líderes que oram, seria perturbador e incomum *não* se dirigir Àquele que é o mais inteligente e mais sábio na sala.

Estado de espírito

Sentir uma emoção grande ou profunda é um lembrete para a oração, tanto para líderes que oram quanto nas Escrituras. Aqui está uma lista parcial dos estados de espírito que as Escrituras identificam como lembretes para a oração:

- Aflito (Tiago 5:13)
- Contente (Tiago 5:13)
- Doente (Tiago 5:14)
- Preso no pecado (Tiago 5:16)
- Preocupado com política (1 Timóteo 2:1–2)
- Ansioso (Filipenses 4:6–7)
- Caluniado (Lucas 6:28)
- Enfrentando perseguição (Mateus 5:44)
- Não sabendo como orar (Romanos 8:26)

Mark Zhou reconheceu que não são apenas as coisas boas que devem nos levar à oração:

Aprendi que parte da nossa oração é falar com Deus sobre nossa decepção. "Senhor, por quê? Senhor, eu coloco minha confiança em Ti." Mas então, por meio do quebrantamento, aprendo uma nova perspectiva. Deus nos coloca em alinhamento com Ele.

O apóstolo Paulo faz uma observação semelhante em Filipenses 4:6 quando diz: "*Em tudo*, porém, sejam conhecidas, diante de Deus, as vossas petições, pela oração e pela súplica, com ações de graças" (ênfase adicionada).

Oração e súplica. Por que Paulo usou duas palavras aqui? Em grego, a palavra para "súplica" é o que frequentemente pensamos ser "oração": pedir coisas. Quando percorremos nossa "lista de orações", essas são súplicas, são petições. A outra palavra aqui é, na verdade, a palavra grega mais comum para oração, *proseuchomai*, que tem duas partes: *prós* significa "troca". É uma palavra do comércio, como trocar galinhas por dinheiro. A segunda parte, *euxomai*, significa "desejar". Assim, oração é *uma troca de desejos*.[15]

Ouvimos isso na oração de Jesus no Jardim do Getsêmani: "Não se faça a minha vontade, e sim a Tua" (Lucas 22:42). *"Deus, aqui está o que eu quero, mas o que Tu queres?"*

A palavra mais comum para "orar" no Novo Testamento não tem relação com listas de oração e pedidos infinitos. O conceito mais verdadeiro e profundo é "trocar meus desejos pelos desejos de Deus". Independentemente do nosso estado de espírito ou de como podemos estar nos sentindo, somos convidados a trocar desejos com Deus em oração.

Ocasiões

Um lembrete que me afeta (Ryan) pessoalmente de modo profundo é apenas ver estranhos em multidões. Quando estou em uma fila, oro por aqueles na minha frente e atrás de mim. Em um aeroporto, oro por quem estiver ao meu redor. Oro silenciosamente pelo meu motorista do Uber. Oro pelas pessoas ao meu redor na rua. E às vezes pratico apenas ouvir para ver se o Espírito Santo compartilha comigo algo específico sobre o que orar por esses estranhos.

Deslocar-se, esperar na fila e andar pela rua são oportunidades para orar pelos outros. Às vezes, sou profundamente movido a amar aqueles ao meu redor, mas na maioria das vezes isso ajuda a mudar meu humor de irritado para um pouco menos irritado e mais amoroso... e mais conectado a Jesus.

Líderes usam ocasiões específicas para se motivarem a orar: como contratar um novo membro para a equipe ou tomar uma decisão financeira importante. Um líder compartilhou: "Eu não tomaria nenhuma decisão sem orar. Quando estou em uma reunião, peço a Deus para me guiar. Quando você está fazendo a coisa certa, seu coração fica leve, não pesado e desconfortável."

Outro líder, ao escrever sua lista de tarefas, começa cada linha com "PEAJ", como um lembrete de que tudo o que ele faz é "Porque eu amo Jesus".

Um líder de uma empresa petroquímica canadense explica que ele está orando minuto a minuto. "'Pai, o que Tu achas? Pai, o que Tu queres?' Essa sensibilidade ao Espírito é primordial para mim."

Permanecer em sintonia com o Espírito muitas vezes não tem relação com fazer coisas diferentes, mas apenas fazê-las *com Deus*. O irmão Lawrence escreveu que se tornar mais semelhante a Deus "não dependia de mudar nossas obras, mas de fazer por amor a Deus o que comumente fazemos por nós mesmos".[16]

Orações de uma frase

Um dos exemplos mais famosos do poder de algumas palavras breves vem do Desafio Hemingway. Ernest Hemingway, o autor inovador do século XX, era conhecido por colocar significado intenso em uma linguagem concisa e impactante. De acordo com a lenda literária, Hemingway certa vez se gabou para um grupo de colegas autores de que poderia escrever uma história em apenas seis palavras. Eles, instintivamente, duvidaram. Então Hemingway pronunciou as palavras: "Sapatos de bebê. Vendo. Nunca usados." O grupo ficou impressionado com essa história de seis palavras que evocou uma incrível emoção.

Se uma história de seis palavras pode ter tanto poder, imagine o poder de uma oração igualmente breve. Orações de uma frase nos ajudam a praticar a presença de Deus em meio a dias ocupados, no meio de reuniões ou em qualquer lugar em que nos encontremos. Orações breves podem parecer triviais, mas pesquisas e práticas mostram que uma única frase pode reorientar mente, vontade e emoções, apontando-as de volta para Jesus.[17]

O líder Neemias oferece um exemplo bíblico de oração de uma frase. Ele estava longe de sua terra natal judaica, trabalhando como copeiro do rei persa, quando lhe chegou a notícia de que os muros de Jerusalém tinham sido derrubados e seus portões, queimados, deixando a querida cidade indefesa.

Ele escreveu que "orou rapidamente ao Deus do céu" nos segundos antes de responder a uma pergunta importante feita pelo rei (Neemias 2.4, KJA). Imaginamos que não era hora para verbosidade, mas a oração foi digna de nota para Neemias, e daquele momento com Deus fluiu a convicção e a coragem de que ele precisava a fim de fazer um pedido ousado para retornar para a cidade e restaurá-la.

Repetidamente, o próprio Jesus mudou vidas e a história por meio de uma única frase:

- "Pai, perdoa-lhes" (Lucas 23:34);
- "Pai [...] não se faça a minha vontade, e sim a tua" (Lucas 22:42);
- "Lázaro, vem para fora!" (João 11:43);
- "Seja purificado!" (Lucas 5:13 NVI);
- "Sai deste homem!" (Lucas 4:35);
- "Menina, [...] levanta-te!" (Marcos 5:41).

Orações de uma frase oriundas de um relacionamento profundamente enraizado com Deus carregam o poder e a graça do céu.

Conversando com Ele durante o dia

À medida que diminuímos o ritmo, organizamos os planos em torno de Deus e respondemos aos lembretes, tornamo-nos pessoas que praticam a presença de Deus.

Mark Zhou aprendeu a praticar a presença de Deus com a avó. "Ela tinha uma postura tal que, não importava o que acontecesse lá fora, a tranquilidade estava presente. Ela estava falando com Alguém que eu não conhecia. Ela apenas se sentava lá ouvindo, sorrindo e sussurrando." Quando já era adulto, Mark colocou em prática sua própria versão do sussurro usando frases simples. As duas que ele pronuncia mais comumente são: "Maranata [Ó Senhor, vem!], Senhor, tem misericórdia de mim" e "Dirija meus passos".

Mark e outros líderes que aprenderam a permanecer em Deus e praticar Sua presença percebem que Ele está perto. Alguns dizem que "Pai-Nosso que estás nos céus" coloca-nos na mente uma imagem errada porque O faz parecer distante. Mas "nos céus" é mais como "no ar", e o ar está ao nosso redor.

Nosso Pai no céu não está *lá*. Ele está *aqui*. Muito perto. Ele está presente e esperando que nos voltemos para Ele.

ORAÇÃO

Tu és santo, Senhor Deus único,
o que fazes maravilhas.
Tu és forte,
Tu és grande,
Tu és altíssimo,
Tu és rei onipotente,
Tu, Pai santo, és o Rei do céu e da terra!
Tu és Trino e Uno, Senhor Deus, todo o Bem.
Tu és Bom, todo o Bem, o supremo Bem,
Senhor Deus, vivo e verdadeiro!
Tu és amor! Tu és sabedoria!
Tu és humildade! Tu és paciência!
Tu és descanso! Tu és paz!
Tu és gozo e alegria!
Tu és justiça e temperança!
Tu és toda a nossa riqueza e saciedade!
Tu és beleza!
Tu és mansidão!
Tu és o protetor!
Tu és o nosso guarda e defensor!
Tu és fortaleza!
Tu és a nossa coragem! Tu és nosso refúgio e nossa esperança!
Tu és a nossa fé, nossa grande consolação!
Tu és a nossa vida eterna, Grande e Admirável Senhor,
Deus Onipotente, Misericordioso Salvador!

(São Francisco de Assis)

FERRAMENTA DE ORAÇÃO

ORAÇÕES DE UMA FRASE

Senhor, enche minha alma com Tua paz.
Pai, enche meu coração com Teu amor.
Espírito Santo, enche-me com Tua alegria.
Ensina-me a ouvir a Tua voz hoje.
Ajuda-me a entender a Tua vontade.
Abre meus olhos para que eu possa Te ver.
Protege minha mente, minha alma e meu espírito neste momento.
Deus, Tu és meu Deus; eu Te busco ansiosamente.
Por que estás tão abatida, minha alma?
Dá-me Tua sabedoria neste momento.
Lembra-me de que Tu estás aqui agora.
Tu és meu melhor pensamento, tanto de dia quanto de noite.
Faz de minha vida uma oração a Ti.
Esconde-me na sombra das Tuas asas.
Faz de mim uma bênção para todos aqui.
Mostre-me Teu coração.
Ajuda-me a amar a todos nesta sala.
Ajuda todos nesta sala a encontrar a salvação.
Eu Te entrego esse fardo.
Levanto meus olhos para ver-Te, Jesus.
Perdoa meus pensamentos errantes.
Pai, preciso de Ti agora mesmo.
Tira esse pecado do meu coração.
Senhor, mostra-me a tua glória.
Aproxima-Te, Senhor Jesus.
Ajuda-me a fazer hoje o que Te agrada.
Vem trazer salvação às nações.
Vem para meu bairro/minha família/meu trabalho.
Lembra-me do Teu amor neste momento.
Senhor, o que queres?

Mostra-me quão profundo, longo, largo e alto é o Teu amor.

Ajuda-me a ficar quieto e não perder a Tua presença neste momento.

Que Deus seja gracioso conosco, ó Deus, e nos abençoe, e faz com que o Seu rosto brilhe sobre nós.

CAPÍTULO 4

LÍDERES AJOELHAM-SE DIANTE DO SENHOR

"Muitas vezes fui levado a me ajoelhar pela convicção avassaladora de que não tinha mais para onde ir."

(atribuído a Abraham Lincoln)

O sucesso de Justin Whitmel Earley o levou ao hospital.

Aos vinte e poucos anos, Justin estava construindo uma família e uma carreira como advogado corporativo. Essa era a vida com que ele sonhava — exceto estar exausto, sobrecarregado e oprimido. Com o tempo, seu corpo o forçou a desacelerar quando ele foi internado para se recuperar da exaustão. Quando Justin recebeu alta, seu médico lhe deu um frasco de pílulas para dormir e lhe disse que pegasse leve.

Aceitando alegremente a prescrição médica, mas ignorando o conselho do médico, Justin entrou na fase mais sombria de sua vida — marcada por mudanças de humor, pesadelos alucinógenos e pensamentos suicidas —, enquanto recebia elogios de seu escritório de advocacia pelas realizações. Ele encontrou "alívio" no álcool e em remédios para dormir, mas reconheceu o impacto de seus vícios crescentes sobre aqueles que amava.

O desespero o levou a replanejar sua vida.

Justin esboçou sua própria Regra de Vida: uma série de hábitos diários e semanais planejados para ajudá-lo a encontrar liberdade e descanso para a alma, redescobrir saúde física, emocional e espiritual e aumentar o amor por Deus e pelo próximo. Ele reconheceu o poder dos hábitos para moldar uma pessoa ao longo do tempo, e esperava que suas novas resoluções trouxessem paz.

A primeira prática que Justin abraçou foi a oração. Servindo no campo missionário em Xangai depois de concluir a faculdade, Justin conheceu muitos que se descreviam como pessoas de oração, mas reconheceu que isso não era verdade para *si mesmo*. "Eu falava mais *sobre* oração do que já falei em oração", ele diz. "Foi preciso uma crise para eu mudar isso."[1]

Enquanto buscava se tornar uma pessoa de oração, ele enfrentou alguns desafios.

> Uma coisa que comecei a notar foi que minha mente, como talvez a de todo mundo, é muito escorregadia. Ela sempre quer se mover em um milhão de direções, de modo especial quando mais preciso orar, porque são os momentos em que estou cansado, deprimido, ansioso, assustado ou pensando em um milhão de coisas. Comecei em algum momento a perceber que, se eu tivesse um sinal físico de oração, se eu fosse capaz de chamar a atenção do meu corpo, então eu teria muito mais probabilidade de chamar a atenção da minha mente.

Ajoelhar-se se tornou o sinal físico de Justin.

Assim que saía da cama todas as manhãs, ele se ajoelhava no chão. "Enquanto eu me ajoelhava, minha mente sonolenta era surpreendida por um tipo diferente de experiência. Ela se perguntava o que estava acontecendo. 'O que estamos fazendo aqui em baixo no chão frio?'"[2] À noite, ele repetia a prática e, ao meio-dia, quando as circunstâncias nem sempre permitiam ajoelhar-se, Justin orava com as mãos abertas e viradas para cima.

Para ele, cultivar uma vida de oração começou pela construção de "uma treliça física de oração" por meio dessas simples mudanças posturais. "O legal sobre construir essa treliça de orar de joelhos foi que todos os outros tipos de oração começaram a se desenvolver", diz Justin.[3] Agora, a oração pontua seus dias, e ele percebe que o hábito de orar se fortaleceu.

Justin se ajoelha ao lado da cama de manhã, ora à porta com os filhos antes da escola, para a fim de abrir as mãos na oração do meio-dia, acende uma vela em oração na hora do jantar, abençoa os filhos em oração na hora de dormir e se ajoelha novamente para terminar o dia. Não foi um grande salto, ele diz, mas sim "pequenos hábitos que se somaram ao longo do tempo, de modo que, quando você os enumera em voz alta, pensa: 'Humm! Talvez eu seja uma pessoa de oração agora'".

Ore como o papai

Sair da cama e ficar de joelhos foi uma das primeiras práticas de oração que eu (Ryan) tentei na jornada para desenvolver minha própria rotina de oração.

Comecei com apenas alguns momentos de oração. Depois, comecei a passar por vários salmos ainda de joelhos. Então, ouvi uma frase que me desafiou ainda mais.

Matt Chandler, pastor da Village Church e presidente da rede de plantação de igrejas Atos 29, desafia as pessoas a orarem todas as manhãs até que a alma esteja feliz em Deus. Então, elas não buscarão felicidade em outras coisas ao longo do dia, como opiniões de outras pessoas, influência, comparação, sucesso ou coisas prejudiciais.

Meu tempo matinal de oração de joelhos ficou ainda mais longo, pois permaneço ajoelhado até que minha alma se eleve ao céu.

Há uma extensa pesquisa científica sobre conectar dois hábitos, ou "empilhamento de hábitos". Estudos descobriram que, quando dois hábitos são praticados juntos, um frequentemente apontará o corpo e a mente para o outro. O ato de ficar de joelhos aciona minha mente e minha alma para assumirem uma postura de oração.

Um dia, enquanto eu estava de joelhos ao lado da cama, senti alguém ao meu lado. Olhei e vi meu filho de 6 anos. Ele olhou para mim e disse: "Eu também quero orar de joelhos, como meu pai." Admito que perdi o controle. Lágrimas escorriam pelo meu rosto enquanto meu filho orava de joelhos bem ao meu lado. Ele tem mantido esse hábito pelos últimos anos.

Conforme conduzíamos entrevistas para este livro, fui pessoalmente desafiado a adotar esse hábito de ajoelhar-me à noite. Ajoelhar-me de manhã e à noite se tornou uma âncora para minha vida de oração, e poucas outras práticas de oração me afetaram mais do que esta.

Redescobrindo uma postura antiga

Embora Justin e eu tenhamos experimentado o ato de ajoelhar como uma verdadeira revolução em nossa vida de oração, a prática não é nova. As Escrituras estão cheias de exemplos que ligam a postura física à postura do coração na oração. O Salmo 95:6 convida: "Vinde, adoremos e prostremo-nos; ajoelhemos diante do Senhor, que nos criou."

Depois que o rei Dario emitiu um decreto proibindo que ninguém orasse a nenhum outro deus, Daniel sabia da situação de risco em que se encontrava, mas "três vezes por dia, se punha de joelhos, e orava, e dava graças, diante do seu Deus, como costumava fazer" (Daniel 6:10).

É também a postura de Jairo, o oficial da sinagoga, quando soube que Jesus era a última e única esperança para sua amada filha. Ele se ajoelhou diante de Jesus (Mateus 9:18), dizendo: "Minha filhinha está à morte; vem, impõe as mãos sobre ela, para que seja salva, e viverá" (Marcos 5:23).

Ajoelhar-se evidencia desespero, humildade e submissão.

Embora os líderes judeus normalmente abrissem os braços e se balançassem para a frente e para trás em oração, o apóstolo Paulo se ajoelhou enquanto orava por pessoas e igrejas que ele supervisionava. "Por esta causa, me ponho de joelhos diante do Pai" (Efésios 3:14).

Tiago, irmão de Jesus, provável autor do livro que leva seu nome, era conhecido como um homem de oração. Seu hábito de ajoelhar-se lhe rendeu o apelido de "velho joelho de camelo".[4]

De acordo com Hegésipo, um escritor do século II, citado por Eusébio, o "Pai da História da Igreja", Tiago tinha o hábito de entrar no templo sozinho, "e ali se encontrava ajoelhado e pedindo perdão por seu povo, tanto que seus joelhos ficaram calejados como os de um camelo, por estar sempre de joelhos adorando a Deus e pedindo perdão para o povo".

E. M. Bounds, um pastor do final do século XIX, resumiu: "Daniel ajoelhou-se três vezes ao dia em oração. Salomão ajoelhou-se em oração ao dedicar o templo. Nosso Senhor, no Getsêmani, prostrou-se naquele memorável período de oração pouco antes de ser traído. Onde há oração sincera e fiel, o corpo sempre assume a forma mais adequada ao estado da alma no momento. O corpo, então, se junta à alma na oração."[5]

A postura do coração

Não há nada excepcionalmente espiritual em orar de joelhos. Jesus é claro, de maneira enfática, que isso tem total relação com o coração. No Sermão da Montanha, Ele enfatiza a postura do coração na oração:

> E, quando orardes, não sereis como os hipócritas; porque gostam de orar em pé nas sinagogas e nos cantos das praças, para serem vistos dos homens. Em verdade vos digo que eles já receberam a recompensa. Tu, porém, quando orares, entra no teu quarto e, fechada a porta, orarás a teu Pai, que está em secreto; e teu Pai, que vê em secreto, te recompensará (Mateus 6:5–6).

Embora seja nosso coração, e não nosso corpo, que deve se curvar, uma postura física pode reforçar uma atitude espiritual. Como disse o papa Emérito Bento XVI:

> Quando ajoelhar se torna meramente exterior, um ato meramente físico, torna-se sem sentido. Por outro lado, quando alguém tenta levar a adoração de volta ao reino puramente espiritual e se recusa a dar a ela uma forma corpórea, o ato de adoração evapora [...] É por isso que dobrar os joelhos diante da presença do Deus vivo é algo que não podemos abandonar.[6]

A grande mentira para nós, líderes, é a ilusão da autossuficiência. Podemos agir como se tivéssemos inteligência e conhecimento suficientes para resolver os problemas que enfrentamos e liderar a família, a igreja ou as organizações com nossa própria força. Mas é difícil ser arrogante de joelhos, quando o coração é lembrado de que somos, em primeiro lugar, seguidores, e não líderes.

Um coração de joelhos

John Ortberg é uma das vozes mais procuradas no mundo da formação espiritual. Ele é um herói para muitos, pela forma como se aprofundou nas disciplinas espirituais em sua atuação como autor, pastor e líder. Então, quando pedimos que ele descrevesse seus hábitos pessoais de oração, ficamos surpresos com uma de suas respostas:

"Às vezes tento orar como um viciado."[7]

Por que um líder tão talentoso e internacionalmente respeitado recorreria às orações dos Alcoólicos Anônimos?

Os alcoólatras já chegaram ao ponto de perceber sua necessidade desesperada de Deus e, como John explicou, há humildade em perceber nossa necessidade de Deus.

John continuou a compartilhar o poder de entender que todos nós somos viciados em algum sentido. Somos viciados em nossos próprios desejos e temos dificuldade em servir aos outros. Somos viciados em ocupação e não conseguimos abrir espaço para a oração, somos viciados em nosso orgulho e posição, em atenção e reconhecimento, ou em qualquer número de hábitos aparentemente pequenos que não são saudáveis para nós.

John descreveu o poder de vir ao nosso Pai no céu com humildade e desespero. É quando humildemente reconhecemos nossa necessidade desesperada por Deus que encontramos cura, integridade, força, coragem e sabedoria.

Para se lembrar de seu desespero, John usa as orações escritas do programa de doze passos [dos Alcoólicos Anônimos]. Sua postura de oração ecoa o tipo de oração que Jesus elogiou quando contou a história de um homem que humildemente veio diante de Deus, bateu no peito e orou: "Ó Deus, sê propício a mim, pecador" (Lucas 18:13).

John não é o único a concluir que nossas orações devem fluir do desespero. Um CFO [diretor financeiro] em Oklahoma e os líderes de um banco ruandês concordariam.

A contribuição de um líder

Don Millican, CFO da Kaiser-Francis Oil Company e ex-sócio mais jovem da Ernst & Young, uma das maiores empresas de contabilidade do mundo, participou de muitas reuniões de comitês da igreja que começavam com uma oração superficial antes de rapidamente passar para o que os participantes iriam fazer por Deus.

"Fazer" repercute em Don. Ele prefere o concreto ao nebuloso. No entanto, mais de uma década atrás, Deus colocou-lhe uma pergunta no coração: "Se realmente acreditamos na oração, por que não passamos mais tempo praticando-a?"[8]

Como um "contador de perfil analítico de uma tradição de fé racional", Don se descreve como um improvável defensor da oração, mas "concluí", diz ele, "que éramos deístas funcionais. Críamos que Deus existia, mas não críamos realmente que Ele fazia alguma coisa — ou pelo menos que Ele fazia alguma coisa em resposta às nossas orações. Caso contrário, oraríamos mais".

Ele reflete:

> Nós certamente oramos em tempos de crise, mas nesses casos não podíamos controlar a situação; então, recorremos ao nosso *último* recurso: a oração. Mas quando estamos no controle, no comando, confiamos em nossos próprios esforços [...] Orações pela vida diária, orações pela expansão do Reino e orações por proteção contra o ataque do maligno não fazem parte da nossa rotina diária.

Don sentiu-se compelido a fazer da oração sua primeira resposta, não seu último recurso.

Deus também desenvolveu nele a convicção de que, embora os esforços humanos pudessem levar a melhorias incrementais na igreja, os verdadeiros avanços viriam apenas como resultado da oração.

Essa convicção veio com um chamado. Deus convidou Don a orar pelo ministério de sua igreja, não apenas esporadicamente na privacidade da própria casa, mas com fidelidade, de joelhos e à vista de qualquer um que passasse pela igreja. "Isso foi cerca de três fusos horários fora da minha zona de conforto", Don relembra. "Eu era CPA [contador] e CFO de uma empresa de petróleo, pelo amor de Deus!"

Ele inicialmente resistiu, depois "capitulou" em agosto de 2017. De segunda à quinta, às 9 horas, Don podia ser encontrado ajoelhado em oração. Pelo final do ano, ele já havia testemunhado a obra de Deus de maneiras poderosas e inegáveis.

Ainda assim, Don percebeu que, por causa de sua experiência empresarial e mais tempo como presbítero, outros líderes da igreja frequentemente o procuravam para tomar decisões durante as reuniões de equipe. Com humildade, Don começou a se recusar a participar das reuniões, passando o tempo em uma sala adjacente, de joelhos, em oração pela equipe. Apesar de suas extensas habilidades e experiência, ele reconheceu que sua contribuição mais valiosa para a igreja eram as orações.

"Peguem suas esteiras"

As instituições financeiras desempenharam um papel fundamental na recuperação de Ruanda após o genocídio de 1994 contra os tutsis, no qual cerca de 10% da população foi brutalmente morta em um período de cem dias.[9] À medida que a nação começou a se reconstruir, as instituições de microfinanciamento ajudaram a restaurar a confiança entre os membros da comunidade e trouxeram estabilidade financeira a mais famílias. Mas em 2017, Christine

Baingana assumiu uma função nada invejável quando passou a exercer a liderança da Urwego, uma instituição de microfinanciamento projetada para fornecer investimentos para aqueles tipicamente mal atendidos ou não alcançados pelo setor financeiro formal de Ruanda. Apesar dos objetivos nobres do banco, ele estava perdendo dinheiro, enfrentando desafios legais e confrontando o baixo moral da equipe.[10]

Os líderes da Urwego criaram um plano de três anos para lidar com esses desafios, mas enfrentaram um revés após o outro. Então, a covid chegou, e um bloqueio nacional de cinco meses impactou dramaticamente todos os aspectos do desempenho e das operações da Urwego. Os ruandeses não conseguiam trabalhar. "Muitas pessoas foram jogadas de volta à pobreza extrema em meio a essa pandemia", lamentou Christine. À medida que as famílias eram impactadas, a organização também era. A Urwego enfrentou baixas contábeis massivas, pois os tomadores de empréstimo que não conseguiam gerar renda não conseguiam pagar o empréstimo. As perdas aumentaram. Os desafios aumentaram. Eles ficaram sem ideias. E nesse momento de desespero, Christine compartilha: "Foi quando os guerreiros de oração chegaram."

Como as instituições financeiras eram serviços essenciais, a equipe da Urwego ainda tinha permissão para se reunir no escritório. Um dia, um pequeno grupo de funcionários veteranos veio até Christine, declarando: "Temos algo a dizer." Eles estavam cientes dos desafios aparentemente intransponíveis que a organização enfrentava e, em resposta, apresentaram um plano para consideração de Christine: eles queriam que toda a equipe se reunisse para três dias de oração e jejum. Christine concordou.

Quando a equipe começou a orar, eles o fizeram de joelhos. "Nós pegamos nossas esteiras", lembra Christine. Ajoelhar-se não é o lugar para orações casuais, e eles sabiam do desespero que tinham. Juntos, eles passaram três dias jejuando e orando. Eles oraram sobre cada reunião, decisão e atividade, entregando cada ação a Deus.

Quando Christine e a equipe convidaram Deus para trabalhar nas operações diárias da Urwego, o impacto foi dramático. Eles sentiram a confirmação de Deus no trabalho que estavam realizando e seu encorajamento para prosseguir. Ainda assim, os desafios continuaram enquanto Ruanda restabelecia os bloqueios. Encorajados e fortalecidos pelo impacto de seu jejum e oração coletivos, o mesmo grupo de colegas retornou a Christine, dizendo: "Oramos por três dias; fomos lucrativos por cinco meses. Que tal orarmos por um mês?"

A partir de fevereiro de 2021, um departamento, filial ou equipe jejuou e orou em cada um dos 28 dias do mês. Em julho, eles decidiram acrescentar louvor e ação de graças, embora estivessem novamente enfrentando bloqueios. A Urwego reservou os 31 dias de agosto para louvar e agradecer a Deus. A cada dia, uma filial, uma equipe ou um departamento liderava a responsabilidade, com a equipe executiva da Urwego começando no primeiro e encerrando no último dia do mês.

A oração se tornou a estrela-guia da Urwego, e a oração de joelhos se tornou parte da história da Urwego e de sua rotina regular de operações. Todo mês de fevereiro é separado como um mês de oração e jejum, seguido por um mês de ação de graças em agosto.

Christine compartilhou: "Quando oramos, quando esperamos no Senhor, quando ouvimos, Deus nos mostrou falhas, trouxe as pessoas certas para nossa equipe, nos mostrou quais produtos deveríamos descontinuar e quais deveríamos lançar."

A reviravolta da Urwego foi tão significativa que Christine foi reconhecida como uma das dez maiores banqueiras da África. "O ímpeto que ela liderou levou [a Urwego] pelos ambientes operacionais mais desafiadores da história recente", escreveu a *Kenyan Wall Street*.[11] Mas Christine humildemente credita a outra coisa: à resposta fiel de Deus às orações da Urwego.

"[A reviravolta] não veio da estratégia. Deus fez isso, especialmente durante a pandemia. Aprendi a ser fervorosa e persistente na oração e a confiar em Deus", diz Christine. "[Como líder], você não depende do próprio entendimento. Você confia no Senhor em todos os caminhos e depende d'Ele. Eu sou um desses aprendizes de oração."

Christine e a equipe que ela lidera na Urwego encontraram Deus na oração, e a realidade de Sua presença as deixou desejando por mais. Para a Urwego, a oração continua, mas também como membros da rede HOPE International, eles estão causando um impacto global. As práticas e as posturas de oração praticadas por Christine e a equipe da Urwego foram adotadas por outras entidades e instituições na África, na Ásia, na América Latina e na Europa Oriental.

Paradoxalmente, à medida que a equipe da Urwego se aproximava do Pai em humilde dependência, foi caindo de joelhos que a equipe se levantou.

ORAÇÃO

Jesus, enche meu coração com Teu amor,
enche minha alma com Tua paz,
enche minha mente com Tua sabedoria,
enche meus olhos com Tua compaixão,
enche meus ouvidos com Tua voz,
enche minha boca com Tuas palavras de vida.

Que minhas mãos estejam sempre Te servindo,
que meus joelhos se dobrem em rendição,
que meus pés andem em obediência.

Capacita-me — coração, alma, mente, força — a fim de viver para a Tua glória, meu Amigo e Senhor para sempre.

(Ryan Skoog)

FERRAMENTA DE ORAÇÃO

POSTURA COMPROMETIDA COM A ORAÇÃO

Aqui estão três maneiras de incorporar a postura ao seu hábito de oração:

1. AJOELHAR-SE

Se você não tentou, tente. Passe os primeiros e os últimos momentos do dia de joelhos em oração. Comprometa-se pelos próximos sete dias.

De joelhos pela manhã, tente acrescentar um salmo, um hino de louvor ou de adoração acompanhado de um momento de rendição e humildade diante de Deus.

À noite, acrescente arrependimento e gratidão a Deus.

2. MÃOS PARA BAIXO, MÃOS PARA CIMA

Uma das orações posturais mais poderosas que encontramos foi uma oração simples de liberação e de recebimento.

Leva apenas de dois a cinco minutos; então, pode ser feita periodicamente ao longo do dia.

Mãos para baixo

Comece com as mãos voltadas para baixo, abertas em direção ao chão como um símbolo físico de deixar ir todos os fardos pesados que você não precisa carregar. Deixe ir:

Ansiedades	Medos	Pessoas
Estresse	Preocupações	Feridas
Culpa	Raiva	Dor emocional

Coloque todas essas coisas nas mãos fortes de Jesus.

Mãos para cima

Então, reserve um momento para virar as mãos para cima e receber a graça do céu. Receba:

Misericórdia	Beleza	Bondade	Alegria
Amor	Paz	Verdade	Bênção
Perdão	Graça	Cura	Compaixão

Cada uma dessas boas dádivas está disponível gratuitamente para você toda vez que parar a fim de recebê-las de Jesus.

3. OLHOS ERGUIDOS

Também vemos várias referências nas Escrituras a pessoas erguendo os olhos na oração. Mais notavelmente, Jesus faz isso frequentemente nos Evangelhos.

Nossos olhos representam nossa atenção. Ao levantar os olhos para o céu, colocamos a atenção em Deus (nosso Pai no céu) e O reconhecemos com nossos pensamentos e foco.

Levantar os olhos também é um ato de humildade, pois reconhecemos que Deus está acima de nós e é soberano sobre nós.

PARTE II

COMO OS LÍDERES DESENVOLVEM A VIDA DE ORAÇÃO

CAPÍTULO 5

LÍDERES ORAM EM TEMPOS DIFÍCEIS

> "Há muitas coisas que só podem ser vistas por olhos que choraram."
>
> (atribuído a Santo Oscar Romero)

O ano de 2020 foi quando eu (Ryan) me acostumei com o cheiro do meu carpete. Noite após noite, eu me prostrava com o rosto em terra clamando a Deus para nos salvar.

Sou empreendedor no setor de tecnologia de viagens internacionais há mais de uma década. Nos primeiros meses da covid, nossa indústria foi atingida ainda mais duramente do que a de restaurantes, pois os países proibiram viagens internacionais. Em três semanas, minha equipe não só viu as vendas despencarem de milhares de passagens por dia para uma única passagem por dia, mas também teve de processar reembolsos de seis meses de vendas. Embora eu administrasse minhas empresas sem dívidas e com generosas reservas de caixa, nós sangramos tudo isso rapidamente, e depois todos os recursos pessoais também.

Minha família perdeu todas as economias de uma vida inteira em questão de meses. Tive de demitir vários funcionários que estavam conosco desde a fundação da empresa. Foi uma das coisas mais difíceis que já fiz. Nossa perda comercial foi tão trágica que virou matéria de destaque no *Washington Post* sobre os danos da covid às pequenas empresas.[1]

Além disso, minha filha começou a ter pesadelos todas as noites. Eram visões muito nítidas de espíritos malignos vindo até ela dizendo que iriam torturar meninas no Nepal pelas quais estávamos orando. (Nossos filhos oram regularmente pelas meninas que nossa organização sem fins lucrativos, VENTURE, resgatou do tráfico.)

Ela acordava tão traumatizada que corria para o banheiro e vomitava. Muitas manhãs ela implorava com lágrimas nos olhos: "Papai, faz eles pararem, faz eles pararem..."

Noite após noite, eu ficava acordado, prostrado, em frente à porta dela, clamando a Deus para poupar minha filha, resgatar nossas empresas e salvar minha família da falência.

Houve muitas noites depois de uma longa sessão de oração em que me senti ainda mais esgotado e derrotado. Passava horas em oração, mas as coisas pioravam.

Depois de meses de orações fervorosas, apareci no escritório numa segunda-feira de manhã, esmagado pelo peso de saber que não conseguiríamos honrar a folha de pagamento de sexta-feira. Eu estava a dias de fechar as portas, e minha filha ainda acordava todas as manhãs em lágrimas.

Eu desmoronei e chorei diante do Senhor como em nenhuma outra ocasião na minha vida adulta. Então, algo transformador aconteceu.

Fechei os olhos e vi uma imagem de Jesus. E Ele estava chorando também. Vi as lágrimas descendo por Sua face. Ouvi uma voz no meu coração dizer: "Ryan, você nunca chorou sozinho; toda vez que você chorou, eu chorei com você."

Fiquei instantaneamente tomado pelo intenso amor de Jesus. Minhas lágrimas de dor se transformaram em lágrimas de gratidão por um amor além da compreensão.

"Jesus chorou" não apenas pela morte de Seu amigo Lázaro (João 11:35). Jesus chora. Ele chora junto a todos os que choram. Naquele momento, experimentei a largura, o comprimento, a altura e a profundidade do amor de Cristo de uma só vez (Efésios 3:18). Pensei em todas as vezes em que chorei ao longo da vida e vi Jesus sentado ali comigo, chorando comigo por causa de Seu infinito amor. Pensei, então, em todos os que já choraram, e em Jesus chorando com eles também. Este Jesus, que vive "sempre para interceder" por nós, está chorando conosco, orando por nós e sofrendo conosco (Hebreus 7:25).

Não posso descrever de outra forma, mas senti Seu amor dominar meu coração, minha alma, minha mente e, sim, até mesmo meu corpo. Não tenho palavras melhores. Analogias parecem banais. Mas Seu amor não estava apenas em meu coração naquele momento — ele me envolveu.

Dois dias depois, minha esposa e eu nos sentimos compelidos a orar com nossa filha e comungar com ela; pela primeira noite em três meses, ela não teve um pesadelo. Comungamos na noite seguinte, e foram duas noites seguidas sem pesadelos. Então, começou uma nova parte da nossa Regra de Vida familiar, em que comungamos todas as noites, com raras exceções. Comprei no atacado uma caixa de pequenos cálices de comunhão — do tipo que as igrejas normalmente compram —, e, noite após noite, nossa família faz uma pequena redução no estoque.

Meu encontro com Jesus mudou tudo.

Compreendi, talvez pela primeira vez, por que Jó estava contente em não receber uma resposta para seu sofrimento aparentemente injusto e para a grande questão: "Por quê?"

Deus se mostra, e Jó se cala e adora (Jó 40:4–5; 42:5). Um encontro com Deus é melhor do que uma resposta às nossas perguntas.

Depois do meu encontro com o amor de Jesus, não fui consumido ou mesmo incomodado pela pergunta "Por quê?". Como C. S. Lewis, eu poderia dizer: "Eu sei agora, Senhor, por que Tu não proferes nenhuma resposta. Tu mesmo és a resposta. Diante do teu rosto, as perguntas morrem. Que outra resposta seria suficiente?"[2]

Enquanto Jesus estiver por perto, entender não importa tanto. Como o salmista escreveu: "Em só refletir para compreender isso, achei mui pesada tarefa para mim; até que entrei no santuário de Deus" (Salmo 73:16–17).

Poucos dias depois dessa experiência, nossa empresa conseguiu um financiamento para nos amparar durante o período de *lockdowns*, e nós sobrevivemos.

Mas sou mais grato por esse encontro e pela proximidade com Jesus do que pelo resgate em si.

Parece loucura, mas quando olho para a dor daquele período e a proximidade de Jesus naquele momento, posso dizer com confiança: "Valeu a pena."

Termos proximidade com Jesus compensa a temporada dolorosa se imergimos n'Ele nos momentos perigosos. A imersão no amor de Cristo é verdadeiramente bela e está muito além de qualquer sucesso empresarial.

Respingos do céu

Joni Eareckson Tada, fundadora da Joni and Friends — uma iniciativa para milhares de famílias afetadas por deficiências ao redor do mundo —, conhece o sofrimento. Um acidente ao mergulhar fez com que quebrasse o pescoço aos 17 anos, e ela vive com tetraplegia e sofre de dor crônica há mais de 55 anos.

"Por muito tempo, tentei persuadir Deus para que Ele revelasse *por que* sofri o acidente", ela compartilha. "Eu batia nas portas do céu, exigindo uma resposta à oração, uma razão para minha situação deplorável. Eu era insistente, quase beligerante, com Deus. Todo questionamento não acalmava minhas ansiedades nem suavizava meus medos no meio da noite quando eu estava sozinha."[3]

Assim como eu (Ryan), Joni encontrou o dom da presença de Deus no sofrimento. Quando tudo está indo bem, é fácil nos tornarmos complacentes na oração e esquecer nossa confiança em Cristo. Mas a dor nos convida a acordar do sono egocêntrico e experimentar a presença e a proximidade divinas de Cristo.

"Durante aquelas horas solitárias da meia-noite, eu não me sentia tão convencida e arrogante diante de Deus", diz Joni. "Naqueles momentos, eu imaginava Jesus me visitando." Essas visões de Cristo com ela em sua dor aumentaram-lhe a confiança e a humilharam quando ela percebeu: "O mesmo

Deus que abriu mares, cavou rios, ergueu cadeias de montanhas e sonhou com o tempo e o espaço se importava o suficiente para me consolar."

Após três anos de depressão e desespero suicida após o acidente, Joni diz que fez "a oração mais poderosa" de sua vida: "Deus, se eu não posso morrer, mostre-me como viver, por favor!"[4]

Em Sua soberania, Deus ensinou Joni a viver consciente de sua necessidade por Ele. E mesmo que sua dor continue, ela a considera uma bênção. "Se você estivesse falando comigo sem eu ter essa deficiência, não sei o que eu estaria lhe dizendo sobre oração", ela compartilhou. "É a minha tetraplegia: Deus a abençoe", ela disse sem um pingo de ironia.[5] Não havia nada superficial ou irreverente em suas palavras. Sua gratidão em meio ao sofrimento tornou inegável que Joni experimentou a presença de Cristo em sua vida por meio da dor. Ela acreditava no que dizia e encontrou uma maneira de nos ajudar a acreditar também.

"O pré-requisito para a oração fervorosa, o tipo de oração que invade os portões do céu, é a necessidade. Você tem de conhecer sua necessidade do Senhor Jesus", ela diz. Para Joni, a deficiência é um lembrete constante de sua necessidade, mas para a maioria dos líderes isso pode ser um desafio. Joni fala da tentação dos líderes cristãos de confiar nos próprios recursos em vez de invocar o céu. "Normalmente eles ascendem à liderança cristã porque são bons líderes. Esse é um perigo latente", diz. "Eles são os que realmente precisam estar em guarda."

Os tempos difíceis nos lembram de nossa necessidade e nos convidam a nos voltar para Jesus, assim como Joni diz que os compromissos do seu dia e as dores que a mantêm acordada à noite a levam a conversar com Deus.

Durante a noite, o marido de Joni, amigos ou enfermeiros contratados viram seu corpo na cama para evitar escaras e aliviar a dor. Essas "vigílias da noite" muitas vezes se transformam em reuniões de oração improvisadas às três da manhã. Ela encoraja seus enfermeiros — mesmo aqueles que ainda não conhecem Jesus — a memorizar as Escrituras com ela e, nos momentos em que está com muita dor e mal consegue encontrar as palavras para orar, Joni fala a linguagem de Deus com Ele, recorrendo às Escrituras memorizadas, estrofes de hinos favoritos ou orações do Livro de Oração Comum. "Minhas orações são moldadas pela Palavra de Deus e pelo grande sofrimento", concluiu ela.

Joni oferece uma receita para orar em tempos difíceis que contraria a maioria de nossas práticas comuns. Ao enfrentar uma necessidade, ela gasta 20% do tempo em oração tratando da necessidade em si — pedindo libertação ou uma mudança em suas circunstâncias — e 80% pedindo a Deus que lhe conceda "coragem nisso, paciência nisso, resistência nisso". Por meio da oração, ela pergunta: "O que posso aprender sobre Cristo com isso? Como Deus se revelará a mim por meio disso?"

Em 2010, Joni foi diagnosticada com câncer de mama em estágio três e, depois de cinco anos, foi declarada livre do câncer. Mas em 2018, o câncer retornou. Joni conta que a van em que ela e o marido, Ken, viajam para o trabalho ou para consultas médicas é "um santuário de oração", e ela se lembra de uma conversa particularmente comovente no santuário deles. "Um dia, enquanto meu marido me levava para casa, vindo da quimioterapia, na van, falávamos sobre o sofrimento ser como pequenos respingos do inferno… nos acordando de nosso sono espiritual. E nós paramos na garagem, e ele disse: 'Então, o que você acha que são respingos do céu? São aqueles momentos calmos e tranquilos, quando tudo está indo do seu jeito? Quando você tem saúde?' E nós dissemos: 'Não. Os respingos do céu são encontros com Jesus durante os respingos do inferno que temos.' E encontrar Jesus no nosso inferno é um êxtase incomparável."[6]

No vale

O presente da luta, dos vales, dos tempos sombrios, da pressão e da dor é a proximidade. É a presença. A proximidade de Cristo pode redimir os piores momentos e as lutas mais difíceis.

Davi escondeu essa verdade em seu amado Salmo 23. Uma leitura casual pode deixar passar despercebida essa mudança sutil que muda tudo.

O salmo começa descrevendo Deus na terceira pessoa. "*O SENHOR* é meu pastor [...] *Ele* me faz repousar [...] *Ele* refrigera-me a alma."

Mas então algo muda.

Davi passa da terceira pessoa, o Senhor, para se referir a Ele na segunda pessoa, Tu. Há uma mudança marcante na proximidade.

Quando isso acontece?

Acontece no vale da sombra da morte. "Ainda que eu ande pelo vale da sombra da morte, não temerei mal nenhum, porque *Tu* estás comigo" (Salmo 23:4, ênfase adicionada).

É no vale que nosso relacionamento com Deus muda do *Senhor* para *Tu*.

Um amigo acompanhou a mãe durante uma luta prolongada contra o câncer. Ela continuou seu relacionamento com Jesus durante esse tempo e sentiu uma proximidade que nunca havia experimentado antes na vida. Depois de vencer a batalha contra o câncer, ela disse que quase esqueceu a luta por causa da proximidade. Ela foi do *Senhor* para *Tu* no vale, e isso a mudou para sempre.

É por isso que Jesus diz: "Bem-aventurados os que choram" (Mateus 5:4): porque o conforto que recebemos é a proximidade de Cristo.

Às vezes, Deus responde com milagres, mas muitas vezes Sua resposta é um momento em sua presença. De qualquer forma, Jesus ouve e responde quando O buscamos em tempos espinhosos.

Orando durante a noite

Jesus disse: "A minha alma está profundamente triste até a morte. Ficai aqui e vigiai comigo" (Mateus 26:38). Ele também orou durante a noite em meio à Sua mais profunda tristeza e agonia.

Seu compromisso era sofrer com Deus em oração, em vez de evitar o sofrimento e ficar fora da vontade divina. E naquele momento de sofrimento, no jardim chamado Getsêmani, que significa "prensa de óleo", Sua alma foi prensada e o óleo de cura para as nações fluiu.

Sua honestidade na oração diante dos amigos mais próximos foi mais despojada do que qualquer oração pública que ouvimos um líder fazer.

Pai, estou fraco.
Pai, não quero cumprir o propósito da minha vida.
Pai, não quero passar pela tarefa que vim realizar na Terra.
Pai, podemos fazer isso de uma maneira diferente, sem todo esse sofrimento?
... Mesmo assim, Eu farei isso.

Jesus lutou e orou em meio à traição iminente, ao abandono, à tortura física, à fadiga e às acusações caluniosas e falsas. Essas coisas pesaram sobre Ele a ponto de fazê-lo suar sangue enquanto orava (Lucas 22:44).

Essa é a oração que Jesus convidou seus discípulos a ouvir e dela participar. Ele queria que seus discípulos soubessem disto: se Deus em carne se sentiu assim na Terra, certamente nós também nos sentiremos assim.

Enquanto Cristo chorava, Ele foi abençoado com o conforto de anjos. Ele foi fortalecido para enfrentar a tortura, a morte e até mesmo o próprio inferno por meio de um encontro com Seu Pai.

Os líderes que entrevistamos ao redor do mundo — de cientistas e titãs dos negócios a santos, místicos e missionários — foram marcados por experiências reais, poderosas, inexplicáveis e milagrosas com Deus em oração. Na maioria das vezes, esses encontros não ocorreram no topo das montanhas, mas nos vales mais profundos e escuros.

Terry Looper fundou uma empresa que, em seu auge, gerou 6 bilhões de dólares em vendas.[7] Isso equivale ao PIB de todo o país de Belize. Mas a história de Terry inclui tanto vales como picos e, em um momento de angústia e ansiedade, ele encontrou o que chama de "o amor de Jesus".

Após atingir seu primeiro grande sucesso empresarial aos 30 anos, Terry passou por um esgotamento severo. Ele ficou preso na cama, incapaz de se mover e inseguro se essa nova realidade de debilidade física, emocional e espiritual poderia ser permanente.[8]

Depois de ficar deitado em um quarto escuro por várias horas, com os pensamentos num torvelinho, Terry se ajoelhou e implorou a Deus para assumir o controle. Depois daquela oração angustiada de rendição, Terry diz: "Meu cérebro tremeluziu novamente. Mas foi apenas num piscar de olhos." A recuperação de Terry e a redescoberta de Deus não apenas como Criador e Governante do universo, mas também Senhor de sua vida, durou muitos meses.

Aproximadamente um ano depois daquele dia tão difícil, Terry estava numa atitude de simples descanso e oração numa manhã quando encontrou o amor de Jesus. "Senti-me sendo abraçado por um calor e por uma ternura avassaladores", ele diz.

"Havia tanto carinho e tanta aceitação ali, que eu não conseguia parar de chorar. Eu sabia que Jesus estava comigo." Seu encontro com Jesus foi tão real que o mudou, não apenas naquele momento, mas de forma duradoura. Isso o tornou "mais amoroso e mais amável" como líder, marido e pai.[9]

Terry faz algo único para lembrar sua experiência. Duas vezes por ano, ele faz um retiro de dois dias com o propósito de ficar sozinho com Jesus e, de certa forma, "recriar" aquele momento. Ele se lembra daquele encontro e o reimagina, mantendo-o sempre diante de si.

Com o tempo, a dor do passado pode desaparecer, mas também é possível que a beleza da consolação de Deus se dissipe se não fizermos um esforço para nos lembrarmos dela. É por isso que os judeus marcavam e se lembravam dos encontros usando altares, lembranças, peregrinações, jantares cerimoniais e momentos de reflexão. É por isso que Rosebell mantém um registro de orações respondidas e de encontros com Jesus (Capítulo 1).

Durante os tempos espinhosos, precisamos nos lembrar dos encontros que tivemos com Deus.

Quando os líderes que oram enfrentam grandes desafios, eles se lembram de seus encontros passados com Jesus. Isso se torna o caminho para a alegria, mesmo no sofrimento.

Alegria, nosso ato de desafio

Ganesh[10] serve no Nepal à sombra do monte Everest, plantando igrejas com a VENTURE e resgatando meninas do tráfico. Muitas vezes, as meninas resgatadas se tornam elas próprias plantadoras de igrejas. Seu trabalho é tão eficaz que em várias cidades tantas pessoas vieram a Jesus que os bordéis fecharam por falta de clientes.

Mas outro líder, com inveja do ministério dele, pagou algumas meninas para acusá-lo publicamente de abuso. O nome de Ganesh esteve nas notícias nacionais como um abusador. Após a acusação, as doações secaram, cortando fundos que sustentavam e treinavam mais de setecentas meninas resgatadas.

Além desse estresse, Ganesh foi atingido por outra crise. Soldados maoístas começaram a ameaçar e torturar sua equipe. Eles o torturaram sob a mira de uma arma e atiraram em um dos membros de sua equipe nos escritórios da igreja.

As alegações injustas e a perseguição mortal foram ataques devastadores. Somadas ao estresse normal de liderar um ministério, a pressão se tornou tão grande que Ganesh começou a ter problemas cardíacos. (Isso tudo estava acontecendo na mesma época em que minha [de Ryan] filha estava tendo pesadelos sobre o Nepal.)

Ganesh seguiu o exemplo de Jesus e foi até uma montanha para orar por alguns dias. Naqueles dias focados e intensos de oração, Deus lhe deu algo que ele chama de "alegria desafiadora". Parece impossível ter alegria em um momento como o que Ganesh experimentou, mas ele tinha tanta certeza da provisão e da redenção de Deus que sentiu uma alegria desafiadora aflorar em sua alma. "Alegria", diz Ganesh com um brilho de entusiasmo nos olhos, "é um ato de desafio de um cristão diante de tempos difíceis".[11]

Enquanto os investigadores analisavam as acusações, o nome de Ganesh foi limpo. As meninas confessaram ter sido pagas para acusá-lo falsamente, e o líder que caluniou seu nome escreveu um pedido público de desculpas, desmentindo as falsas acusações; o jornal nacional noticiou a inocência de Ganesh. Ele chegou até mesmo a receber um prêmio por seu serviço a crianças vulneráveis, e o reconhecimento público abriu portas para que fizesse pressão sobre o governo em nome de crianças de casta inferior e traficadas. Como resultado, o governo concedeu direitos de terra a uma casta inferior pela primeira vez em trezentos anos.

Essa experiência de oração marcou uma virada em sua vida.

Agora Ganesh vai à montanha mensalmente para um dia de oração. Ele também construiu uma cabana separada em sua propriedade a fim de ter um lugar para onde ir e orar todas as manhãs por pelo menos uma hora. Ele precisava de um quarto afastado porque é inspirado ao orar em voz alta. "Lembre-se de orar regularmente em voz ALTA", ele aconselha. "Sua alma precisa ouvir você orando em voz alta de vez em quando. Acho que Deus também gosta!" Isso reverbera o rei Davi, que escreveu em sua angústia: "Ouça meu *alto* clamor, meu Rei, meu Deus" (Salmo 5:2, ênfase adicionada).

Em sua oração matinal no quarto, Ganesh ora pelas equipes de liderança, por sua família, pelo ministério e pelo próprio coração. Cada dedo da mão representa um indivíduo ou um grupo pelo qual ele ora. Sendo o dedo mais próximo do coração, o polegar de Ganesh o lembra de orar por aqueles que ele ama. Prosseguindo pela mão, o dedo indicador lembra-o de orar por professores e líderes por causa do poder que eles exercem. Ele associa o dedo médio, por causa de seu comprimento, com aqueles que têm uma plataforma (atores, escritores, "influenciadores" etc.). Por ser um dedo mais fraco, o dedo anelar lembra Ganesh de orar por aqueles que estão doentes ou vulneráveis. Por fim, o dedo mínimo o lembra de orar por si mesmo e pela liderança que exerce. Ele treina seus líderes para fazerem a mesma coisa.

E desde que iniciou seu quarto de oração, o movimento de plantação de igrejas que Ganesh lançou com a VENTURE plantou mais de quatro mil igrejas em áreas não alcançadas e entre comunidades nepalesas em quinze países.

Orar durante aquele período tão difícil resultou em graça milagrosa e muitos frutos.

Fique encantado com Jesus

Na entrevista com um líder, ouvimos pessoalmente seu testemunho sobre o desmantelamento de um ministério bem conhecido. Ao contrário de muitos de seus antigos colegas, esse entrevistado não estava cansado ou amargurado com respeito à experiência, e parecia irradiar o amor de Cristo, mesmo depois de ver o pior da liderança cristã de perto. O entrevistador não pôde deixar de notar, e saiu do roteiro para perguntar a esse líder por que ele havia tido um resultado diferente de tantos outros.

A resposta pode ser resumida em uma visão fundamental para os líderes cristãos: *permaneça encantado com Jesus.*

Ele atribuiu ao encantamento com Jesus mantê-lo longe de um interminável ciclo de desconstrução e ceticismo e por ajudá-lo a se apaixonar por Jesus novamente.[12]

Permanecer encantado com Jesus nos ajuda a atravessar a escuridão, o estresse e a pressão com uma alegria sobrenatural.

Tempos difíceis, pessoas perniciosas, relacionamentos rompidos e tragédias inexplicáveis são venenos tentando arrefecer nosso encantamento com Jesus. Esses tempos exigem que cavemos mais fundo durante o período de oração e clamemos como Jacó: "Não te deixarei ir se me não abençoares" (Gênesis 32:26).

Orar para que a alma seja feliz nos vales mais escuros é um ato de verdadeiro desafio. Ele grita para o mundo: "*O amor eterno de Deus é maior do que minha dor atual, e não vou parar de buscar a Deus até que 'as coisas da terra [...] se tornem estranhamente turvas à luz de Sua glória e de Sua graça.'*"[13]

Ao enfrentar uma crise, líderes que oram não se endurecem; eles oram até superá-la.

ORAÇÃO

Eu me levanto hoje
Pela força de Deus para me guiar;
Pelo poder de Deus para me sustentar,
Pela sabedoria de Deus para me orientar,
Pelo olho de Deus para ver diante de mim,
Pelo ouvido de Deus para me ouvir,
Pela palavra de Deus para falar por mim,
Pela mão de Deus para me guardar,
Pelo caminho de Deus diante de mim,
Pelo escudo de Deus para me proteger,
Pelos exércitos de Deus para me salvar
Das armadilhas do diabo,
Das tentações dos vícios,
De todos os que me desejam mal,
Longe e perto de mim,
Sozinhos ou em multidão.

Cristo comigo, Cristo à minha frente, Cristo atrás de mim,
Cristo em mim, Cristo abaixo de mim, Cristo acima de mim,
Cristo à minha direita, Cristo à minha esquerda,
Cristo quando me deito, Cristo quando me sento,
Cristo no coração de cada homem que pensa em mim,
Cristo na boca de todo homem que fala de mim,
Cristo no olho que me vê,
Cristo no ouvido que me ouve.

Eu me levanto hoje
Por uma força poderosa, pela invocação da Trindade,
Pela fé na Trindade,
Pela confissão da Unidade
Do Criador da criação.

(São Patrício [c. 377])

FERRAMENTA DE ORAÇÃO

SALMOS PARA ORAR EM TEMPOS DIFÍCEIS

Salmo 3: "Porém Tu, Senhor, és o meu escudo, és a minha glória e o que exaltas a minha cabeça" (v. 3).

Salmo 13: "Até quando, Senhor? Esquecer-te-ás de mim para sempre? Até quando esconderás de mim o rosto?" (v. 1).

Salmo 18: "Do alto me estendeu Ele a mão e me tomou; tirou-me das muitas águas" (v. 16).

Salmo 22: "Deus meu, Deus meu, por que me desamparaste? Por que se acham longe de minha salvação as palavras de meu bramido?" (v. 1).

Salmo 23: "Ainda que eu ande pelo vale da sombra da morte, não temerei mal algum, porque Tu estás comigo" (v. 4).

Salmo 27: "O Senhor é a minha luz e a minha salvação; de quem terei medo?" (v. 1).

Salmo 42: "Por que estás abatida, ó minha alma? Por que te perturbas dentro de mim? Espera em Deus" (v. 5).

Salmo 46: "Deus é o nosso refúgio e fortaleza, socorro bem presente nas tribulações" (v. 1).

Salmo 91: "Aquele que habita no esconderijo do Altíssimo, à sombra do Onipotente descansará" (v. 1, ARC).

Salmo 121: "Elevo os olhos para os montes: de onde me virá o socorro?" (v. 1).

Salmo 126: "Os que com lágrimas semeiam com júbilo ceifarão" (v. 5).

Salmo 130: "Das profundezas clamo a ti, Senhor" (v. 1).

CAPÍTULO 6

LÍDERES ORAM AS ESCRITURAS

"Não cesses de falar deste Livro da Lei."

(Josué 1:8)

Com mais de 100 milhões de visualizações em mais de duzentos países, os vídeos do BibleProject e seu cofundador Tim Mackie se tornaram alguns dos recursos de ensino bíblico mais apreciados globalmente. A leitura e o estudo da Bíblia são algo muito fácil para Tim, um autointitulado "nerd da Bíblia", mas sua jornada com a oração tem sido mais complicada.

Tim se acostumou a se conectar a Deus intelectualmente por meio das Escrituras, mas ele diz: "Eu era terrivelmente fraco em conectar meu coração a Deus por meio da oração."[1] Por buscar amar a Deus com todo o coração, alma, mente e força, Tim foi até um guia espiritual, que recomendou que ele simplesmente passasse um tempo prolongado em silêncio todas as manhãs, mantendo as mãos abertas e convidando Deus a falar com ele. Tim colocou essa ideia em prática. "E você sabe o que aconteceu?", ele perguntou. "Nada aconteceu. Quero dizer, por um longo tempo, nada aconteceu."[2]

Nós também já sentimos isso em certos momentos. Ao nos aquietarmos em oração, nada ouvimos além de silêncio. Falamos e sentimos como se nossas palavras estivessem ricocheteando no teto, ou queríamos falar e não conseguíamos encontrar as palavras. A oração, às vezes, parece entediante, unilateral, inútil ou, sim, como uma perda de tempo.

Mas Deus falou e ainda fala por meio de Suas palavras nas Escrituras, e orar as Escrituras pode trazer profundidade e paixão novas às orações. De fato, no Antigo e no Novo Testamentos, frequentemente vemos as Escrituras sendo usadas como orações a Deus.

Em 2Samuel 7:27, Davi lembrou a Deus do que Ele havia revelado a Natã anteriormente:

"Tu, ó Senhor dos Exércitos, Deus de Israel, fizeste ao Teu servo esta revelação, dizendo: 'Edificar-te-ei casa.' Por isso, o Teu servo se animou para fazer-Te esta oração."

Salomão, ao dedicar o templo, em 1Reis 8:29, lembra a Deus das Escrituras assim:

"Que os Teus olhos estejam abertos noite e dia sobre esta casa, sobre este lugar, do qual disseste: 'O Meu nome estará ali'; para ouvires a oração que o Teu servo fizer neste lugar."

Até mesmo Jonas, apesar de todas as suas falhas, cita os Salmos 103 e 145 (entre outras passagens) quando ora (Jonas 4:2):

"Ah! Senhor! Não foi isso o que eu disse, estando ainda na minha terra? Por isso, me adiantei, fugindo para Társis, pois sabia que és Deus clemente, e misericordioso, e tardio em irar-se, e grande em benignidade, e que Te arrependes do mal."

Com o tempo, Tim desenvolveu práticas que uniam as Escrituras e a oração, usando a linguagem da Bíblia para orar e estudando a Bíblia como uma experiência de oração. Ele encontrou uma maneira de combinar seu amor pelo estudo bíblico com uma paixão pela oração, seguindo as dicas de exemplos bíblicos, bem como dos pais da igreja e suas práticas de *Lectio Divina* e de oração imaginativa.[3]

Lectio Divina

A *Lectio Divina* ("leitura divina", em latim) entrou nas práticas diárias de oração das primeiras comunidades monásticas no século VI como uma forma de comunicação com Deus por meio das Escrituras. Trata-se de ler... e reler... e reler uma curta passagem das Escrituras com a presença do Espírito. Alguns descrevem isso como "dialogar com Deus" por meio da leitura da Bíblia.

Para praticar a *Lectio Divina*, selecionamos uma passagem das Escrituras e convidamos Deus a falar por meio dela, lendo-a lentamente e em voz alta. Ouvimos palavras ou frases que chamam nossa atenção enquanto lemos. Ao reler, refletimos sobre diferentes sentimentos, pensamentos ou impressões, conforme descrito na ferramenta de oração no final deste capítulo.

A Bíblia ensina e ordena a repetição. Por exemplo: em Deuteronômio 6:7 (NVT), Moisés instruiu os israelitas a repetir o ensinamento do Senhor "com frequência".

Assim como Moisés, Josué instruiu: "Não cesses de falar deste Livro da Lei; antes, medita nele dia e noite" (Josué 1:8).

O salmista prometeu: "Com os lábios repito todas as leis que promulgaste" (Salmo 119:13 NVI).

Há poder em mergulhar na Palavra de Deus. Tim Mackie atesta que Deus frequentemente revela as coisas mais importantes após ele reler uma passagem várias vezes.[4]

Oração imaginativa

A imaginação muitas vezes parece ser o reino das crianças e dos excêntricos, mas o dom da imaginação dado por Deus oferece um terreno fértil para desenvolver a conexão com Jesus. A ideia de oração imaginativa remonta a Inácio de Loyola (1491-1556), que defendeu o poder de usar a imaginação ao orar ou ao ler as Escrituras.

Ele propõe:

1. Escolha uma história das Escrituras. Familiarize-se com os personagens, os fatos e as cenas lendo a passagem lentamente.
2. Imagine-se ali, observando a história se desenrolar. Faça perguntas como: "Quem e o que mais está lá? Quais ruídos estão no fundo? Quais cheiros permeiam o ar? Como está o clima?"
3. Agora comece a imaginar a cena. Quem está nela? Que conversa acontece? Qual é o clima: Tenso? Alegre? Confuso? Raivoso?

"As perguntas inacianas me deram as chaves", diz Tim. "Quais são as emoções fortes, os pontos de estresse, as coisas sobre as quais estou confuso?" Enquanto Tim reflete sobre as respostas a essas perguntas, ele fala com Deus — e escuta. "Também fico intrigado com a forma como a vida funciona e me pergunto: 'Estou ouvindo meus próprios pensamentos ou o Espírito Santo?'" Mas quando as Escrituras vêm à mente, fica claro que deve ser Deus falando. "Na minha experiência, as Escrituras são o principal veículo por intermédio do qual ouço Deus dirigindo-se a mim."

Tim vê até mesmo as partes difíceis das Escrituras como um convite à oração. "Quando nos deparamos com coisas difíceis de entender, isso não é um problema a ser resolvido; é um convite para desvendar mistérios com Deus", ele diz.

Como Tim descobriu, as Escrituras não são apenas um texto para estudar e aplicar, mas também um convite para entrar em novas profundezas de conversa com Deus.

Conforme Tim continuou a investir tempo em oração, ele diz: "Comecei a perceber coisas acontecendo em outros momentos ao longo do dia. Meus momentos de oração com meus filhos se tornaram ricos, até mesmo poderosos, comecei a ver mais orações respondidas e, por fim, nesses momentos matinais, comecei a acessar o que acredito que Jesus tenha chamado de paraíso."[5]

Orar as Escrituras: uma escada para o céu

No norte da Nigéria, os cristãos são constantemente perseguidos, sequestrados e martirizados. Militantes islâmicos têm tomado e destruído casas e vilas, levando a uma crise de viúvas, órfãos, pessoas deslocadas de uma região para outra e crianças incapazes de frequentar a escola. Ainda assim, Japhet Yanmekaa, líder de um ministério de plantação de igrejas, proclama: "A Nigéria pertence a Jesus."[6] Em meio a ameaças à sua vida, Japhet ora e mergulha nas Escrituras por até sete horas por dia: quatro pela manhã e três à noite.

Sua missão dada por Deus e orientada pelas Escrituras vem de Apocalipse 11:15, que diz: "O reino do mundo se tornou de nosso Senhor e do seu Cristo, e Ele reinará pelos séculos dos séculos." Japhet descreve esse versículo como sua visão e seu propósito de vida e, acrescenta ele, se necessário, "a causa pela qual morrerei". Japhet está trabalhando "para ver Cristo entronizado sobre todas as nações, povos e línguas", e sabe que essa obra "exigirá muita oração, muito discipulado, muita parceria, evangelização e plantação de igrejas".[7]

As Escrituras formam a linguagem de suas orações. "Quando estamos orando, agarrando as promessas da Palavra de Deus", ele diz, "estamos realmente pisando na rocha sólida que não pode falhar; Deus está comprometido em fazer com que suas palavras se cumpram".

Mesmo ao descrever sua vida de oração, Japhet frisou cada ponto com um versículo da Bíblia. "Precisamos priorizar a oração como se tudo dependesse dela (Lucas 18:1; Atos 6:4); e ter lugar, tempo e horas de oração (Atos 16:13; Atos 3:1); e depender inteiramente do Espírito Santo para o encargo e a direção (Romanos 8:26–27) [...]", e assim por diante. As Escrituras moldaram tanto sua mente que Japhet parece incapaz de falar sem citar passagens que embasam o ponto que ele está defendendo.

Por meio da vida de oração de Japhet alimentada pelas Escrituras, Deus começou a usá-lo para realizar milagres quase diariamente, incluindo a cura de pessoas cegas, aleijadas, surdas ou que lutavam contra o câncer.

Como um jovem cristão no início dos anos 1990, Japhet tinha saído para evangelizar. Na primeira casa em que entrou, uma garotinha havia morrido e seus parentes estavam se reunindo para organizar o funeral. Japhet sentiu Deus lembrando-o de Suas palavras em Hebreus 11:35: "Mulheres receberam, pela ressurreição, os seus mortos", instando-o a orar pela jovem.

Romanos 8:11 promete que o mesmo poder que ressuscitou Jesus dos mortos vive em nós, e Japhet invocou esse poder para ressuscitar aquela morta. Por meia hora, ele orou pela menina com paixão e convicção. Nada aconteceu. Então, ele se lembrou das palavras de Jesus em Marcos 5:37–43, quando Ele ressuscitou a filha de Jairo. Assim como Jesus fez quando curou a menina, Japhet mandou que os outros saíssem da sala. Então, orou e orou e repetiu as palavras de Jesus: "Talitha koum!", que quer dizer: "Menina, eu te mando, levanta-te!" (v. 41).

Milagrosamente, a menina voltou à vida. "Quando oramos de acordo com as Escrituras, estamos lembrando a Deus de Suas promessas que são Sim e Amém para a glória de Deus Pai" (2Coríntios 1:20), diz Japhet.

Ele teve recentemente o privilégio de visitar a menina, que agora é uma jovem mulher e mãe de um bebê.

"Faltam-me palavras para apreciar a Deus pelas respostas às orações. É Ele quem opera em nós tanto o querer como o efetuar, segundo a Sua boa vontade", diz Japhet, citando Filipenses 2:13... naturalmente.

Japhet incentiva todos a imitar Jesus em todos os aspectos da vida, mas especialmente na vida de oração, perguntando a Ele como orar, assim como os discípulos fizeram em Lucas 11:1.

Os autores do Novo Testamento citam o Antigo Testamento mais de oitocentas vezes. Jesus mesmo citou o Antigo Testamento 78 vezes e o "livro de orações" de Salmos, dezesseis vezes. Ao morrer na cruz, Jesus orou as Escrituras, perguntando primeiro ao Pai: "Por que me abandonaste?" (Salmo 22:1, referenciado em Mateus 27:46) e, depois, proclamando: "Nas Tuas mãos, entrego o meu espírito" (Salmo 31:5, referenciado em Lucas 23:46). Falar com Jesus era ouvir as Escrituras.[8]

Para tornar nossa vida de oração mais parecida com a de Jesus, precisamos mergulhar nas Escrituras e deixar que as palavras delas nos moldem.

Receber a visão de uma vida de oração baseada nas Escrituras

Uma motivação óbvia para orar as Escrituras pode ser porque elas têm as palavras que nos faltam, mas, além disso, orar as Escrituras garante que estejamos orando de acordo com a vontade de Deus e nos ajuda a fazer orações fortes e específicas.

Fortes. Japhet diz: "Milagres são apenas uma experiência cristã normal à medida que seguimos os ensinamentos de Jesus. 'À medida que seguirdes, pregai que está próximo o reino dos céus. Curai enfermos, ressuscitai mortos, purificai leprosos, expeli demônios; de graça recebestes, de graça dai.'" (Mateus 10:7–8).

Não há nada brando na maneira como Japhet ora. Ele nos encorajou a fazer pedidos ousados e orar por milagres.

Específicas. Pergunte: "O que precisaria acontecer para nos mostrar que foi Deus quem agiu?" Um líder nos disse: "Orações vagas recebem respostas vagas; orações específicas recebem respostas específicas."

Ao pedir ajuda a Deus em uma situação, podemos pedir-Lhe que nos ajude a imaginar e a orar pela "condição de resposta", pela qual não teremos dúvidas de que foi Ele quem agiu.

Embora nenhum líder com quem conversamos tenha feito isso de modo ritualístico, as Escrituras formaram o vocabulário deles, e eles insistiram que a oração conectada às Escrituras era mais frutífera, em parte porque lhes dava confiança e fé de que estavam orando alinhados à vontade de Deus. Pelo fato de as orações serem fortes, específicas e bíblicas começamos a formar nossos hábitos de oração.

Orando as Escrituras na prática

Uma década atrás, Alexander McLean, fundador da Justice Defenders, uma instituição de caridade ativa em comunidades prisionais por toda a África, descobriu a prática da *Lectio Divina* por meio de um grupo de monges beneditinos.

Alexander estava trabalhando ativamente e construindo uma organização para lidar com as desigualdades e trazer justiça aos sistemas prisionais em toda a África, mas ele percebeu que "há poder em reservar um tempo para equilibrar ação com contemplação", e então a equipe da Justice Defenders adicionou a *Lectio Divina* à sua rotina semanal regular.[9] Eles se comprometeram com a quietude e a oração, *bem como* com a advocacia e a ação, e Alexander descreveu os momentos de reflexão e de escuta como "extremamente sustentadores e vivificantes em meio a um trabalho que pode ser opressor".[10]

Durante a pandemia, quando suas reuniões passaram a ser online, a equipe da Justice Defenders começou a abrir essas sessões vivificantes da *Lectio Divina* para outras pessoas.

Eles lançaram uma ampla rede, convidando apoiadores, autoridades governamentais, líderes religiosos, pessoas na prisão e aqueles cuja libertação da prisão já havia sido garantida. Eles foram acompanhados via Zoom pelo ex-arcebispo de Cantuária, bem como por vários juízes da Suprema Corte, dando boas-vindas a esse grupo geográfica e situacionalmente diverso para vir diante de Deus a fim de estudar e orar as Escrituras juntos.

Orar as Escrituras deu a Alexander um ponto de acesso para convidar muitos a entrar. Profundidade espiritual e sabedoria não estão correlacionadas com poder, riqueza e posição — e, na oração, pessoas encarceradas e funcionários do governo se encontram em pé de igualdade. Quando praticam a *Lectio Divina* juntos, as pessoas na prisão oram pelos líderes nacionais e, da mesma forma, os líderes nacionais oram pelos indivíduos encarcerados pelo nome — uma experiência que é ao mesmo tempo humanizadora e divina.

Dois caminhos para a oração cheia das Escrituras

"Orar as Escrituras é muito importante na vida cristã", diz John Piper, fundador da Desiring God. "Se não formarmos o hábito de orar as Escrituras, nossas orações quase certamente degenerarão em repetições vãs que, por fim, girarão apenas em torno de nossas preocupações privadas imediatas, em vez de ocuparem-se dos propósitos maiores de Deus."[11] Todos os líderes com quem falamos enfatizaram a importância das Escrituras na oração, mas eles tomaram dois caminhos distintos para a oração cheia das Escrituras.

Alguns "biblificam as orações" adicionando palavras memorizadas das Escrituras ou divinamente reveladas à sua conversa com Deus, e outros "oram a Bíblia".

Biblifique suas orações

Um modo de praticar é aprimorar as orações com as palavras das Escrituras. Um pastor, por exemplo, memorizou todas as orações pastorais de Paulo e usa seleções delas para orar pelos membros de sua congregação.

Outros tomam os pedidos de oração e pedem a Deus que revele as Escrituras que atendam à necessidade, o que pode ajudá-los a garantir que estão orando de acordo com a vontade divina e, na opinião deles, acrescentando poder e fé à oração.

Ore sua Bíblia

John Piper pratica a segunda maneira: "Ore sua Bíblia." Ele diz: "Coloque a Bíblia na sua frente e simplesmente leia uma linha e transforme-a em uma oração. Parafraseie, expanda, aplique a si mesmo e aos outros."[12] Quando as pessoas perguntam a John como orar por mais tempo, ele diz que elas podem orar o dia todo se estiverem orando as Escrituras!

John tentou outros métodos e os achou insuficientes. Quando não tem as Escrituras diante de si, guiando suas orações, ele percebeu que luta contra a repetição. De um dia para o outro e de uma hora para outra, "eu apenas oro as mesmas coisas o tempo todo", ele diz sobre orar sem as Escrituras como seu guia.[13]

Ele escreve que também luta contra a distração. "Minha mente tende a divagar, e eu penso sobre o que estou vestindo, ou que há uma persiana que está meio aberta." Mas "a Bíblia prende minha atenção" e "ela me dá coisas bíblicas para orar, para que eu não esteja orando por pedidos vazios e vagos como 'Deus abençoe aqueles' e 'Deus abençoe isso'. Em vez disso, estou pedindo coisas específicas."[14]

John dá uma lista específica de passagens recomendadas para esse tipo de "oração da Bíblia", incluindo Mateus 5–7, Romanos 12, 1Coríntios 13, Gálatas 5–6, Efésios 4–6, Colossenses 3–4 e 1Tessalonicenses 5. "Você ficará surpreso com quantas percepções surgirão quando você realmente levar as Escrituras a sério e tentar orar com elas constantemente", disse John.[15]

Ele, assim como muitos dos líderes que oram que entrevistamos, falaram muito bem da oração do Pai-Nosso e da poderosa imagem de um relacionamento em suas linhas de abertura:

> A oração que provavelmente fiz com mais frequência do que qualquer outra [...] é "Pai, faz com que teu nome seja santificado em minha vida e por meio de minha vida" [...] Lembro-me de, durante meus dias no seminário, terminar minha corrida matinal em Pasadena correndo para o leste na Orange Grove Boulevard enquanto o Sol estava nascendo, e orando com meus braços para cima e meu coração batendo forte: "Deus, somente me dá vida — somente mantenha meu coração batendo —, se isso fizer com que as pessoas santifiquem Teu nome. Que Teu nome seja santificado por minha vida!"[16]

As Escrituras estão repletas de orações poderosas — e nos dão as palavras para orar poderosamente.

ORAÇÃO

Pai-Nosso, que estás nos céus,
Santificado seja o Teu nome;
Venha o Teu reino;
Faça-se a Tua vontade,
Assim na terra como no céu;
O pão nosso de cada dia dá-nos hoje;
E perdoa-nos as nossas dívidas,
Assim como nós temos perdoado aos nossos devedores;
E não nos deixes cair em tentação;
Mas livra-nos do mal,
Pois Teu é o reino, o poder e a glória para sempre.
Amém!

(Mateus 6:9–13)

FERRAMENTA DE ORAÇÃO

LECTIO DIVINA

Quatro Passos na Lectio Divina

Um método de *Lectio Divina* é ler uma passagem quatro vezes, focando cada leitura em um dos quatro passos descritos por Guigo, um monge do século XII que elaborou a prática introduzida por São Bento no século VI. Nosso amigo Bill Gaultiere, do Soul Shepherding, compartilhou como aplica esses quatro passos, talvez mais bem compreendidos como quatro rotinas subjacentes, que estão incorporadas no processo de meditação das Escrituras.[17]

Em latim, os passos da leitura divina de Guigo são *lectio* (leitura), *meditatio* (meditação), *oratio* (oração) e *contemplatio* (contemplação). Para lembrar, você pode usar quatro verbos: ler, meditar, orar e contemplar.

1. Ler

"Na *Lectio*, ler a Palavra de Deus é *tomá-la como alimento e colocá-la na boca*. Você ouve atentamente as Escrituras, sem pressa ou esforço intelectual. Você espera em silêncio que o Espírito Santo dê vida à Palavra de Deus. Então, você faz uma pausa em uma porção da passagem que o atrai."

2. Meditar

"Meditar nas Escrituras é como *mastigar* a comida. Você reflete e pondera no significado profundo da passagem. Repita gentilmente para si mesmo uma frase das Escrituras, revolvendo-a em seus pensamentos e sentimentos a fim de renovar sua mente (Romanos 12:2)."

3. Orar

"Orar as Escrituras é como *provar* a comida. Você responde às palavras com sentimentos, confessa seus pecados ou suas lutas e pede a Deus o que você ou outros precisam."

4. Contemplar

"Contemplar a Palavra de Deus é *digerir sua doçura*. Você descansa tranquilamente nos amorosos braços de Deus. Nenhuma palavra é necessária neste momento, pois pode desviá-lo de apenas estar na presença amorosa de Deus. Esse é o objetivo da *Lectio Divina*.

"Alguns mestres espirituais acrescentam um quinto passo na *Lectio Divina*: o da *incarnatio*, que é encarnar a Palavra por vivê-la no cotidiano."

Três perguntas da Lectio Divina

1. Uma palavra

Que palavra ou frase o Espírito Santo imprime em você? Em silêncio, medite sobre isso.

2. Sentimentos

O que você sente? Com qual situação específica de vida isso se relaciona? Escreva uma oração ou ore em silêncio.

3. Convite

Qual é o convite pessoal de Deus para você nas Escrituras? Você pode escrever o que o Senhor pode estar lhe dizendo ou uma oração de agradecimento. Ou simplesmente descanse em silêncio na presença do Espírito.

Como orar na Lectio Divina

"Temos de ouvir de uma forma muito pessoal e íntima a palavra de Deus, conforme ela chega até nós por meio das Escrituras", escreve Henri Nouwen, "deixando a palavra descer de nossa mente para nosso coração".[18] A *Lectio Divina* é um método para fazer isso.

Após cada uma das diversas leituras das Escrituras na *Lectio Divina*, permaneça em oração silenciosa por alguns minutos (dependendo do tempo disponível e da prontidão espiritual).[19]

Aqui estão algumas passagens bíblicas para utilizar na *Lectio Divina*.

- Efésios 1:16–20
- Efésios 3:16–21

- Filipenses 1:9–11
- Colossenses 1:9–12
- O Pai-Nosso, Mateus 6:9–3
- A armadura de Deus, Efésios 6:10–19
- O fruto do Espírito, Gálatas 5:22–23
- As bem-aventuranças, Mateus 5:1–12
- Os Dez Mandamentos, Êxodo 20:2–17
- A Grande Comissão, Mateus 28:18–20
- O maior mandamento, Mateus 22:34–40
- Salmos 91
- Salmos 23

CAPÍTULO 7

LÍDERES APRENDEM A OUVIR

"Deus fala no silêncio do coração. Ouvir é o começo da oração."

(Madre Teresa)

Andrew van der Bijl estava sentado sozinho na beira de um canal em um domingo à tarde em setembro de 1952, elevando a alma atribulada a Deus.

Um ferimento de guerra sofrido alguns anos antes o deixou com o tornozelo destroçado e mancando. Mas, no coração, ele ouviu a voz de Deus chamando-o para o campo missionário. "Sim, mas…", ele sempre respondia, citando cada desqualificação e inadequação. Ele não tinha educação formal, e seu tornozelo nunca havia sarado adequadamente. "Como eu poderia ser missionário se eu não conseguia nem andar um quarteirão da cidade sem dor?", perguntava-se.[1]

Andrew sabia o que Deus estava pedindo que ele fizesse, mas parecia impossível.

Próximo à água, ele lutou com Deus.

Sentado ali, ele se sentiu compelido a dar um "passo de sim" físico que simbolizaria seu comprometimento com a obediência completa. Então, levantou-se e, quando foi firmar o pé, sentiu uma torção violenta. Ele se preocupou que, de alguma forma, tivesse machucado ainda mais o tornozelo. Mas, quando colocou pressão no pé novamente, percebeu que não havia dor ou restrição de movimento. André deu outro passo, e depois outro. Sua claudicação havia desaparecido, e ele estava andando de modo completamente normal, assim como fazia antes do ferimento.

Um passo obediente, ouvindo a voz de Deus, levou a uma cura milagrosa e, depois, a uma vida de passos milagrosos.

O primeiro passo de André em missões seria uma famosa viagem que o lançou a uma vida inteira de envio clandestino de Bíblias para países comunistas, o que lhe rendeu o apelido de "Contrabandista de Deus". O livro contando sua história vendeu mais de dez milhões de exemplares, e sua organização, Portas Abertas, tem entregado milhões de Bíblias e ajuda a cristãos clandestinos em mais de setenta países.

Por milhares de anos, líderes bíblicos e heróis cristãos seguiram este padrão familiar:

- Eles buscam a Deus.
- Deus fala e pede algo impossível.
- Eles dão um passo de fé, apesar das impossibilidades.
- Um milagre acontece.

O próprio Jesus tinha o hábito de dizer às pessoas para fazerem coisas impossíveis. A um homem que era aleijado, Ele disse: "Toma o teu leito e anda" (João 5:8). A outro indivíduo com deficiência: "Levanta-te [...] e vai para tua casa" (Mateus 9:6). A um homem com uma mão ressequida, Ele disse: "Estende a mão" (Mateus 12:13). A um discípulo com alguns peixes, enfrentando a fome de milhares, Jesus ordenou: "Dai-lhes vós mesmos de comer" (Lucas 9:13). A Pedro, disse: "'Vem!' E Pedro [...] andou sobre as águas" (Mateus 14:29). Em cada um desses exemplos, o milagre aconteceu quando pessoas comuns obedeceram à palavra impossível de Cristo.

Vemos esse padrão constantemente em líderes que oram. A vida deles foi radicalmente transformada por meio de momentos evidentes de escuta e de dar passos em obediência aparentemente impossível.

Pastores e teólogos escrevem e ensinam sobre como ouvir a voz de Deus. Alguns têm dez passos e outros, quatro passos, mas, embora o número de passos possa variar, compreendemos que o que importa é:

- um coração que se rende a Deus;
- uma mente que está fixada em Deus;
- uma alma que está quieta diante de Deus.

Jesus deu exemplo desse tipo de vida, confiando na orientação de Seu Pai para cada movimento Seu: "O Filho nada pode fazer de Si mesmo, senão somente aquilo que vir fazer o Pai [...] O Pai ama ao Filho, e Lhe mostra tudo o que faz" (João 5:19–20). "Pai, graças Te dou porque Me ouviste. Aliás, Eu sabia que sempre Me ouves" (João 11:41–42).

Jesus ouviu, mas nos perguntamos quantos de Seus seguidores estão ouvindo hoje.

Choque elétrico > Silêncio

Vários anos atrás, um estudo convidou um grupo de pessoas a passar quinze minutos sozinhas com seus pensamentos. Os participantes foram recebidos em uma sala de pesquisa e solicitados a passar o quarto de hora sem telefones ou outros estímulos externos. Eles tiveram de permanecer sentados e acordados, e o único entretenimento disponível era um pequeno botão.

Os participantes foram avisados de que esse botão, quando pressionado, lhes daria um pequeno choque elétrico. E, antes de o estudo começar, cada membro do grupo já havia indicado que pagaria para evitar um choque semelhante.

No entanto, o estudo mostrou que, dada a opção de sentar-se em silêncio ou se dar um choque, 67% dos homens e 25% das mulheres autoadministraram o choque elétrico. "As pessoas preferem fazer a pensar", concluiu a equipe de pesquisa, "mesmo que o que estejam fazendo seja tão desagradável que normalmente pagariam para evitá-lo".[2]

O desejo de ação que o ser humano tem é realmente forte e impacta a vida de oração.

Gostaríamos de repetir esse estudo com uma amostra aleatória de líderes, porque supomos que os resultados possam ser ainda mais dramáticos. Muitos líderes hoje se tornaram viciados na própria adrenalina (incluindo-nos). Estamos acostumados à correria, a telefones tocando e caixas de entrada dando sinal. Nossos dias são cheios de atividade, ação e estímulos constantes. Somos realizadores. Estaríamos entre os mais propensos a apertar o botão e nos dar um choque em vez de aprender a sentar em silêncio com Deus?

Para muitos de nós, a oração é mais difícil que um choque elétrico.

Um líder com quem falamos sabia da dificuldade da oração; então, a cada dia ele começou a programar um cronômetro para apenas alguns minutos durante os quais ele tentava ouvir a voz de Deus. Quando começou, dois minutos por dia eram uma luta. Mas depois se tornaram três e depois quatro, e depois mais. Agora seu cronômetro funciona por um bom tempo todos os dias enquanto ele ouve em silêncio diante de Deus. Ele diz que geralmente leva cerca de dez minutos para sua alma se acalmar, sua mente parar de correr e a voz calma e tranquila do Espírito de Deus ser ouvida.

É preciso um esforço concentrado para desenvolver o músculo do silêncio. E, no entanto, sem reservar um tempo para o silêncio, é improvável que ouçamos a Deus.

Ritmo sagrado de Terry Looper

Os titãs dos negócios geralmente não são as pessoas que vêm à mente quando pensamos em uma vida de oração com rendição, mas Terry Looper, que apresentamos no Capítulo 5, é um amigo que mudou nossas orações e até mesmo a direção de nossa vida.

Antes de fundar sua empresa em 1989, Terry sentiu Deus convidando-o a praticar o que ele agora chama de "ritmo sagrado". Deus pediu que ele fizesse algo aparentemente impossível: começar a empresa, mas trabalhar apenas quarenta horas por semana. Se isso parecia radical, o próximo convite de Deus era ainda mais contrário às normas e às práticas aceitas do mundo dos negócios. Terry sentiu Deus desafiá-lo a não estabelecer metas de vendas ou de crescimento, mas simplesmente cuidar dos funcionários e dos clientes e deixar Deus fazer o negócio crescer. Desde a fundação da empresa, há mais de trinta anos, Terry não estabeleceu metas mensuráveis, acreditando que é muito melhor comprometer cada decisão com Deus e esperar e ouvir a orientação.

Terry brinca: "A igreja primitiva tinha um plano, mas nunca estabeleceu metas de ritmo; os primeiros cristãos deixaram o ritmo para Deus, e acho que acabaram se saindo bem."[3]

Ouvir Deus não é uma simples prática para Terry, mas um modo de vida. Ele almeja a cada dia se render a Deus e morrer para si mesmo, para que possa ouvir bem. Ele chama isso de "ficar neutro", quando chega a um ponto de querer a vontade de Deus mais do que a sua em qualquer reunião ou situação. Ele renuncia a todas as suas decisões diárias, mesmo as pequenas, porque sabe que primeiro precisamos aprender a ouvir a Deus nas pequenas coisas antes de podermos aquietar o coração o suficiente para ouvi-Lo nas grandes.

Todos os dias, todas as reuniões e todas as decisões são trazidas diante do Senhor. Às vezes, a conversa é rápida e a decisão é tomada; outras vezes, há uma batalha que se arrasta por muitos momentos de oração.

Terry deu um exemplo de como morre para os próprios desejos, permitindo-se ouvir a Deus em oração.

Esta semana, eu ia me encontrar com um líder de ministério que está sobrecarregando demais sua equipe, esgotando-a. Eu estava pronto para deixá-lo saber o que penso. Mas faço questão de orar sobre cada reunião que tenho e perguntar a Deus qual é a agenda d'Ele para ela. Eu não conseguia ouvir a Deus até que morri para mim mesmo e para minha agenda. Deus me falou que esse líder não precisava de uma reprimenda naquele momento; ele precisava ser amado. Então, morri para a agenda que havia definido para aquela reunião e ouvi a agenda de Deus. Ao amar esse líder, o coração dele foi aberto de uma nova maneira.

Há pilhas de livros a respeito de liderança sobre como se envolver em "escuta ativa". É uma habilidade que requer prática para ser adquirida em conversas cotidianas, mas, se ouvir ativamente um amigo ou um colega requer prática, também ouvir o Espírito invisível de Deus requer prática. Ouvir a voz de Deus é um músculo a ser desenvolvido, e Terry tem treinado a alma para ouvir ativamente a Deus no cotidiano.

Rendição

Em nossas entrevistas, líderes que oram ao redor do mundo têm um entendimento em comum sobre ouvir a voz de Deus. Quer eles tenham falado sobre isso quer simplesmente dado o exemplo, a *rendição* era a chave.

Terry explica que, quando nos aproximamos de Deus com nossa própria agenda, nossos desejos falam tão alto que abafam a voz de Deus. Eles são como o vento furioso, a terra tremendo e o fogo ardente que o profeta Elias experimentou ao buscar a Deus. A voz de Deus não podia ser ouvida em nenhuma dessas coisas, mas apenas em um "cicio tranquilo e suave" (1Reis 19:11–13). A rendição acalma nossos desejos para que possamos ouvir o sussurro de Deus.

Um encontro com Deus

Aila Tasse cresceu como muçulmano em uma comunidade sem cristãos, e não havia nenhum num raio de quilômetros. Quando ele estava no ensino médio, um professor cristão veio trabalhar na escola, e esse homem compartilhou com Aila as Boas-Novas de Jesus. Aila se converteu ao cristianismo e, como resultado, ele não era mais bem-vindo na casa de sua família. Nesse momento de grande agitação, Aila não sabia o que fazer.

"Eu sabia que o Deus da Bíblia se relaciona com as pessoas de forma diferente de Alá", disse Aila; "então, pensei n'Ele como uma pessoa normal, e por isso eu disse: 'Deus, eu quero ter um encontro contigo, e eu quero que Tu me digas o que queres que eu faça com a minha vida'."[4] Aila raciocinou: "Se Ele me quer, Ele deve me guiar."

Aila marcou o encontro para as 10h da quarta-feira seguinte, na floresta.

Naquela quarta, ele foi de bicicleta para a floresta e chegou pontualmente no horário combinado. "Eu não queria me atrasar para o compromisso." Ele ri. "Eu O tratei como um humano invisível." Aila se lembra de estar sentado sob uma árvore com uma Bíblia, um caderno e um livro vermelho chamado *Sermon Outlines* [Esboços de sermões]. "Fechei os olhos, e tudo ao meu redor mudou, e eu podia sentir Sua presença, muito pesada, ao meu redor. Eu não conseguia abrir os olhos. Eu tinha marcado um encontro, e agora Ele estava ali."

Aila não tinha certeza do que esperar que acontecesse em seguida. "Pensei que talvez eu fosse morrer", ele disse. Mas, em vez disso, ele teve uma visão de seu imã, o líder da mesquita de Aila. Uma voz disse: "Perdoe-o e abençoe-o." E assim Aila fez. Então, outros que tinham machucado Aila apareceram na visão. Para cada um, ele ouviu: "Perdoe-os e abençoe-os." E Aila respondeu de modo obediente.

"Toda vez que eu os perdoava e os abençoava, algo saía do meu coração."

Com o trabalho de perdão concluído, Deus permitiu a Aila outra visão. Ele viu um deserto que havia visitado, e uma voz lhe perguntou: "Pode repolho crescer neste lugar?"

Aila sabia que cultivar repolho requer muita água. Cultivá-lo no deserto seria impossível, mas, conforme a visão continuava, ele viu repolhos crescendo entre as pedras no deserto.

Com o passar dos anos, Aila fundou a organização Lifeway Mission International, e ele começou a compartilhar o Evangelho por todo o Quênia.

Deus o levou a pessoas que começaram estudos bíblicos, o que permitiu a formação de igrejas, o que possibilitou que grupos inteiros de pessoas ouvissem sobre Jesus.

Quando a Lifeway Mission International começou em 1994, havia 26 grupos de pessoas não alcançadas no Quênia; agora, em grande parte por meio do trabalho exponencialmente crescente da Lifeway e seus parceiros, há apenas dois, "e eles estão sendo envolvidos este ano", diz Aila.[5] Em toda a África Oriental, a Lifeway está envolvida com 146 tribos.

Hoje, os visitantes do site da Lifeway às vezes perguntam sobre o logotipo peculiar que adorna suas páginas: é a imagem de um repolho crescendo no deserto.

A vida de oração de Aila continuou a crescer muito além daqueles encontros iniciais com Deus, tantos anos atrás. Ele mencionou três chaves relacionadas a ouvir na oração: "Há tanta coisa acontecendo em nossa mente, e estamos muito distraídos", ele diz; "então, precisamos de um lugar tranquilo, um tempo tranquilo e um coração tranquilo".[6]

"O coração estará cheio de muitas coisas", ele diz, "e leva um tempo, talvez os primeiros cinco ou seis minutos, para me acalmar e me acomodar. Então, a oração se desenvolve a partir daí. Eu também verifico dentro de mim mesmo, perguntando a Deus o que está me preocupando ou me distraindo. Assim, eu apenas canto ou adoro com música e desacelero."

Embora a distração seja natural, Aila sabe que há outras forças em ação quando tentamos chegar a Deus. Ele diz:

> Eu também sei que há uma guerra espiritual, e o inimigo está lutando contra mim, por isso, eu começo a repreender vozes que estou ouvindo, ou coisas com as quais estou preocupado, ou quando ainda não fiz algo que eu deveria fazer, tarefas que ainda não cumpri, em vez de me ocupar com elas, procuro levá-las a Deus. Começo a confessar coisas e entregá-las a Deus para que eu possa passar um tempo com Ele. Não consigo ouvir bem quando meu coração está sobrecarregado.

Uma distração que sobrecarregou Aila durante a oração foi uma divisão dentro de seu ministério. Em uma reunião, colaboradores o acusaram de tirar recursos do ministério e queriam que ele separasse parte do ministério e doasse a eles.

"Eu continuei perguntando: 'Deus, por que Tu permitiste isso?'", disse Aila. "Deus, Tu sabes quão honesto eu sou e como quero Te servir. Deus, Tu me chamaste, e eu estou seguindo o chamado, mas eu não estava esperando por desafios em minha vida."

Aila então disse:

Eu não conseguia nem orar. Estava com o coração pesado e frustrado, e não sabia o que fazer. Eu estava na reunião, e parecia que as pessoas procuravam algo para me acusar, como os adversários de Daniel o fizeram em Daniel 6. Cheguei a perder peso e não conseguia comer direito. Era uma quarta-feira chuvosa, e fui orar no fundo da igreja. Eu não conseguia nem pronunciar palavras, mas só queria estar na presença de Deus. E pensei: "Eu ainda posso orar com meu espírito."

Naquela quarta-feira, também, Deus honrou Seu encontro com Aila. Depois de dez minutos sentado em silêncio na igreja, Deus quebrou o silêncio. "Eu ouvi Deus literalmente falando comigo", Aila relembra. Deus disse: "Os egípcios que vê hoje, você nunca mais os verá. O Senhor lutará por você; você só precisa ficar quieto." E a voz acrescentou: "Eles virão até você de uma direção, mas fugirão de você em sete." Aila não sabia *quais* eram essas Escrituras, mas sabia que eram palavras da Bíblia (Êxodo 14:13–14; Deuteronômio 28:7).

Aila correu até um ponto de ônibus, pegou um ônibus e depois correu o restante do caminho para casa na chuva. Ele entrou rapidamente em casa e disse à família: "Ouvi a voz de Deus. A batalha terminou."

Quando se encontrou uma vez mais com seus detratores na semana seguinte, Aila sentou-se calmamente na reunião. Ele ficou surpreso ao ver a palavra de Deus cumprida. "As pessoas que estavam se opondo a mim começaram a brigar umas com as outras." A discordância delas foi tão intensa que o próprio Aila teve de trazer a paz *entre* duas facções de seus detratores, e, ao findar-se a reunião, os acusadores de Aila partiram por caminhos diferentes. Eles nunca mais voltaram.

Levante-se e vá

Como Aila, os líderes frequentemente recebem visão e segurança de Deus em oração. Eles também ouvem para receber uma direção específica de Deus; Ele frequentemente lhes diz para se levantarem e agirem.

- "Um anjo do Senhor falou a Filipe, dizendo: 'Dispõe-te e vai'" (Atos 8:26).
- "Disse o Espírito a Filipe: 'Aproxima-te desse carro'" (v. 29).
- "O Senhor lhe [a Ananias] ordenou: 'Dispõe-te e vai'" (9:11).
- "Disse-lhe [a Pedro] o Espírito [...] 'Levanta-te [...] e vai'" (10:19–20).

Algo assim aconteceu comigo (Ryan) muitos anos atrás. Era uma sexta-feira, e eu tirei a noite para orar. Eu me senti compelido a orar por oportunidades de compartilhar minha fé. Bem no meio da oração, senti que ouvi uma voz dizer: "Se você quer compartilhar sua fé, *levante-se e vá lá para fora agora mesmo.*" Eu queria tentar agir de acordo com as impressões que sentia na oração, aprendendo a ouvir os pequenos empurrões, e por isso obedeci.

Era inverno, e eu estava morando em um apartamento na Suécia. Quando saí de casa, fui imediatamente atingido na cabeça por uma bola de neve. Um bando de crianças suecas fazia uma guerra de bolas de neve, e eu era uma vítima civil. Então, amassei um pouco de neve e comecei a jogar em seus pequenos casacos suecos. Foi uma diversão!

Depois, as crianças perguntaram se podiam entrar para tomar chocolate quente, e, enquanto estavam lá dentro, um menino viu meu violão e perguntou se eu poderia ensiná-lo a tocar. Eu disse que sim, e marcamos aulas de violão. Em poucas semanas, as aulas se transformaram em conversas sobre fé, e por meio delas ele entregou a vida a Jesus.

A voz de *levante-se e vá* vinda de Deus foi perfeita e providencialmente cronometrada.

Mais tarde, tive uma experiência semelhante, exatamente como a daquela sexta à noite.

Era uma tarde de terça-feira, e eu estava no escritório. Do nada, tive uma sensação tão concreta que era quase como se Deus tivesse falado comigo audivelmente. "Saia do seu escritório agora mesmo, vá até um ministério local de empacotamento de alimentos e peça a eles alimentos para enviar aos refugiados de guerra em Mianmar." A ordem foi direta, específica e imediata.

Assim, entrei no meu carro, dirigi pela cidade e apareci sem avisar no Feed My Starving Children, um ministério que faz *kits* de refeição. Entrei e perguntei se eles queriam enviar comida para refugiados de guerra em Mianmar. Embora eu não tivesse hora marcada, fui conduzido a um dos seus principais líderes, que me disse que eles estavam orando havia dois anos para que alguém os ajudasse a levar comida para os refugiados de guerra. Arriscamos juntos o primeiro contêiner, e ele chegou ao país. Queríamos enviar mais e, por meio de alguma intervenção do secretário de Estado dos Estados Unidos, por fim construímos a infraestrutura para atender a região.

Só neste ano, tenho a honra de escrever, nós celebramos 55 milhões de refeições para refugiados de guerra. E tudo começou com um simples escutar.

Priscilla Shirer e o ouvir Deus

Priscilla Shirer é uma autora internacionalmente amada e uma das professoras de Bíblia mais requisitadas do mundo.

Priscilla escreve e fala extensivamente sobre ouvir a voz de Deus e obedecê-la. Uma fervorosa defensora do escutar em oração, ela argumenta que ouvir a voz de Deus "arruína o cristianismo costumeiro: uma vez que você sentiu a voz de Deus, você não pode voltar à vida como antes". Às vezes, a proximidade de Deus e a experiência de ouvir Sua voz são mais impactantes do que a direção específica que Ele dá.

Priscilla ensina que devemos combinar a voz de Deus com a Palavra de Deus. Ela acredita que a principal maneira pela qual Deus fala é iluminando uma passagem das Escrituras, assim como Aila descreveu. Pode ser uma passagem que vem à mente em oração, ou pode ser por convidar o Espírito Santo para a leitura da Bíblia, conferindo "uma presentificação e uma novidade" a determinado versículo das Escrituras. É quase como se essa porção "saltasse da página". Nesses momentos, Priscilla crê, Deus está falando diretamente com ela.

Como líder, Priscilla desenvolveu uma maneira de falar com Deus e de ouvir Sua direção. Além de convidá-Lo a falar com ela por meio das Escrituras, ela ora para que Deus lhe dê luzes verde, amarela e vermelha.

Luz verde: Esse é o comando "levante-se e vá" ou a experiência que as Escrituras descrevem como ser "guiado em paz" (cf. Isaías 55:12).
Luz amarela: Esse é um aviso para permanecer próxima ao Espírito e insistir, pois ela não está exatamente onde deveria estar no momento.
Luz vermelha: Essa é uma direção clara do céu para parar ou fugir. (Essa é a sensação que meu pai teve quando sentiu Deus lhe dizendo para fugir do acordo aparentemente inesperado que descrevi no Capítulo 1.)

Essa maneira simples de se comunicar com Deus ajudou Priscilla a lidar tanto com decisões importantes quanto com as menores, levando cada uma delas a Deus e atentando para a luz de Sua direção.

Ela diz que vivencia essas luzes da mesma forma que um piloto tentando encontrar a pista para pousar o avião: ele não consegue encontrar a pista com apenas uma luz, mas precisa ver uma linha de luzes na pista de pouso para saber onde fica a pista e para onde ela está indo.

"Quanto maior a decisão que você tem de tomar, mais precisa confiar na misericórdia da confirmação externa de Deus", diz Priscilla. Ela encontra essa confirmação em bênçãos externas, na provisão e no que poderia ser chamado de "coincidência" — que ela vê como o soberano alinhamento de circunstâncias por parte de Deus.⁷

Ouvir em casa

Como família, queríamos nos dar tempo para ouvir Deus a fim de que pudéssemos aprender a escutar Sua voz. Em nossos momentos de oração da noite, passávamos alguns minutos em silêncio apenas ouvindo, e então perguntávamos aos nossos filhos se eles sentiam que Deus estava falando com eles.

A maioria das noites de escuta era sem intercorrências, mas algumas experiências nos deixavam perplexos. Uma noite, eu estava no meio de uma grande decisão empresarial. Um cliente havia quebrado um acordo, e eu não tinha certeza se deveria deixar para lá ou procurar a Justiça. Eu estava buscando a orientação de Deus.

Durante nosso tempo noturno de escuta em oração, minha filha sentiu como se tivesse ouvido as palavras "Deixe pra lá". (Isso foi *antes* de *Frozen*, o filme que fez sucesso, fixar essas palavras — *Let it go* em inglês — na mente da maioria das crianças americanas.) Minha mente de pronto dirigiu-se para o grande problema que eu estava enfrentando com nossa organização; senti que deveríamos deixar para lá. *Deus milagrosamente resolveu a situação sem conflito.*

Às vezes, Deus fala conosco por meio de outros. Naquele momento, segurei as lágrimas ao pensar que Deus respondeu à minha oração em relação a uma grande direção organizacional falando comigo por meio da minha filha.

Deus realmente disse isso?

Há muitas histórias de líderes que dizem "Deus me disse isso" para abafar o debate, silenciar a dissidência ou encobrir o mal. Um capítulo sobre ouvir

Deus pode disparar alertas vermelhos para aqueles que foram prejudicados por alguém que alega estar seguindo a orientação de Deus. Afinal, como diz o autor Philip Yancey, "nem todo mundo que alega falar por Deus realmente o faz".[8]

Então, como discernimos se estamos ouvindo a voz de Deus ou sendo influenciados por nossos próprios impulsos? Especialmente como líderes, os riscos são altos se errarmos nisso.

Priscilla Shirer tem "luzes de pista", mas, antes que houvesse lâmpadas ou aviões, John Wesley tinha sua própria ferramenta para confirmar a voz de Deus, mais tarde chamada de Quadrilátero Wesleyano. Wesley ensinou que há quatro elementos que, juntos, ajudam a confirmar a direção:

- As Escrituras em primeiro lugar;
- Experiência cristã;
- Sabedoria da tradição cristã através dos tempos;
- Razão piedosa.

A direção que recebemos na oração — impressões e toques leves — deve ser testada em relação a essas quatro autoridades, que nos fornecem grades de proteção enquanto ouvimos a voz de Deus. E mesmo depois que a direção passa por esses testes, as Escrituras nos dão outra "luz de pista": nossa comunidade cristã. Como os líderes da igreja primitiva escreveram: "Pareceu bem ao Espírito Santo e a nós" (Atos 15:28).

Os líderes que entrevistamos foram rápidos em encontrar confirmação nas Escrituras, na liderança do Espírito, na tradição e na razão piedosa, mas principalmente na comunidade. Quando os líderes recebiam uma direção ou uma visão — que às vezes parecia irracional ou impossível para a mente natural —, eles humildemente levavam a ideia para os irmãos de sua comunidade a fim de orarem e terem confirmação no próprio coração. Essa comunidade, é claro, deve ser um lugar seguro para uma dissidência saudável.

Deus dá direção aos líderes, mas, na maioria das vezes, Ele dá uma dica, o líder leva a dica para uma comunidade (seja um conselho, uma equipe de liderança, um grupo de responsabilização ou amigos próximos), e a comunidade confirma a palavra de Deus.

Como John English coloca em seu livro *Spiritual Intimacy and Community* [Intimidade espiritual e comunidade], "não há discernimento individual fora de um ambiente comunitário e nenhum discernimento comunitário sem discernimento individual. Cada indivíduo lucra com a atividade comunitária de discernimento e a comunidade lucra com o discernimento de cada indivíduo."[9]

Ouvimos muitas histórias sobre Deus incentivando líderes a orar de maneiras específicas por pessoas específicas, sobre Deus guiando líderes em decisões grandes e pequenas, e até mesmo Deus alertando-os sobre perigos.

Deus está falando.

E Jesus nos lembra: "As minhas ovelhas ouvem a minha voz" (João 10:27).

ORAÇÃO

Senhor, faz que eu sempre me deixe guiar por Ti,
siga sempre os Teus planos,
e cumpra perfeitamente a Tua Santa Vontade.
Concede que em todas as coisas, grandes e pequenas,
hoje e em todos os dias da minha vida,
eu faça tudo o que Tu exigires de mim.
Ajuda-me a responder ao menor impulso de Tua Graça,
para que eu seja Teu instrumento confiável para Tua honra.
Que a Tua vontade seja feita por mim no tempo e na eternidade,
em mim e por meio de mim. Amém.

(Santa Teresa de Ávila)

FERRAMENTA DE ORAÇÃO

PASSOS PARA OUVIR DEUS

Levar a rendição humilde ao cerne do coração exige trabalho, tempo, conselho e flexionar um músculo que às vezes é bastante subdesenvolvido. Ao buscarmos ouvir bem, consideramos que esses passos práticos de George Müller são instrutivos.

1. Procuro, no começo, colocar meu coração em tal estado que ele não tenha vontade própria em relação a determinado assunto. Nove décimos dos problemas com as pessoas geralmente estão aqui. Nove décimos das dificuldades são superados quando nosso coração está pronto para fazer a vontade do Senhor, seja ela qual for. Quando alguém está verdadeiramente nesse estado, em geral há apenas um curto caminho até o conhecimento de qual é a vontade divina.
2. Tendo feito isso, não deixo o resultado para o sentimento ou para uma simples impressão. Se assim for, eu me torno sujeito a grandes delírios.
3. Eu busco a vontade do Espírito de Deus por meio da Palavra de Deus ou em conexão com ela. O Espírito e a Palavra devem ser combinados. Se olhar somente para o Espírito sem a Palavra, eu me coloco aberto a grandes ilusões também. Se o Espírito Santo nos guiar de alguma forma, Ele o fará de acordo com as Escrituras e nunca contrário a elas.
4. Em seguida, levo em consideração as circunstâncias providenciais. Essas com frequência indicam claramente a vontade de Deus em conexão à Sua Palavra e Seu Espírito.
5. Peço a Deus em oração que revele Sua vontade para mim corretamente.
6. Assim, por meio da oração a Deus, do estudo da Palavra e da reflexão, chego a um julgamento deliberado de acordo com o melhor da minha capacidade e de meu conhecimento; e se minha mente estiver assim em paz, e continuar assim após mais duas ou três petições, prossigo de acordo. Em questões triviais e em situações envolvendo os assuntos mais importantes, descobri que esse método é sempre eficaz.[10]

CAPÍTULO 8

LÍDERES SE ARREPENDEM

"Não é a ausência de pecado, mas o pesar por ele que distingue o filho de Deus."

(A. W. Pink)

O pastor Jamie Rasmussen estava no auge da carreira como líder e, ao mesmo tempo, morrendo por dentro.

Sua igreja, a Scottsdale Bible Church, era uma das maiores e de mais rápido crescimento nos Estados Unidos. Eles estavam vendo pessoas virem a Jesus, servindo a comunidade, plantando vários *campi* e levantando milhões de dólares para trabalho missionário e serviço comunitário local.

Mas a agenda e o ritmo de Jamie tinham cobrado um preço em sua vida de oração. "É loucura pensar que alguém pode administrar uma igreja e secar espiritualmente", ele disse, mas era exatamente isso que estava acontecendo.

Ele estava esgotado. Não apenas cansado, mas esgotado a ponto de perder o relacionamento com o Senhor, mesmo ensinando a Bíblia a milhares de pessoas toda semana.

Ironicamente, o pastor Jamie começou seu ministério como pastor conselheiro na Willow Creek Community Church, onde aconselhou pessoas cujas vida, liderança e fé ou o casamento estavam em ruínas.

Agora, no pináculo de sua liderança, *sua* vida seguia uma trajetória semelhante, e era *ele* quem estava destruído.

Podemos imaginar uma série de finais trágicos para a história de Jamie: afastar-se da fé e do ministério, sofrer um colapso nervoso, buscar fuga na infidelidade ou em vícios, prejudicar seu testemunho e seu ministério por meio de explosões de raiva.

Mas...

Jamie evitou esses resultados familiares. Em vez disso, ele contou aos presbíteros o que estava acontecendo dentro dele e explicou como estava completamente exausto. Ele teve a humildade de reconhecer que sua agenda diária era como uma bomba-relógio em sua alma.

Sabiamente, a equipe de liderança respondeu a Jamie com uma orientação surpreendente: "Você precisa passar mais tempo com Deus." Jamie deveria reservar um tempo para gastar em oração e estudo das Escrituras, destinando as duas primeiras horas de cada dia em seu calendário com a designação: "Este tempo é para Deus." Jamie obedeceu. Ele liberou sua agenda, começou um novo ritmo e passou mais tempo com o Senhor.

Quando Jamie abre a Bíblia e convida Deus a falar, ele percebe que está mudando.

> Não estou preparando um sermão, não estou dando uma palestra, não estou fazendo nada em termos de ministério. Estou em comunhão com meu Salvador. Estou em comunhão com Deus, e posso dizer isto: isso recarrega minhas baterias. Acabo tendo uma boa conversa com Ele. Sinto mais paz... Sinto-me mais em repouso. Estou me tornando mais o homem que Ele quer que eu seja... Estou mais confiante. Sinto-me mais livre. Estou mudando. Tenho esperança.[1]

A história de Jamie não é uma anomalia. Esgotamento e tentação são ameaças gêmeas que trabalham juntas para transformar sucesso em fracasso para líderes ao redor do mundo.

Vulnerabilidades

Ao longo do processo de preparação deste livro, tivemos o privilégio de aprender com incríveis líderes que oram. Mas, às vezes, em nossas pesquisas e conversas, descobrimos uma falta de intencionalidade ou de dedicação à oração onde esperávamos encontrar uma oração consistente e robusta.

Dos líderes cristãos com quem conversamos, nem todos que construíram um lugar de destaque também construíram uma vida de oração vibrante.

Se identificar líderes bem conhecidos com uma vida de oração vibrante foi o primeiro desafio para o nosso projeto, então o segundo foi que muitos líderes cristãos — históricos e modernos — caíram em fracasso moral. Na verdade, debatemos quais pecados de comissão ou de omissão deveriam desqualificar os líderes de serem incluídos no livro, e consideramos solenemente o que poderia acontecer se um dos líderes que incluímos tivesse uma falha moral significativa. Ou, Deus nos livre (literalmente), e se um de nós tiver uma queda semelhante? Deveríamos incluir um aviso gigante no capítulo de abertura?

Jesus fez uma conexão entre oração e queda quando disse: "Vigiai e orai, para que não entreis em tentação" (Mateus 26:41). A formulação é significativa. Ele não disse: "Vigiai e orai para que não sejais tentados." A tentação é dada como certa. Jesus disse para vigiar e orar a fim de que, quando formos tentados, não "entremos" em tentação. Há a compreensão de que viver vigilante e orante nos capacita a resistir à tentação quando o momento chegar.

Em Salmos 19:12, Davi escreve: "Quem há que possa discernir as próprias faltas? Absolve-me das que me são ocultas." Suas palavras são um forte argumento a favor da franqueza de amigos confiáveis — para convidar outros seguidores de Cristo a nos ajudar a nos tornarmos cientes de nossos próprios pontos cegos. Muitos líderes têm poucos amigos confiáveis para infligir "feridas" que podem ajudá-los a evitar a autossabotagem (Provérbios 27:6).

Mas as palavras de Davi também falam da nossa necessidade de pedir diretamente a Deus para remover as vendas dos nossos olhos e nos permitir ver de modo claro o pecado em nosso próprio coração. No entanto, com que frequência criamos tempo e espaço em nossa vida de oração para permitir que o Espírito Santo traga convicção, o que pode levar ao arrependimento e nos ajudar a evitar estragos?

Davi convida a esse escrutínio quando ora: "Sonda-me, ó Deus, e conhece o meu coração [...] Vê se em minha conduta há algo que Te ofende, e dirige-me pelo caminho eterno" (Salmo 139:23–24 NVI).

Em determinada ocasião, Deus respondeu à oração de Davi enviando-lhe o profeta Natã. Ele usou uma história para ajudar Davi, que havia cometido adultério e assassinato, a ver a própria necessidade de arrependimento. Natã corajosamente contou ao rei a história de um homem rico que possuía vastos rebanhos e manadas, e de um homem pobre com uma única e amada ovelha. Quando um viajante veio visitar o homem rico, este, em vez de compartilhar uma ovelha de seus abundantes rebanhos, ofereceu hospitalidade matando a preciosa ovelha do homem pobre. Davi ficou indignado. "Quem fez uma coisa dessas?" E Natã teve a tarefa nada invejável de lhe dizer: *"Você fez"* (2Samuel 12).

Agora ciente de seu pecado, a resposta de Davi é instrutiva. Ele escreveu o Salmo 51, uma oração de arrependimento:

> Cria em mim, ó Deus, um coração puro
> e renova dentro de mim um espírito inabalável.
> Não me repulses da Tua presença,
> nem me retires o Teu Santo Espírito.
> Restitui-me a alegria da Tua salvação
> e sustenta-me com um espírito voluntário.
>
> Então, ensinarei aos transgressores os Teus caminhos,
> e os pecadores se converterão a Ti.
> (vv. 10–13)

Como líderes que ainda são propensos a pontos cegos e tentações, continuamos aprendendo com o exemplo de Davi.

Uma vida de oração interrompe uma divisão denominacional

O pastor Rob Ketterling estava a meses de lançar uma divisão em grande escala em sua denominação.

Rob fundou e lidera a River Valley Church, uma das maiores igrejas de uma das maiores denominações dos Estados Unidos (Assembleias de Deus). Sua igreja doa quase dez milhões de dólares para missões todos os anos, tornando-a uma das maiores igrejas de recursos missionários na história cristã.

Mas Rob estava frustrado com a denominação. Suas frustrações se espalharam publicamente e, como resultado, ele começou a construir uma coalizão de pastores prontos para seguir sua liderança. Ele queria levar alguns milhares de pastores com ele e começar uma variante das Assembleias de Deus, dividindo a denominação. Ele até mesmo contratou advogados para começar a criar o novo estatuto. Em seu coração, Rob *sentia* que estava fazendo a coisa certa, dando um passo ousado e corajoso no serviço a Deus para o bem do Reino. Ao mesmo tempo, enquanto formalizava seus planos, Rob sentia um incômodo desconforto.

Rob estava fielmente comprometido com a oração, e parte de sua Regra de Vida era fazer o *Examen*. Durante esse longo tempo de oração, Rob ouviu de alguma maneira que estava desagradando a Deus, e, em um poderoso encontro com Deus, ouviu-O lhe dizer: "Você vai dividir Meu povo e, ao mesmo tempo, dizer que estou por trás disso?!" Mais tarde, nesse mesmo intenso período de oração, ele sentiu a voz de Deus novamente: "Se você fizer isso, eu não mais lhe concederei meu favor, e você ficará por conta própria."[2] O encontro foi tão real, poderoso e sério que Rob foi tomado pelo temor a Deus.

Ele se arrependeu de sua escolha pela divisão.

Rob convocou uma reunião com o líder da denominação e confessou o que estava planejando. Ele pediu perdão e disse que não estava apenas disposto a servir fielmente à visão da denominação, mas também a confessar publicamente diante dos líderes dela na reunião do Conselho Geral.

Meses depois, com milhares de líderes nacionais e internacionais assistindo, Rob humildemente confessou o pecado da escolha pela divisão e endossou publicamente a denominação, sua liderança e sua missão.

Sem o conhecimento de Rob, um líder internacional das Assembleias de Deus também estava planejando um cisma em seu próprio país. Ele ficou tão comovido ao testemunhar o arrependimento e a confissão de Rob que também interrompeu seus planos de divisão e buscou restauração.

A dinâmica vida de oração de Rob, em essência, interrompeu a divisão catastrófica e o colapso organizacional. Se ele não tivesse passado um tempo extraordinário em oração, estaríamos lendo sobre o grande cisma das Assembleias de Deus.

Como a história de Rob ilustra, o arrependimento não é apenas um bom acréscimo à vida de oração, mas é essencial para nossa caminhada com Deus.

Lugar para arrependimento

Eu (Cameron) tenho tido o privilégio de liderar cristãos em dezenas de países em treinamento focado na mensagem bíblica de generosidade.

Em 2019, um grupo de líderes de vários ministérios esportivos pela África se reuniu em um hotel para o treinamento. Os participantes consideraram as Escrituras juntos, assistiram a depoimentos em vídeo de cristãos radicalmente generosos e compartilharam experiências pessoais com generosidade e desprendimento.

O treinamento começou cheio de energia. Mas no meio do primeiro dia do treinamento de dois dias, a atmosfera se transformou de cheia de energia para levemente responsiva e, depois, para completamente silenciosa. Continuei com o treinamento, fazendo uma pergunta relacionada ao material que eles estavam estudando, e um homem chamado Jean[3] se levantou no fundo da sala. "Preciso nos interromper e dizer algo", disse ele. Todos se viraram e olharam para Jean.

"Eu pensei que estivesse vindo para o treinamento sobre generosidade para aprender como levantar dinheiro entre as pessoas. Mas acontece que a generosidade é, antes de tudo, sobre a generosidade de Deus para comigo. Esse treinamento é sobre *mim* e *meu coração*. E eu não tenho sido generoso. Eu já li a Bíblia muitas vezes, mas eu simplesmente não notei toda essa parte sobre ser generoso. Eu esperava que os outros fossem generosos comigo. E eu preciso me arrepender."

Jean sugeriu que pausássemos o treinamento e tirássemos um tempo para arrepender-nos, ali mesmo. O grupo concordou. As pessoas retiraram as fileiras de cadeiras, formando um círculo no qual os líderes se ajoelharam, voltados para fora, e se arrependeram, alguns silenciosamente no coração, alguns em voz alta, alguns lendo as Escrituras sobre generosidade seguidas pelas Escrituras sobre o perdão de Deus.

O grupo nunca terminou o treinamento, mas, após esse ato de arrependimento público, eles espalharam a mensagem de generosidade bíblica para centenas de times esportivos e treinadores em toda a África.

O *Examen*

O arrependimento público, como praticado por esses líderes africanos, pode ser uma prática poderosa. Assim também pode ser o arrependimento privado — apenas entre Deus e um líder. O *Examen* (termo espanhol que vem do latim e significa "exame" ou "teste") é o nome de uma prática antiga de convidar Deus a examinar nosso coração e nos levar ao arrependimento. Existem inúmeras versões do *Examen*, mas sua essência e origem remontam a Santo Inácio, no século XVI.

Antes de ser santo, Inácio de Loyola (1491–1556) foi soldado. Depois de ser ferido em batalha, ele pediu para ler histórias de cavalaria a fim de passar o tempo de convalescença. Em vez disso, ele recebeu um livro de histórias sobre a vida de Cristo e a vida dos santos. Graças à sua leitura, Inácio se converteu ao cristianismo e, quando se recuperou o suficiente, viajou para um local de peregrinação no nordeste da Espanha. Lá, ele passou três dias confessando uma vida inteira de pecados.

Nos dias anteriores à escrita de seus agora famosos *Exercícios espirituais*, nos quais o *Examen* está incluído, Inácio passava sete horas por dia em oração. Ao se retirar do mundo para se aproximar de Deus, ele desenvolveu a prática espiritual do *Examen*, que o moldou e continua sendo um pilar da ordem religiosa que ele fundou: os jesuítas [Companhia de Jesus]. Firmemente convencido da importância do *Examen*, Inácio exigiu que os jesuítas o praticassem duas vezes por dia: ao meio-dia e no final do dia.

O esboço geral e o objetivo do *Examen* permanecem inalterados por séculos, e a prática ainda impacta os líderes hoje. "O exercício específico do *Examen* tem como objetivo final desenvolver um coração com uma visão perspicaz para ser ativo não apenas por um ou dois períodos de um quarto de hora em um dia, mas continuamente", escreveu o padre jesuíta George Aschenbrenner.[4] Desse tempo dedicado ao exame flui uma maior consciência da presença de Deus e uma maior percepção de nossa própria necessidade de arrependimento. Os cinco passos a seguir vêm diretamente de Inácio, e nós os expomos na ferramenta de oração no final deste capítulo.

1. Dou graças a Deus, nosso Senhor, pelas graças recebidas.
2. Peço graça para conhecer meus pecados e me livrar deles.
3. Exijo uma prestação de contas de minha alma desde o momento em que levantei até o presente exame. Eu devo passar em revista uma hora após a outra, um período após o outro. Os pensamentos devem ser examinados primeiro, depois as palavras e, por fim, as ações.
4. Peço perdão a Deus, nosso Senhor, pelas minhas faltas.
5. Resolvo emendar-me com a graça de Deus. Concluo com um Pai-Nosso.[5]

Antídoto para a arrogância

A maioria dos líderes é propensa a uma combinação perigosa de habilidade natural, motivação e arrogância, inflando o ego como balões em constante expansão. Mas se o orgulho é um balão, então orações de arrependimento deixam o ar sair. É humilhante confessar que confundimos ou até mesmo machucamos pessoas. Fazer isso corta a raiz do orgulho e da arrogância que atormentam os líderes cristãos e afastam as pessoas do Evangelho.

A oração geralmente é uma tarefa árdua porque é uma tarefa que nos humilha.

Uma das imagens bíblicas mais poderosas de um líder que ora é Moisés diante da sarça que não se consumia: um líder recebendo uma visão na presença ardente de Deus. A única exigência para Moisés estar na presença de Deus era que ele tinha que remover as sandálias (Êxodo 3:5). Muitos estudiosos judeus acreditam que as sandálias simbolizavam identificação, direitos familiares e direitos à terra, significando posição e posses.[6]

Para andar no solo sagrado, para se aproximar do fogo da presença de Deus, Moisés teve de abrir mão de sua posição. Líderes talentosos geralmente têm dificuldade em fazer isso, mas é necessário, se quisermos estar perto de nosso Deus, que promete estar "perto [...] dos que têm o coração quebrantado" (Salmos 34:18) e longe dos orgulhosos (Tiago 4:6).

Os líderes que oram que encontramos ao longo de nossa busca aprenderam o segredo de se humilharem diariamente diante de Deus. Eles desenvolveram o hábito de "tirar as sandálias" de influência, posição, posses, fama e realizações enquanto se curvavam em oração, produzindo uma vida humilde de liderança e uma perceptível proximidade com Deus.

ORAÇÃO

Deus e Pai de nosso Senhor
e Salvador Jesus Cristo,
o glorioso Senhor,
a bendita essência,
o Deus e Soberano de todos,
que é bendito por toda a eternidade,
Santifica também, Senhor, nossa alma, nosso corpo e nosso espírito,
e toca nosso entendimento, e sonda nossa consciência,
e expulsa de nós toda imaginação maligna,
todo sentimento impuro,
todo desejo abjeto,
todo pensamento impróprio,
toda inveja, vaidade e hipocrisia,
toda mentira, todo engano, toda afeição mundana,
toda cobiça, toda vanglória,
toda indiferença, todo vício, toda paixão,
toda raiva, toda malícia, toda blasfêmia,
E cada movimento da carne e do espírito
que não está de acordo com a Tua santa vontade:
e considera-nos dignos, ó Senhor amoroso, com ousadia,
sem condenação, num coração puro,
com um espírito contrito, sem estarmos envergonhados,
com lábios santificados, para ousar invocar-Te,
o Deus santo,
Pai do céu. Amém.

(Liturgia de São Tiago)

FERRAMENTA DE ORAÇÃO

EXAMEN

Nós encorajamos você a tentar o *Examen* ou outra prática de arrependimento diário.

1. "Dou graças a Deus, nosso Senhor, pelas graças recebidas."

    Podemos agradecer a Deus pela alegria de conhecê-Lo, pelo imerecido dom do Seu amor ou pelo Seu sacrifício ao carregar nosso castigo na cruz.

2. "Peço graça para conhecer meus pecados e me livrar deles."

    Agora buscamos iluminação: pedindo a Deus que nos ilumine a alma para ver o que Ele nos revela, com o propósito de, como o rei Davi escreveu, discernir nossos próprios erros (Salmo 19:12).

3. "Exijo uma prestação de contas de minha alma desde o momento em que levantei até o presente exame. Eu devo passar em revista uma hora após a outra, um período após o outro. Os pensamentos devem ser examinados primeiro, depois as palavras e, por fim, as ações."

    Agora, passamos a rever tanto a consolação quanto a desolação em nosso dia. Inácio pensava na consolação não apenas como um ponto brilhante no dia ou algo que trazia alegria, mas sim como algo que era verdadeiramente bom para a alma, levando-nos em direção a Deus. A desolação, em contraste, não é apenas o sentimento de desagrado ou de desespero, mas sim coisas que diminuem a fé, a esperança e o amor.

4. "Peço perdão a Deus, nosso Senhor, pelas minhas faltas."

    À luz do que Deus revelou, perguntamos a Ele como devemos responder. É aqui que Ele nos convida a praticar o arrependimento, uma expressão humilde e sincera de remorso por nossos erros, que podem incluir pecados de comissão ou de omissão.

5. "Resolvo emendar-me com a graça de Deus. Concluo com um Pai-Nosso."[7]

Em vez de permanecermos atolados em vergonha ou em culpa, passamos do arrependimento a olhar para o futuro. Podemos refletir sobre como responderemos a tentações semelhantes no futuro ou pedir a Deus para nos mostrar como podemos servi-Lo mais fielmente nos dias que virão.

O *Examen* termina com a oração do Pai-Nosso, direcionando nossa atenção de volta ao nosso Pai no céu.

CAPÍTULO 9

LÍDERES BUSCAM A DEUS POR MEIO DO JEJUM

"Alimente as orações com jejum."

(atribuído a Tertuliano)

Patrick Johnson estava numa encruzilhada.

Ele acreditava que seu chamado era ajudar igrejas americanas a se tornarem mais generosas, mas, nos Estados Unidos, é difícil para um ministério de ensino de generosidade se distinguir dos exércitos de arrecadadores de fundos e de consultores de campanha de igrejas. "Generosidade" é frequentemente confundida com "arrecadação de fundos", em vez de ser considerada um fruto do Espírito.

Muitas igrejas norte-americanas queriam levantar dinheiro; a maioria não queria treinar pessoas em generosidade. E isso deixou Patrick se debatendo. "Cheguei a um impasse e não estava em um bom momento", ele diz.[1]

Sem saber o que fazer, Patrick sabia que precisava buscar a Deus de uma forma mais intensa. Ele procurou um intercessor em Wichita, Kansas, e juntos eles se comprometeram a jejuar durante o mês seguinte, encontrando-se todas as manhãs por telefone às oito horas para orar.

Com duas semanas de jejum, Patrick diz que Deus lhe deu um espírito de arrependimento. Deus mostrou a Patrick que ele havia levado seu ministério, Generous Church, na direção errada. Consultor financeiro por formação, Patrick começou a pensar: *"Talvez eu devesse simplesmente voltar aos negócios."*

Mas Deus também guiou Patrick a reunir um grupo de "contendores" para jejuar e orar por generosidade global. Ele começou a contatar amigos por e-mail, perguntando se estariam dispostos a se juntar ao seu processo de oração e discernimento. "Eu queria mais profundidade, não mais abrangência", ele relembra. "E Deus trouxe 72 pessoas para orar."[2]

Durante esse período de jejum e oração, Deus deu a Patrick um novo mandato para focar a igreja global. Apesar de não ter experiência internacional, Patrick começou a receber consultas de líderes de grandes movimentos e de denominações internacionais, que lhe disseram que estavam desesperados pelo tipo de treinamento que a Generous Church oferecia. Naquele ano, Patrick estava recebendo mais convites do que conseguia atender.

Ao deixar de trabalhar ansiosamente com igrejas norte-americanas céticas, Patrick desenvolveu uma nova experiência chamada Generosity Design Lab, que se tornou tão popular que ele agora é procurado por pessoas do mundo todo e tem de discernir cuidadosamente quais convites a Generous Church deve aceitar. E a mensagem da generosidade abundante de Deus está fluindo ao redor do mundo. Crianças em um time de futebol no Egito contribuíram para substituir o telefone quebrado de seu companheiro de equipe; um engenheiro nigeriano comprou uma casa para começar um orfanato; uma família do Oriente Médio sentiu-se impelida a vender suas alianças de casamento e doar o valor recebido aos pobres; uma mulher em Lagos decidiu comemorar seu aniversário com os marginalizados em um "acampamento para cegos" em vez de fazer uma festa de aniversário com amigos ricos; quase vinte mil malauianos trouxeram um punhado de milho para suas igrejas como forma de doar a Deus em uma economia onde o dinheiro é escasso.

Nos dois anos desde o início dos Generosity Design Labs de Patrick, mais de 17 mil líderes de igrejas de 75 países foram impactados pelas crescentes ondas do treinamento em generosidade — e esses são apenas os que conhecemos —, todos fluindo de uma visão despertada em um período de jejum.

O jejum é o combustível da oração

Quando conversamos com os líderes que oram ao redor do mundo sobre suas práticas de oração, não tínhamos perguntas específicas sobre jejum. Mas durante as entrevistas, eles espontaneamente compartilharam sobre seus períodos de jejum.

O pastor Japhet, sobre quem aprendemos no Capítulo 6, explica sua justificativa para o jejum: "Assim como o corpo precisa de comida física para seu crescimento e desenvolvimento, a oração precisa do jejum pelo mesmo motivo." Japhet acredita que o jejum é o *combustível* da vida de oração. Às vezes, ele jejua por até quarenta dias consecutivos.[3]

Para a Igreja global, jejuns longos são rotina. Um movimento de plantação de igrejas que serve em uma nação devastada pela guerra civil começa os primeiros sete dias de cada mês jejuando até as 19h. Aqueles cristãos viram centenas de igrejas plantadas apesar da perseguição intensa.[4]

A oração com jejum incendeia a estratégia

Pavel dirige um movimento de plantação de igrejas com mais de vinte mil igrejas em alguns dos lugares mais difíceis da Terra.[5] Igrejas estão surgindo e se multiplicando pela Ásia Central (Afeganistão, Turcomenistão etc.), bem como em países da Europa Oriental e eslavos.[6]

Pavel é uma figura imponente com uma voz muito forte, mas as lágrimas irrompem com facilidade quando ele fala sobre o amor de Jesus e o poder das Escrituras.

Quando lhe perguntamos como construiu um movimento de líderes corajosos e ousados desejosos de plantar igrejas em áreas hostis, ele imediatamente começou a falar sobre a cultura de oração que sua esposa ajudou a criar. Embora o próprio Pavel tenha uma vida de oração dinâmica, acordando cedo para passar pelo menos uma hora e meia em oração e estudo da Bíblia, a esposa o influenciou profundamente nas práticas de intercessão, que ele então passou para os líderes que treina e as igrejas com as quais trabalha.

Pavel disse que implementou todo tipo de estratégia para ajudar as igrejas a plantar outras igrejas, mas foi somente quando começaram a orar e a jejuar intensamente que começaram a ver um crescimento explosivo nas regiões mais distantes do mundo.

Ele fez uma tabela do que seria um ano normal de oração e jejum para seus líderes, e começa com 21 dias de oração e jejum em janeiro, que termina com uma reunião de oração de um dia inteiro pelo Zoom, com a presença de milhares de plantadores de igrejas de países do mundo todo.

Sempre tem alguém jejuando

Pavel queria que suas equipes de liderança jejuassem, mas ele não queria que isso acontecesse apenas periodicamente — ele queria que o jejum fosse parte da cultura delas. E então ele começou um calendário de jejum, permitindo que os líderes se inscrevessem para dias diferentes de jejum e garantindo que pelo menos um membro da equipe de liderança estivesse jejuando o tempo todo. "O jejum nunca cessa para nós!", Pavel disse, rindo. "Nós apenas nos revezamos."[7]

Muitos líderes com quem falamos adotaram essa ideia de ter alguém em sua organização sempre jejuando. Algumas organizações fazem isso por um mês, outras, por um período particularmente intenso e outras ainda, como a de Pavel, fazem isso o ano todo.

Para os líderes mentorados por Pavel, o jejum criou intensidade e ardor nas equipes, fortalecendo-lhes o coração para enfrentar a perseguição constante e o medo dos processos em que atuam.

Como Jesus praticava o jejum?

O jejum era uma prática dada como certa por Jesus. Ele disse no Sermão da Montanha: "*Quando* jejuardes" (Mateus 6:16, ênfase adicionada). Ele esperava que Seus seguidores jejuassem, e garantiu que eles jejuariam depois que Ele partisse.

Quando pensamos em Jesus e no jejum, a primeira imagem que nos vem à mente é a d'Ele jejuando no deserto antes de ser tentado (Mateus 4:1–11). Ele jejuou, é claro, por quarenta dias, e o que essa passagem nos mostra é que Seu jejum prolongado não apenas O preparou para confrontar a tentação, mas também para confrontar o mal. Da mesma forma, quando desceu do Monte da Transfiguração e foi capaz de expulsar um espírito maligno de um jovem que os discípulos não conseguiram ajudar, Jesus disse a eles que há tipos de mal que podem ser confrontados apenas por meio de "oração e jejum" (Mateus 17:21).

Jesus foi um modelo de jejum, e o jejum O fortaleceu.

O jejum, de alguma forma, nos ensina a exercitar nosso "músculo do não". É como se dizer não à comida, à TV ou ao celular por um tempo nos permitisse dizer não a outras tentações e a males mais destrutivos.

Anos atrás, eu (Ryan) vi o poder do jejum em ação quando um amigo meu, que é um grande líder, estava lutando contra um pecado em particular. Depois de orarmos juntos, ele sentiu que o poder daquele pecado em sua vida seria quebrado pelo jejum. Eu me juntei a ele para o jejum e, no final, ele recebeu o poder de superar o pecado habitual. Ele continuou a incorporar o jejum em sua Regra de Vida e tem vivido livre desse pecado por mais de uma década.

Nossos antepassados que jejuavam

A história da Igreja está repleta de exemplos de cristãos priorizando o jejum para todos os fiéis, mas especialmente para os líderes.

Um livro chamado *Didaquê*, escrito já em 80 d.C., vinculou intimamente o jejum a seguir como discípulos de Cristo. Candidatos ao batismo deveriam jejuar, assim como aqueles que os batizavam e todos os outros na comunidade que pudessem.[8]

São Basílio, o Grande (329–379), via o jejum como uma "salvaguarda" para a alma, eficaz para ajudar a repelir tentações.[9]

Os antigos viam o jejum como uma fonte de poder, bem como uma maneira de resistir ao pecado. Diz-se que Santo Atanásio, o Grande (*circa* 293–373), ensinou que "o jejum possui grande poder e opera coisas gloriosas. Jejuar é banquetear-se com anjos".

São João Crisóstomo (347–407) concordava, argumentando que o jejum "ilumina a alma, dá asas e torna até mesmo a escalada da montanha mais fácil. O jejum é alimento para a alma".[10]

Santo Isaac, o Sírio (morreu *circa* 700), disse: "Se o próprio Legislador jejuou, não é também necessário que aqueles para quem a lei foi dada cumpram o jejum?"[11]

Os primeiros cristãos também jejuavam para:

- lamentar e comemorar a morte de Jesus;
- observar a prática litúrgica da *Via Crucis*;
- responder à perseguição;
- cuidar dos pobres e atender às necessidades da comunidade.[12]

Duas vezes por semana, geralmente às quartas e às sextas-feiras, os primeiros cristãos costumavam jejuar para comemorar a traição e a crucificação de Jesus.[13]

Na história mais recente da Igreja, o jejum precedeu o reavivamento. John Wesley (1703–1791) e seus amigos praticavam o jejum comunitário dois dias por semana. Juntos, eles deram à luz tanto o Primeiro Grande Despertamento quanto o movimento metodista que veio dele.

O evangelista Charles Finney (1792–1875) se preparou para os reavivamentos organizando equipes para orar, jejuar e anunciá-lo antes de sua chegada; seu trabalho ajudou a desencadear o Segundo Grande Despertamentor.

Smith Wigglesworth (1859–1947) foi um evangelista de cura. Em um momento difícil em seu casamento, ele jejuou dez dias para corrigir o coração, e depois relatou que sua dureza e seu mau humor desapareceram.

A cada semana, ele jejuava e orava para que cinquenta almas fossem salvas no domingo seguinte. Geralmente, isso acontecia.

Em 1906, William J. Seymour (1870–1906) estava em um jejum de dez dias quando pregou em uma pequena casa na Bonnie Brae Street, em Los Angeles. Enquanto pregava sobre Atos 2, o Espírito Santo moveu-se poderosamente e, como resultado, as reuniões começaram a atrair mais pessoas. Em uma semana, elas se mudaram para um prédio maior na rua Azusa, e teve origem o Avivamento da rua Azusa, ajudando a espalhar o pentecostalismo pelo mundo.

Como Dallas Willard jejuava

A prática do jejum abrange a história e o contexto denominacionais. Dallas Willard, conhecido por seus livros sobre disciplinas espirituais, praticava ativamente a disciplina do jejum, reservando dias para abstinência de alimentos.

"Eu pratico abstinência total e de curto prazo de alimentos muito regularmente, durante a semana, e de modo especial se estou em algum tipo de ministério", ele disse. Com frequência, ele jejuava meio período e, cerca de uma vez por ano, praticava um jejum de três dias, ingerindo apenas água.[14]

Embora Dallas encoraje os crentes a terem "dias em que vocês sejam muito intensos em relação à solidão, ao silêncio, à memorização das Escrituras e ao jejum", ele oferece uma palavra de cautela, para que não nos tornemos legalistas: "Um dos sinais do uso saudável de disciplinas é como você se sente quando não as pratica. Se você sente culpa [quando não as realiza], então precisa repensá-las. A culpa não é uma motivação proveitosa para a vida espiritual."[15]

Um filósofo talentoso, Dallas postulou uma visão mais metafísica do jejum em relação à maioria dos outros que entrevistamos e sobre quem pesquisamos. Ele acreditava que a Palavra de Deus *é* energia. São as palavras de Deus que trouxeram nosso mundo à existência. "O falar de Deus é uma forma de energia que se tornou matéria... e matéria é energia em uma certa forma", ele escreveu.[16]

Ele acreditava, portanto, que o jejum "pode nos ensinar sobre a realidade da Palavra de Deus vindo até nós e sustentando nosso corpo sem a intermediação da matéria".[17] Essa alimentação com a Palavra de Deus como fonte de energia, em lugar da comida, nos ajuda a entender a resposta enigmática de Jesus aos Seus discípulos em João 4: quando eles encorajaram Jesus a comer, Ele respondeu: "Uma comida tenho para comer, que vós não conheceis. [...] A minha comida consiste em fazer a vontade Daquele que me enviou" (João 4:32, 34).

Essa força esquecida

Em um estudo encomendado privadamente, o Evangelical Council for Financial Accountability pesquisou líderes evangélicos e descobriu que a maioria dos líderes de organizações cristãs de primeira linha não está jejuando. Como mostramos, isso é uma anomalia na história cristã e, francamente, na Igreja global. A Igreja global jejua com regularidade, mas a Igreja Ocidental está à beira de perder essa prática poderosa se seus líderes não renovarem o compromisso com ela.

Em nossa entrevista, Japhet Yanmekaa, que mencionamos no Capítulo 6, ofereceu algumas orientações aos líderes do Ocidente sobre como redescobrir a paixão pelo jejum e a consciência de sua importância — até mesmo de sua necessidade — na vida dos seguidores de Jesus.

Japhet compartilhou que "uma visão ardente" alimenta sua oração com jejum. "A vida de oração não será consistente sem uma visão ardente", ele disse, porque "uma vida de oração duradoura é orientada em torno de um encargo, e todo encargo vem de uma visão".[18] Japhet apontou para Neemias 1:3, em que Neemias descobre que "os muros de Jerusalém estão derribados, e as portas, queimadas".

Quando ouviu isso, Neemias sentou e chorou. Ele escreve: "Chorei, e lamentei por alguns dias; e estive jejuando e orando perante o Deus dos céus" (v. 4).

Japhet acredita que Neemias teve uma visão ardente de Jerusalém restaurada, e compartilhou: "Uma visão ardente fará você jejuar e orar por horas." Como líderes, que a visão que a nós é dada por Deus nos leve a jejuar, e que nosso jejum alimente nossas orações.

ORAÇÃO

Ó Deus, Tu és o meu Deus forte;
    eu Te busco ansiosamente;
a minha alma tem sede de Ti;
    meu corpo Te almeja,
como terra árida, exausta, sem água.
    Assim, eu Te contemplo no santuário,
para ver a Tua força e a Tua glória.
    Porque a Tua graça é melhor do que a vida;
os meus lábios Te louvam.
    Assim, cumpre-me bendizer-Te
enquanto eu viver;
    em Teu nome, levanto as mãos.

Como de banha e de gordura farta-se a minha alma;
    e, com júbilo nos lábios, a minha boca Te louva,
no meu leito, quando de Ti me recordo
    e em Ti medito, durante a vigília da noite.
Porque Tu me tens sido auxílio;
    à sombra das Tuas asas, eu canto jubiloso.
A minha alma apega-se a Ti;
    a Tua destra me ampara.

(Salmo 63:1–8)

FERRAMENTA DE ORAÇÃO

ORIENTAÇÃO SOBRE JEJUM PARA LÍDERES

Se o jejum é algo novo para você, comece encontrando uma data em seu calendário para se juntar a esses líderes que oram, aceitando o convite de Deus para jejuar. Deus pode ter coisas a dizer a você ou coisas que quer fazer por meio do seu ministério; Ele está ansioso para as revelar quando você se comprometer a buscá-Lo a ponto de estar disposto a abrir mão de algo em troca.

Estas dicas para o jejum foram adaptadas do nosso amigo Bill Gaultiere, fundador do Soul Shepherding.

- Comece aos poucos, com um jejum curto ou parcial. Jejuar apenas uma refeição por dia ou completar um jejum parcial é uma maneira eficaz de começar a experimentar o jejum. Jejuns parciais incluem limitar-se a sucos, abster-se de carne, eliminar açúcar e lanches ou comer significativamente menos do que o normal.
- Jejue de outras coisas além de comida, como de mídia, compras ou julgar outras pessoas.
- Use as Escrituras para cultivar seu desejo por Deus enquanto você continuamente volta os pensamentos da fome física para a fome mais profunda por Deus e por Sua Palavra. Identifique-se com Davi nos Salmos quando ele descreve as sensações do jejum para retratar seu desespero por Deus. Veja Salmos 42:1–2; 63:1–8; 73:25–26; 119:20,81; 143:6.
- Memorize passagens das Escrituras e medite sobre elas, observando as promessas de Deus. As passagens recomendadas incluem Mateus 11:28–30; João 1:1–5; Filipenses 2:1–11; Colossenses 1:15–23; 1Pedro 2:9–10.
- Interceda por alguém necessitado com uma oração focada.
- Busque discernimento em Deus sobre uma decisão importante.
- Converse com um mentor espiritual.
- Use o jejum para aprender a confiar no cuidado de Jesus por você, em vez de buscar falso conforto comendo demais, desejando, reagindo com raiva, usando álcool, trabalhando demais, julgando outras pessoas ou fofocando.

- Pratique confiar no Espírito Santo, e não em suas forças e habilidades naturais ao ministrar, pregar, servir aos famintos (física ou espiritualmente) ou fazer seu trabalho para a glória de Deus.
- Aproxime-se de Jesus durante o jejum meditando sobre a *Via Crucis*: os passos dados por Jesus da condenação até o sepultamento.

CAPÍTULO 10
LÍDERES SEPARAM TEMPO PARA UM RETIRO

"Tu és meu esconderijo e o meu escudo; eu ponho a minha esperança na Tua promessa."

(Salmo 119:114 NTLH)

A cada ano, Hala Saad, a líder da Vision Communications International, faz um retiro de três dias com seus parceiros de oração. O grupo vai para uma cabana nas montanhas a fim de orar.

O ministério de Hala cria e transmite conteúdo para compartilhar o Evangelho em todo o mundo de língua árabe. A cada ano, o trabalho de seu ministério é visto por milhões, gerando dezenas de milhares de ligações e mensagens de mídia social dirigidas a conselheiros que estão prontos para compartilhar como os interessados podem ter um relacionamento com Jesus.

Na época do retiro anual de Hala, alguns anos atrás, a Vision Communications estava tentando fazer melhorias em uma propriedade no Egito como parte de sua estratégia de expansão. Cada fase do desenvolvimento, da autorização ao financiamento e à logística, foi uma luta. "Tudo parecia embaraçado. Havia obstáculos tremendos", lembra Hala.[1]

No início, ela pensou que isso ocorria porque eles eram novatos em fazer melhorias em propriedades e não estavam familiarizados com o processo. Mas então, no retiro de oração, Deus revelou a Hala e a seus parceiros de oração que o homem que supervisionava a propriedade no Egito e representava os interesses deles no processo de desenvolvimento estava, na verdade, trabalhando contra eles. Ele estava *criando* os obstáculos.

O grupo orou por ele e, apesar de sua traição, o abençoou. "Sabíamos que aquele não era o lugar de Deus para ele; assim, nós o abençoamos e pedimos a Deus que o 'promovesse' para um lugar que fosse o mais adequado", diz Hala com uma risada.

No Egito, as pessoas com emprego estável de administrador de propriedades e renda segura não são facilmente dispensadas e quase nunca saem por escolha própria. Hala tinha medo de que um confronto acirrado prejudicasse a reputação de seu ministério; então, orou: "Senhor, Tu tens de me dar sabedoria. Não sinto que eu devo confrontá-lo." O grupo continuou a orar durante todo o retiro.

Quando retornaram do retiro, o supervisor anunciou que havia encontrado outra oportunidade, fora do ministério de Hala, e estava se demitindo — com efeito imediato.

"Com certeza, desde que ele partiu, o processo de desenvolvimento da propriedade acelerou porque Deus desfez os obstáculos sobrenaturalmente", diz Hala.

Esse tremendo avanço não veio dos esforços das pessoas da equipe do ministério, mas de seu retiro, enquanto elas imploravam a Deus que agisse em seu favor. Assim como no jejum nos abstemos de comida para enfatizar a provisão sobrenatural de Deus, no retiro nos abstemos de nos esforçar, enfatizando a soberania de Deus sobre as circunstâncias.

Em busca de oração *versus* em busca de influência

No Capítulo 2, falamos sobre como Jesus se retirava para o deserto com tanta frequência que Lucas o chamou de alguém que "se retirava para lugares solitários e orava" (veja Lucas 5:16). Mateus também fez essa mesma observação. Em apenas três capítulos de seu Evangelho, Jesus se retira ou se afasta *cinco* vezes.

- Depois de ouvir sobre a execução de João Batista (14:13)
- Depois de alimentar os 5 mil (v. 23)
- Depois de uma disputa com os fariseus (15:21)
- Depois de alimentar os 4 mil (v. 39)
- Depois que fariseus e saduceus exigiram um sinal (16:4)

Não importa o quão ocupados nos sintamos ou o quanto nossa liderança seja valorizada no trabalho ou em casa, não podemos dispensar essa prática essencial que Jesus demonstrou. Como líderes, podemos nos tornar viciados em elogios, conquistas ou até mesmo na ideia de sermos necessários. Um tema profundo que surgiu de nossa pesquisa foi como priorizar a oração para proteger os líderes contra os perigos de perseguir influência.

Influência cria um ídolo pernicioso. Líderes podem acreditar que estão buscando por Deus quando na verdade estão perseguindo a própria influência. Ela cresceu a ponto de muitos hoje definirem a própria essência da liderança como influência. É em grande parte um fenômeno norte-americano, onde influência é tão intimamente ligada à fama e à posição.

Influência, como o dinheiro, é algo para administrar visando à glória de Deus, se ela vier. Mas, como o dinheiro, é mortal quando se torna o objetivo final da busca.

O que é ainda mais enganoso é que podemos nos tornar mais influentes enquanto nos tornamos menos devotos e menos semelhantes a Cristo. Ao perseguir influência, muitos líderes negligenciam a família, esgotam a equipe, alimentam egos para motivá-los, conduzem-se a problemas de saúde, deixam de lado necessidades genuínas em busca de pessoas mais influentes, invejam e cobiçam as vantagens da influência e até mesmo abrem mão do tempo com Deus.

Jesus ensinou a Seus líderes uma prioridade diferente. Sua vida na Terra definiu liderança como mais do que influência. Ele realmente disse que essa é a definição do mundo (Mateus 20:25–28). Ele frequentemente deixava multidões para ir orar, buscava os rejeitados e ignorava líderes influentes para investir em pescadores sem educação formal. Jesus ensinou

Seus principais líderes a priorizar a obediência, a servidão e a permanência n'Ele (v. 26; João 15:5; Mateus 7:24–29). Essa combinação leva a algo melhor do que influência: frutificação.

Uma das maneiras mais fáceis de lutar contra a tentação de valorizar a influência acima de Deus é liderar *conforme a oração*. Podemos estar adorando o ídolo da influência em vez de Jesus se nós e aqueles que lideramos estivermos ocupados demais para ter uma vida de oração dinâmica por estarmos servindo a Jesus.

O retiro de oração realinha nossas prioridades, convidando-nos a renunciar à nossa busca por influência e a renovar nossa busca por Deus.

O retiro nos convida a dar um passo para trás em tudo a fim de nos concentrarmos novamente n'Aquele que nos sustenta. Em *Devotional Classics*, Richard Foster escreve isto sobre a solitude:

> A solitude é uma das disciplinas mais profundas da vida espiritual, pois crucifica nossa necessidade de importância e de proeminência. Todos — incluindo nós mesmos, a princípio — verão nossa solitude como uma perda de tempo. Somos removidos de "onde a ação está". Isso, é claro, é exatamente do que precisamos. Em silêncio e na solitude, Deus lenta, mas seguramente, nos liberta de nossa egomania. Com o tempo, chegamos a ver que a ação realmente importante ocorre na solitude. Só então somos capazes de entrar na agitação da civilização das máquinas de hoje com visão ampla e liberdade.[2]

Os primeiros líderes cristãos aplicaram esses princípios a uma lenda sobre o apóstolo João. Na lenda, João estava envolvido no *hobby* de criação de pombos. Um colega presbítero da igreja estava retornando com arco e flecha de uma caçada e provocou João por desperdiçar tempo com seus pássaros de estimação. João olhou para o arco do caçador, notando que a corda estava frouxa.

— Por que seu arco está frouxo? — ele perguntou.

— Eu sempre afrouxo a corda do arco quando ele não está em uso — disse o presbítero. — Se ele ficasse retesado, perderia a elasticidade e falharia na caçada.

João respondeu:

— E agora estou relaxando o arco da minha mente para que eu seja mais capaz de atirar as flechas da verdade divina.³

É encorajador que os primeiros cristãos — tão reverenciados por sua diligência e pelas obras de misericórdia — contassem histórias com o objetivo de dar aos outros permissão para afrouxar o arco da mente.

Os mirtilos estão em todo lugar

Tim Mackie, cujas práticas de orar as Escrituras são detalhadas no Capítulo 6, fala sobre como certo retiro se tornou um momento importante para reformular sua vida de oração.⁴

Tim passava regularmente um tempo com Deus, principalmente por meio da leitura e da meditação nas Escrituras, mas frequentemente tinha sentimentos de culpa, de medo ou de desânimo sobre sua vida de oração comparativamente sem brilho. Ele não sentia um desejo profundo de passar um tempo com Deus em oração. Não parecia ser uma experiência enriquecedora, e ele se perguntava: "Será que outros estão experimentando uma riqueza que eu não estou? Eu sou só uma pessoa da Bíblia em vez de uma pessoa de oração?"

Um mentor espiritual o encorajou a começar cada dia em silêncio, convidando Deus a falar e a se revelar de formas que estavam fora do padrão de Tim de se relacionar com Ele por meio das Escrituras.

Depois de cerca de um ano e meio, Tim decidiu expandir esses minirretiros matinais para um período de três dias de solitude e oração, caminhadas e acampamento no lado norte do Monte Hood, no Oregon. A primeira etapa de sua jornada exigiu um ganho rápido de altitude, e então Tim partiu determinado, com o rosto voltado para o chão.

Tendo percorrido cerca de três quartos do caminho até a primeira bifurcação na trilha, Tim ouviu um farfalhar nos arbustos. Ele pensou que um animal fosse a origem do ruído, e ficou alarmado ao perceber que o bicho não estava se afastando. Mas Tim logo percebeu que os ruídos vinham de uma mulher, agachada nos arbustos perto da trilha. Ela virou o rosto para ele, com a boca cheia, e gesticulou para os arbustos ao redor deles, dizendo: "Olhe para esses *mirtilos*! Eles estão *por toda parte*!"

Tim não tinha percebido. Enquanto subia a trilha para chegar ao destino, ele não conseguiu ver os mirtilos ao redor — essa provisão gratuita, linda e abundante de Deus. Não é apenas a provisão de Deus que podemos perder no caminho rumo ao destino: é Sua liderança... Seu movimento... Sua companhia.

Durante esse retiro, Tim percebeu que ele tinha sido moldado por um conjunto de experiências, e elas eram muito boas. Ouvir de Deus por meio das Escrituras é poderoso e transformador, mas foi preciso um retiro — afastando-se dos compromissos e do que fazia habitualmente — para que Tim experimentasse Deus de uma maneira nova.

Dallas Willard costumava dizer que, para que a transformação ocorra, precisamos de "VIM": *visão, intenção* e *meios*.[5] Dallas acreditava que alguns de nós estão totalmente voltados para os *meios* — "O que posso *fazer* para me tornar mais como Jesus?" —, ao passo que nossa necessidade real pode ser uma *visão* mais clara e uma renovação de nossa *intenção* de viver como Jesus. Dallas via os retiros como especialmente influentes na renovação de nossa *visão* — achamos que Tim concordaria.

Por muito tempo, a compreensão de Tim sobre as Escrituras moldou como ele experimentou Deus. Mas agora, talvez pela primeira vez, sua experiência sobre Deus está moldando como ele entende as Escrituras — e tudo começou com uma prática de retiro.

Ele está começando a ver os mirtilos, e eles estão por *toda parte*.

Como um líder ministerial australiano pratica o retiro

Na Austrália, Richard Beaumont liderou fielmente a Entrust Foundation por quinze anos. A fundação dá apoio a iniciativas de amenização da pobreza e aos esforços de plantação de igrejas na África e na Ásia. Ao longo dos muitos anos de serviço, Richard incutiu práticas de retiro em sua vida ocupada.

Ele repete um ciclo trimestral:

- Mês 1: Meio dia
- Mês 2: Dia inteiro
- Mês 3: Dois dias inteiros e uma noite fora de casa

Uma vez por ano, sua esposa, Julie, se junta a ele para um dos retiros de oração noturnos a fim de que tenham tempo de conversar, orar e planejar juntos. Ele fixa essas datas em seu calendário e acredita firmemente que um retiro frutífero começa antes do retiro.[6]

Primeiro, Richard prioriza o retiro agendando-o com um ano de antecedência e se comprometendo com esse tempo reservado. Quando ele ocasionalmente tem de remarcar um retiro, ele o reserva para o próximo período disponível. Ele também começa a orar pelo retiro com antecedência. Especificamente, ele convida a presença do Espírito, pedindo ajuda a Deus para esperar por Ele e agir no Espírito.

Assim que Richard chega ao local de retiro, ele diz: "Meu foco é parar, ouvir, desacelerar e refletir." Ele acha útil criar uma estrutura flexível para o tempo. Embora permaneça sensível à inspiração do Espírito, ele reserva um tempo para caminhadas de oração, leitura da Bíblia ou de literatura devocional, e até mesmo para tirar uma soneca. Ele registra o que sente que Deus está dizendo, seja encorajamento ou sejam ideias às quais dar continuidade após o retiro. Ele evita telas e também pratica o jejum.

Suas recomendações para um retiro eficaz estão incluídas no final deste capítulo.

Silêncio

A maioria dos líderes passa muito tempo falando, mas o retiro nos convida a exercitar um músculo diferente: o silêncio. Entrelaçada nas práticas de retiro de Richard, de Tim, de Hala e até mesmo de Jesus, está essa ideia de passar um tempo em silêncio com o Pai.

A autora Evelyn Underhill escreveu: "O *silêncio* está no próprio coração do retiro [...] Sem silêncio ao nosso redor, a quietude interior na qual Deus nos educa e molda é impossível [...] É um *silêncio escolhido*. Não podemos encontrá-lo no mundo [...] Valorize esse silêncio. Ele fará muito mais por sua alma do que qualquer coisa ouvida nos cultos."

Por que silêncio? E por que precisamos tanto dele?

Underhill acredita que "nossos contatos mais profundos com Deus são muito gentis, pois são tudo o que podemos suportar. Precisamos de silêncio para vivenciá-los. Eles não vêm como um terremoto de convulsão mental ou no fogo escaldante ou no vento impetuoso da emoção. No silêncio, não há nada devastador ou sensacional, mas apenas uma voz mansa e suave".[7]

A maioria dos líderes que pesquisamos precisou de apenas um retiro de oração para estarem totalmente convencidos de que essa é uma parte necessária de sua vida, de sua liderança e de suas práticas de oração. O retiro se torna, nas palavras de Tim Mackie, um lembrete do "paraíso", que fornece o combustível para o restante do ano.

ORAÇÃO

Senhor Jesus, faz com que eu me conheça e que eu Te conheça,
E não deseje nada além de Ti.
Faz-me odiar a mim mesmo e amar a Ti.
Faz-me fazer tudo por amor a Ti.
Faz-me humilhar-me e exaltar-Te.
Não me deixa pensar em nada além de Ti.
Faz-me morrer para mim mesmo e viver em Ti.
Faz-me aceitar tudo o que acontece como vindo de Ti.

Faz-me banir a mim mesmo e seguir-Te,
e sempre desejar seguir-Te.
Faz-me fugir de mim mesmo e refugiar-me em Ti,
para que eu mereça ser defendido por Ti.
Faz-me temer por mim mesmo, faz-me temer a Ti,
e que eu esteja entre aqueles que são escolhidos por Ti.
Faz-me desconfiar de mim mesmo e depositar minha confiança em Ti.

Faz-me estar disposto a obedecer por amor a Ti.
Não me deixe agarrar-me a nada, exceto somente a Ti,
e que eu seja pobre por Tua causa.
Olha para mim, para que eu Te ame.
Chama-me para que eu possa Te ver,
e para sempre desfrutar de Ti.

(Santo Agostinho)

FERRAMENTA DE ORAÇÃO

GUIA DE RICHARD BEAUMONT PARA UM RETIRO PESSOAL EFICAZ

1. Vá para o local do retiro. Então, descanse. Durma até mais tarde! Desacelere. Aproveite os dons de Deus. Pratique o dia de descanso.
2. Arrependa-se de qualquer pecado. Cite por nome seus pecados a Deus. Cite por nome nossos pecados como Igreja, sociedade ou família.
3. Reveja com gratidão como Deus tem trabalhado. Conte as bênçãos que recebeu. Celebre as coisas boas. Agradeça a Deus!
4. Submeta-se aos planos de Deus para você.
5. Devore a Bíblia e tome notas. Leia a Bíblia lentamente; ouça com cuidado e medite sobre o que receber.
6. Escreva questões e perguntas específicas sobre você, sua família e seu ministério. Fale sobre suas dores. Faça uma reclamação justa. Chore. Espere!
7. Leve os fardos dos outros a Deus. Mantenha os outros no coração.
8. Encontre-se com Deus em um lugar tranquilo; tome notas.
9. Registre. Responda por escrito a perguntas e problemas.
10. Planeje a melhor forma de comunicar pensamentos e delegar tarefas.

PROGRAMAÇÃO DE HALA PARA UM RETIRO DE EQUIPE

Hala diz: "Nossos retiros de oração incluem muita comunhão, diversão e comida! Isso acontece naturalmente. Sempre vivenciamos um momento de sermos revigorados, de compartilhamento, risos e união. Nossos encontros estão longe de ser secos e orientados para tarefas."

Esta é uma visão geral do tempo que eles passam juntos.

Dia 1, Noite: *Reconecte-se e atualize-se*

"O primeiro dia é para compartilhar onde estamos e o que Deus tem falado ao longo do ano." O tempo não é apenas para trocar novidades. É focado no desenvolvimento espiritual, refletindo sobre como Deus tem se movido, tanto individual quanto organizacionalmente, ao longo do ano.

Dia 2, Manhã: Adoração

As pessoas do grupo ligam a música de adoração e cantam juntas, absorvendo a presença de Deus. "A adoração é uma parte importante do nosso retiro de três dias", diz Hala. "Gastamos nisso o tempo necessário. Podemos sentar na presença do Senhor por horas." Em alguns momentos, Hala se sentirá levada a compartilhar algumas coisas sobre como o ministério está indo nos aspectos organizacional, programático, financeiro e espiritual. Os intercessores se alimentam de detalhes e especificidades; por isso, Hala entende a importância de detalhes e especificidades e visa dar a esses colegas de confiança situações, nomes e necessidades reais.

Dia 2, Tarde: Oração focada

Com alguns temas e contexto no lugar, as pessoas mergulham em vários aspectos do ministério. Elas não agem de modo mecânico, mas permitem que Deus as guie. A equipe de Hala pode fazer perguntas conforme se sentirem guiados. À medida que o grupo ouve o Espírito e faz perguntas a Deus e uns aos outros, o Espírito lhes dá crescente clareza.

Dia 3, Manhã: Oração pessoal

Na última manhã do retiro, os integrantes do grupo deixam de fazer orações focadas no ministério e passam a orar uns pelos outros.

PARTE III

COMO OS LÍDERES MULTIPLICAM A ORAÇÃO DENTRO DE SUA ORGANIZAÇÃO

CAPÍTULO 11

LÍDERES CRIAM UMA CULTURA DE ORAÇÃO

"A oração não nos prepara para uma obra maior; a oração é a obra maior."

(Oswald Chambers)

Mark Batterson tinha um desafio.

Como autor de um dos livros mais vendidos sobre oração, *The Circle Maker*,[1] Mark acreditava no poder dela. Ele queria não apenas ser uma pessoa de oração, mas também criar uma cultura de oração na comunidade, na igreja, na organização e nas equipes de liderança. Mas o ritmo frenético da capital dos Estados Unidos estava trabalhando contra ele.

Como fundador e pastor principal da National Community Church (NCC) em Washington, Mark lidera algumas das pessoas mais ocupadas e requisitadas do mundo. Fazer com que seus congregantes desacelerassem e orassem mostrou ser um desafio.

Mas o desafio de Mark é fundamentalmente o mesmo de qualquer líder que esteja na jornada de ampliar a oração a fim de construir uma cultura de oração. Como *qualquer* líder traduz uma paixão pessoal pela oração para uma cultura de oração em uma organização, comunidade ou equipe de liderança?

Essa questão orientou as entrevistas e os estudos que fizemos sobre líderes que oram, e estes capítulos finais irão destrinchar suas práticas e recomendações sobre a criação de uma cultura de oração.

Seja modelo antes de multiplicar

Não é por acaso que os primeiros dez capítulos deste livro focam as práticas e as posturas *pessoais*. Não podemos criar uma *cultura* de oração sem primeiro nos tornarmos *pessoas* de oração. Devemos ser modelo antes de multiplicar.

Em Atos, quando confrontados com uma necessidade crítica que exigia sabedoria e liderança para restaurar a unidade da Igreja em crescimento, os doze discípulos delegaram essa responsabilidade a homens conhecidos por serem "cheios do Espírito e de sabedoria", para que os doze pudessem dedicar sua atenção "à oração e ao ministério da palavra" (Atos 6:3-4). Os mais diretamente responsáveis por espalhar o Evangelho e estabelecer o cristianismo como um movimento consideravam a oração, não a solução de problemas, o melhor e mais frutífero uso de seu tempo.

Como já dissemos, Jesus deu exemplo dessa dedicação à oração pessoal. Seu tempo era limitado, com apenas três anos de ministério formal. No entanto, Ele foi modelo e até mesmo ensinou explicitamente a oração (Lucas 11), e então convidou outros, criando uma cultura de oração. Em Lucas 18:1, Jesus conta aos Seus discípulos uma parábola "sobre o dever de orar e nunca esmorecer". Mas esse não era um ensinamento novo; antes, era algo que eles tinham visto Jesus praticar e priorizar ao longo dos anos que passaram juntos.

Na prática da Igreja primitiva, vemos o efeito cascata da cultura de oração que Jesus estabeleceu entre Seus discípulos.

Quando os apóstolos buscaram um substituto para Judas após sua traição e subsequente morte, os onze restantes "perseveravam unânimes em oração, com as mulheres, com Maria, mãe de Jesus, e com os irmãos d'Ele" (Atos 1:14). Após esse intenso período de oração, o Espírito Santo inaugurou a Igreja no dia de Pentecostes (Atos 2).

Quando Pedro estava preso, aguardando julgamento e execução, a Igreja se reuniu para orar por ele. Atos 12:12 diz: "Muitas pessoas estavam congregadas e oravam" quando um anjo milagrosamente tirou Pedro de sua cela.

Sob a orientação do Espírito Santo, a igreja primitiva em Antioquia comissionou Barnabé e Saulo com jejum e oração (Atos 13:1–3). As Escrituras estão cheias de exemplos de líderes convidando outros a orar não apenas *por* eles, mas *com* eles, para se envolverem juntos em uma cultura de oração.

Liderar pelo exemplo

Como todos os líderes que oram que criam uma cultura de oração, Mark Batterson percebeu que ela deve fluir a partir do exemplo pessoal do líder.

A Regra de Vida de Mark inclui começar cada dia com a leitura da Bíblia e um café com leite duplo. Mark registra pensamentos, orações e versículos que falam com ele: palavras que ele acredita que Deus está lhe dando. Depois, ele volta ao seu registro e ora sobre iniciativas, palavras de Deus e versículos que escreveu, transformando cada destaque em seu diário em um momento para orar.

Mark sorria enquanto falava sobre como seus momentos de oração podem facilmente se transformar em horas de comunhão com Jesus.[2] Ele pratica e gosta de "perder tempo" com Deus regularmente. Livros, blogs, sermões, sonhos, visão e estratégia surgiram desses momentos de oração.

Construindo cultura

Com seu próprio ritmo de oração firmemente estabelecido, uma das primeiras coisas que Mark fez para incutir a oração na National Community Church foi "usar a criatividade para criar cultura".

Ele chamou sua equipe e a congregação para orar às 7h14 e às 19h14 todos os dias. O 7h14 foi intencional, como um lembrete de 2Crônicas 7:14: "Se o meu povo, que se chama pelo meu nome, se humilhar, e orar, e me buscar, e se converter dos seus maus caminhos, então, eu ouvirei dos céus, perdoarei os seus pecados e sararei a sua terra."

Ele supervisionou a construção de uma sala de oração em seus escritórios centrais e convidou a equipe a se juntar para uma oração intercessória três vezes por semana. Essas reuniões de oração se tornaram pontos de refúgio culturais da National Community Church.

Sabendo que os líderes designam pessoal para suas iniciativas mais importantes, Mark contratou um coordenador de oração. Esse membro em tempo integral da equipe de liderança coordenava a oração e, às vezes, não tinha nenhuma responsabilidade formal além de orar.

Mark compartilha que outra chave para criar uma cultura de oração na NCC tem sido criar uma "cultura de testemunho". Ele cresceu no ambiente de igreja pentecostal da velha escola, com testemunho no domingo à noite e reunião de oração na terça à noite. Ele se lembra vividamente de histórias de Deus transformando vidas em respostas dramáticas às orações.

Lembrando-se do impacto dessas histórias, Mark começou uma reunião de oração na terça-feira à noite. Não é frequentada por milhares, mas centenas vêm regularmente. Mark brincou: "Da última vez que verifiquei, tudo o que foi preciso foram 120 pessoas em um cenáculo para inaugurar o Pentecostes."

Na reunião de oração de terça à noite, as pessoas compartilham histórias de como Deus respondeu às orações e como experimentaram Sua presença em situações desafiadoras. As histórias se espalham por toda a comunidade da igreja para estimular a fé e motivar as pessoas a "parar e buscar a Deus".

Mark também instituiu um gatilho único para oração que molda a cultura organizacional: ele convida colegas em conflito a orar. "Se alguém o incomoda, essa pessoa acaba de entrar em sua lista de orações", ele diz com um sorriso. Esse hábito de usar sentimentos de frustração ou de aborrecimento como um "sino" que incita a oração se tornou uma bela maneira de se aproximar de Deus e dos outros no mesmo momento, o que impacta a atitude e o clima de toda a organização.

Renovando a cultura organizacional por meio da oração

Em outra cidade movimentada da Costa Leste, Steve Shackelford[3] viu a oração renovar e reavivar a cultura organizacional. Ele lidera a Redeemer City to City, um ministério cofundado há mais de duas décadas pelo falecido pastor Tim Keller. Desde o início de seu ministério na cidade de Nova York, Tim tinha um coração para plantação e multiplicação de igrejas e, quando líderes em cidades distantes do mundo começaram a ver o que estava acontecendo em Manhattan no início dos anos 1990, eles colaborativamente estenderam essa visão e missão para cidades ao redor do mundo. Hoje, a City to City tem ajudado pastores e líderes a plantar quase mil igrejas e treinar ou impactar mais de 79 mil líderes em grandes cidades e centros culturais em todo o mundo.

O caminho de Steve para o ministério não foi típico. Antes de ingressar na City to City em 2017, ele trabalhou com a empresa internacional de contabilidade e auditoria PwC por dez anos, atendendo principalmente a Walt Disney Company e a Disneylândia Paris. Steve passou a atuar como CFO [diretor financeiro], COO [diretor de operações] e presidente de fundos públicos de investimento imobiliário; depois passou os últimos cinco anos da carreira corporativa em uma das maiores empresas de desenvolvimento de negócios dos Estados Unidos. Mas, se a equipe da City to City esperava encontrar um tipo específico de líder institucional em Steve, com base em sua formação, ela pode ter ficado surpresa quando conheceu seu novo CEO [diretor-executivo].

Durante os primeiros seis meses no cargo, Steve procurou ouvir e observar. Como se poderia esperar de um ministério significativamente influenciado por Tim Keller, Steve descobriu que City to City estava cheia de pensadores brilhantes e eruditos, pastores empreendedores, plantadores de igrejas e uma equipe profundamente comprometida com a missão e a visão.

Apesar desses pontos fortes significativos, Steve percebeu que a organização estava enfrentando alguns desafios culturais e de liderança. Na época, Tim Keller atuou como presidente da City to City e ainda estava trabalhando em tempo integral como pastor principal na Redeemer Presbyterian. A organização, como um consultor brincou com Steve, era uma "*start-up* de vinte anos". Com essa designação vêm beleza e oportunidade, mas também desorganização e caos que podem levar a feridas e à desunião.

Com o tempo, Steve começou a procurar líderes para sua equipe de liderança sênior cujas habilidades organizacionais e gerenciais mais profundas ajudassem a construir uma treliça por trás da beleza do coração empreendedor da City to City.

No final das contas, Steve sabia que a City to City desejava ver uma renovação do Evangelho fluir por cidades do mundo, e ele sabia que isso não aconteceria sem oração. Steve frequentemente cita John Smed, que escreveu em seu livro *Prayer Revolution*: "Todo movimento do reino começa com oração."

Instituir uma cultura de oração em uma organização global exigiu muito trabalho, mas Kimberly Hunt, que atua como chefe de gabinete da City to City, e outros líderes ajudaram Steve a realizar a tarefa. Kimberly dá exemplo do tipo de líder que Steve queria no comando da City to City. Além de suas notáveis habilidades gerenciais, Kimberly fala constantemente do Evangelho para Steve, encorajando-o a começar e terminar o dia e as reuniões com oração e a construir seus músculos pessoais e comunitários em torno da oração.

Embora a oração certamente não estivesse ausente na City to City antes de 2017, ela parecia um complemento em vez de algo central para a força vital da organização — um passageiro, e não o motorista. Steve estava convencido de que Deus convidava a City to City a se tornar cada vez mais definida por oração, não apenas por inteligência, amplitude teológica ou resultados. "Há um grande elemento de oração nessa obra, e é algo que trabalhamos duro para inculcar na obra que fazemos", diz ele. "Essa parte da equação é seminal... Não vai acontecer, na minha opinião, sem isso."[4]

A City to City dedicou um ano para ler e debater *Prayer Revolution* em suas reuniões de equipe. Durante a covid, a equipe se reunia online uma manhã por semana para orar. A oração por departamento começou a crescer, tanto intencional quanto organicamente, à medida que os líderes começaram a integrar as práticas de oração na rotina de trabalho. Doadores em algumas cidades até começaram a se reunir em oração mensalmente para o trabalho de arrecadação de fundos.

Resultados surpreendentes surgiram e continuam a surgir conforme as equipes se reúnem regularmente para períodos prolongados de oração. "Um compromisso incomum com a oração levará a resultados incomuns da oração", diz Steve. "Em um diário que mantenho, registrei mais de quarenta pedidos, esperanças ou problemas aos quais acredito que Deus respondeu milagrosamente no que se refere à City to City."

Em nossas conversas com Steve, ficamos impressionados com a revelação de que, antes de se juntar à City to City, ele orou por uma oportunidade de ministério como essa por *mais de vinte anos*. Ao longo de duas décadas, Deus não apenas preparou Steve com habilidades relevantes, mas também refinou seu caráter e remodelou suas crenças até que ele se tornou o líder que ora que a City to City precisava para essa temporada. Quando Steve assumiu o comando, ele via a realização pessoal como "um campo minado espiritual".

Steve não poderia ter previsto que lideraria a organização e sua equipe durante uma pandemia global e a perda de Tim Keller, seu icônico pastor e líder. Depois de seis anos e meio no cargo, Steve comentou, brincando: "Não acho que Deus me daria essa oportunidade em uma idade mais jovem [ele tem 59 anos], pois eu não estava pronto profissional, espiritual ou emocionalmente. Esse foi o emprego mais difícil que já tive."

O Senhor continua a aprimorar a liderança de Steve enquanto ele busca entender mais completamente o que significa ser um líder despretensioso, como Paulo fala em Filipenses 3. O que significa operacionalizar o conceito de "ceder poder" e "liderar a partir da fraqueza"? Como resistimos à tentação que a liderança oferece de nos elevarmos, a fim de que estejamos preparados para lutar contra "a necessidade de crescer" que se torna a ruína de tantos líderes? "O caminho dos líderes cristãos não é a mobilidade ascendente", ele diz, parafraseando o falecido Henri Nouwen, mas a "mobilidade descendente".

O desejo de Steve é que a City to City "continue a cultivar e a desenvolver uma cultura de oração" porque ele realmente acredita que a oração importa.

No final da nossa entrevista, Steve fez uma pergunta que permaneceu pungente: "Por que você lideraria com sua própria força quando pode acessar os recursos do céu?"

Por milhares de anos e até o presente, líderes que oram, como Steve, têm acessado os recursos do céu.

A equipe assume a personalidade do treinador

Todd Peterson tem uma das jornadas de liderança mais notáveis que encontramos. Ele foi um *placekicker* da NFL por doze anos que jogou a maior parte de sua carreira pelo Seattle Seahawks (onde foi nomeado Homem do Ano da NFL em 1996), Kansas City Chiefs e San Francisco 49ers antes de se aposentar com o Atlanta Falcons em 2006. Começando no final de sua carreira na NFL e continuando até o presente, Todd tem impulsionado a aceleração da tradução da Bíblia ao administrar sua generosidade e sua influência pessoal para construir uma aliança internacional chamada illumiNations.

Esta "aliança de impacto coletivo" prevê traduzir pelo menos uma parte das Escrituras para 100% da população mundial, um Novo Testamento para 99,9% e uma Bíblia completa para 95 % até 2033.[5] É um alvo aparentemente impossível, dado que os tradutores da Bíblia projetaram anteriormente que em 2150 ou mais tarde eles chegariam às últimas línguas. Ao encorajar a colaboração, a illumiNations se esforça para atingir a meta original mais de cem anos antes do previsto.

Não é de surpreender que Todd seja um líder que ora. "Quando você está tentando algo grande, você não descarta a oração!",[6] ele nos disse com a paixão de um jogador da NFL. "A cada década que passa, percebo o quão tolo fui por não orar mais. Quanto mais você anda com Deus, mais você percebe que orar nunca é demais."

Todd continuou: "As pessoas têm diferentes papéis de liderança e servem em diferentes contextos, mas os líderes que oram têm humildade." A humildade é o combustível para uma vida de oração, e a oração, por sua vez, promove uma vida de humildade. A humildade e a vida de oração de Todd o ajudaram a encorajar a colaboração entre onze organizações multinacionais sem fins lucrativos que coordenam os esforços de tradução da Bíblia ao redor do mundo.

Trabalhar com muitos treinadores da NFL ensinou a Todd algumas lições importantes sobre a construção de cultura. "As organizações assumem as características de seu líder; um time assume a personalidade de seu treinador. Da mesma forma, uma cultura de oração só pode ser criada por líderes que não falam simplesmente sobre oração, mas realmente oram. Se você diz aos integrantes de seu time que ora por eles, e eles sabem que você está realmente orando por eles, isso muda tudo."

Com essas percepções, Todd e seus parceiros nessa aliança têm suprido recursos para iniciativas de oração entre líderes de tradução da Bíblia e outros doadores. Eles organizam chamadas com participantes do mundo inteiro, nas quais oram. "Nada de conversa fiada; nós oramos", Todd destacou. Durante essas chamadas, eles oram por meio das Escrituras relevantes e concordam em oração enquanto cada participante apresenta seus maiores desafios ao Senhor.

Essas reuniões de oração se tornaram a base de uma cultura de oração. E essa cultura de oração está alimentando a meta da illumiNations de mover montanhas a fim de tornar a Palavra de Deus acessível em todas as línguas.

Profunda dependência de Deus

Florence Muindi passou anos se preparando antes de começar seu trabalho de liderança no ministério. Em 1999, ela fundou a Life in Abundance International, uma organização que faz parcerias com igrejas e líderes locais com o objetivo de atender de forma sustentável às necessidades sociais, econômicas, educacionais e de saúde dentro de suas comunidades em catorze países na África e no Caribe. Desde a fundação, a Life in Abundance atendeu mais de 1 milhão de pessoas com seu modelo de ministério holístico.[7]

Embora Florence tenha crescido no Quênia, ela sentiu que Deus a chamava para ministrar na vizinha Etiópia. Dezesseis anos depois que seu "coração foi partido pela primeira vez pela Etiópia", Florence finalmente teve a oportunidade de viajar para lá para discernir uma oportunidade de ministério.[8]

Durante aqueles dezesseis anos, o Senhor guiou Florence fielmente para a faculdade de medicina e ao treinamento especializado, e, depois, para experiências ministeriais, equipando-a para fazer o trabalho que Ele a chamou para fazer na Etiópia. Aqueles anos intermediários aprofundaram sua confiança no Senhor, ajudaram-na a aprender a discernir sua voz e aumentaram-lhe a amizade com Ele. "Eu falava com Ele sobre tudo e ouvia Sua orientação", ela lembra. "Eu fazia longas caminhadas e O convidava para ir comigo. Eu falava com Ele como se Ele fosse humano, caminhando ao meu lado... Tudo isso estava preparando o cenário para o que estava por vir... Tempo de espera não é tempo perdido."

Quando estava estabelecendo seu ministério na Etiópia, Florence diz que a oração intercessória foi seu primeiro passo. Antes de lançar qualquer nova iniciativa, ela e os membros da igreja local andavam em oração pela comunidade, "convidando o reino de Deus".

Depois de alguns anos, o ministério parecia estar a todo vapor. Florence tinha líderes competentes no lugar certo, a equipe estava crescendo e o trabalho avançava. Mas Florence reconheceu a ameaça única que os bons tempos representam: a falta de oração. Quando as coisas estão indo bem, "tendemos a pensar que não precisamos de oração porque estamos envolvidos em coisas 'espirituais'. Quão errados estamos!", ela percebeu. "É uma ironia estar envolvido na obra de Deus sem buscar constantemente Sua orientação. Ele tem o projeto, mas nós ficamos adivinhando ou tentando descobrir o que Ele quer que façamos por Ele. Muitas vezes lutei contra o desejo e a urgência de fazer as coisas do jeito que sei, apoiando-me em meu próprio entendimento."

À medida que Deus continuava a revelar a Florence mais de Sua visão para a Life in Abundance, Ele a chamava constantemente para águas desconhecidas, aprofundando a dependência dela e de sua equipe n'Ele.

A prática da oração se torna inevitável à medida que reconheço que estou buscando algo maior do que eu, sem sequer conhecer o caminho para uma visão do tamanho de Deus que é impossível de alcançar ou sustentar sem Sua liderança e capacitação. A oração se torna uma necessidade verdadeiramente sentida.

Desde os primeiros dias, a Life in Abundance implementou uma sessão de oração durante a noite da última sexta-feira de cada mês, bem como a prática de começar cada segunda-feira de manhã em oração e jejum, colocando a semana diante de Deus. Nas noites de terça-feira, eles reservavam um tempo para orar com os envolvidos em diferentes projetos. Em qualquer momento em que encontravam um "obstáculo", a oração era seu primeiro recurso. "Quando não sabemos o que fazer, oramos."

Na oração, Deus revelou uma nova direção e um novo chamado. Ele uma vez convidou Florence a segurar um punhado de areia e disse a ela que a Life in Abundance treinaria tantos líderes quantos os grãos de areia que ela segurava: mas a Life in Abundance não treinava líderes na época. Desde então, foram treinados mais de vinte mil.

Em outra ocasião, Deus disse a Florence que a Life in Abundance um dia teria uma empresa de aviação. Isso não estava em seus planos, mas ela convidou a equipe a levar essa visão à oração e, anos depois, aconteceu.[9]

"A oração visionária", ela escreve, "influencia comunidades, dá orientação para estratégias e define nossas metas do tamanho de Deus — indo além do que podemos imaginar ou planejar e continuamente chamando isso à existência em oração. Ficamos desesperados para que Deus se manifeste".

Gil Odendaal tem desempenhado sua carreira em funções de liderança em organizações globais, incluindo diretor global de iniciativas de HIV/AIDS na Saddleback Church e funções de liderança sênior na World Relief e na Medical Ambassadors International. Ele está envolvido com a Life in Abundance desde 2002 e tem testemunhado em pessoa a incrível cultura de oração na organização. "O que a Life in Abundance está fazendo, quando alguém pergunta como aquilo aconteceu, eu realmente acredito que é de cima para baixo", ele diz. "Quando Florence começou esta organização, ela estava literalmente avançando de joelhos."[10]

"O que eu vi na Life in Abundance é que a oração se tornou parte da cultura porque há uma crença profunda de que a oração muda as coisas", diz Gil. Sua cultura de oração se tornou um ciclo autossustentável. Quanto mais eles creem que a oração muda as coisas, mais eles oram — e, quanto mais oram, mais as coisas mudam.

Mesmo quando os líderes creem na importância da oração, pode ser difícil estabelecer uma *cultura de oração*. Para eles, isso pode parecer uma tarefa esmagadora e impossível, mas, a partir de nossas entrevistas com líderes que oram, descobrimos que é possível criar uma cultura de oração, como abordaremos mais a fundo nos próximos capítulos.

ORAÇÃO

Sê minha visão, ó Senhor do meu coração.
Sê minha meditação de dia ou de noite.
Que sejas Tu que eu contemple mesmo ao dormir.
Sê minha fala, Sê meu entendimento.
Esteja comigo, e que eu esteja contigo.
Sê meu pai, que eu seja Teu filho.
Que Tu sejas meu, que eu seja Teu.
Sê meu escudo de batalha, sê minha espada.
Sê minha dignidade, sê meu deleite.
Sê meu abrigo, sê minha fortaleza.
Eleva-me à companhia dos anjos.
Sê todo o bem para meu corpo e minha alma.
Sê meu Reino no céu e na terra.
Sê somente o principal amor do meu coração.
Que não haja outro, ó alto Rei do céu,
Até que eu passe para Tuas mãos,
Meu tesouro, meu amado, pela grandeza do Teu amor.
Sê o guardião constante de cada posse e de cada vida,
Pois nossos desejos corruptos morrem à Tua simples vista.
Ó Rei do céu, conceda-me isto:
Teu amor esteja em meu coração e em minha alma.
Com o Rei de todos, com Ele após a vitória conquistada pela piedade,
Que eu esteja no reino dos céus, ó brilho do sol.
Ó coração do meu coração, aconteça o que acontecer comigo,
Ó governante de tudo, sê minha visão.

(Dallán Forgaill, século VI)

FERRAMENTA DE ORAÇÃO

PASSOS PARA UMA CULTURA DE ORAÇÃO

A lista a seguir apresenta oito etapas concretas para o desenvolvimento de uma cultura de oração em sua organização.

1. Torne-se um líder que ora.

Onde encontramos uma cultura de oração, ela começa com um líder que é dedicado à oração. E. M. Bounds escreveu: "Ninguém, exceto líderes que oram, pode ter seguidores que oram."[11] O estudo de Barna mencionado no Capítulo 1 concorda: dos ministérios que afirmam que "a oração é uma prioridade", 89% dizem que seus líderes "dão exemplo efetivo de práticas de oração." Veja mais nos Capítulos 1-4.

2. Ore por aqueles que você lidera.

Parte da responsabilidade única de um líder é sustentar pela oração os membros da equipe, oferecendo ação de graças e também petições pela equipe. Suas orações por aqueles que você lidera podem preparar o coração deles para abraçar uma cultura de oração. Veja o Capítulo 12.

3. Forme equipes para orar com você e por você.

Líderes de oração se cercam de outras pessoas de oração. Quando John Mark Comer me (Cameron) convidou para servir como diretor-executivo fundador da Practicing the Way, a primeira coisa que fizemos foi reunir uma equipe de oração composta por doadores de nossa igreja. Tínhamos uma equipe de oração poderosa antes mesmo de termos um registro 501(c)(3).[12]

Jesus está especialmente presente quando grupos se reúnem (Mateus 18:19-20). Um intercessor que trabalha com a Fundação Maclellan, uma fundação sediada no Tennessee dedicada a servir a Cristo e seu Reino, sugere que os líderes peçam ao Senhor para enviar intercessores. "Reúnam-se para caminhar em oração pela terra — a propriedade, o local. Juntem seus intercessores para um 'encontro e apresentação' e para compartilhar a visão; registrem isso por escrito." Veja o Capítulo 13.

4. Seja o modelo de oração para e com outros cristãos na organização.

Para espalhar uma cultura de oração, o líder não proclama um programa — ele ora visivelmente. Em seguida, o líder reúne um pequeno grupo para orar. A oração não é delegável; todo o resto é (Atos 6:2–4). Veja os Capítulos 5–10.

5. Oração da equipe de apoio.

Líderes dão permissão para as equipes orarem. Eu instruí os membros de minha equipe que é bem aceito que usem até 10% do seu tempo "no relógio" para focar somente a oração. Eu também lhes dei permissão para pausar reuniões a fim de orar, dando o exemplo dessa prática. Veja o Capítulo 14 sobre investir em oração.

6. Reúna-se constantemente em oração.

Os membros da equipe devem ser livres para orar sozinhos, mas, com o objetivo de construir uma cultura de oração, o líder também deve criar espaço no calendário para a oração corporativa. Por meio da Palavra e do exemplo do líder, o Espírito Santo aumentará a paixão da equipe pela oração. A oração se torna uma atividade de grupo essencial (Atos 20:36) que traz unidade (2Crônicas 5:13–14; Atos 1:13–14), resultados poderosos (Atos 12:5–11) e direção de Deus (Atos 13:1–3). Os ministérios com maior probabilidade de ver Deus se movendo poderosamente por meio de suas organizações são aqueles que programam proativamente a oração coletiva.

Veja o Capítulo 2 sobre a importância de fazer um plano para orar constantemente. Isso se aplica não apenas ao indivíduo, mas também à organização.

7. Dedique pessoas e lugares à oração.

Como a oração é uma prioridade "antes de tudo" (1Timóteo 2:1–4), os ministérios demonstram a primazia que ela ocupa dando-lhe foco. Muitos começam nomeando um coordenador de oração que intercede, organiza momentos de oração estruturados e divulga assuntos para oração. Outros criam espaços dedicados à oração onde a equipe é bem-vinda para pausar o dia de trabalho e orar. Veja o Capítulo 14.

8. Faça da oração um item do seu orçamento.

Uma quantidade quantificável de tempo e de recursos deve ser investida na oração. Considere adicionar um item ao orçamento para capturar esses custos e formalizar seu compromisso. Investir tempo, sistemas e dinheiro na oração eleva o compromisso da organização e fornece maior visibilidade à oração. Veja o Capítulo 14.

Para tornar mais fácil sua organização adotar a oração, fizemos uma parceria com o aplicativo Echo Prayer para criar o "Echo for Ministries". É uma bela maneira de reunir, filtrar e compartilhar pedidos de oração em seu empreendimento ou ministério. A organização de cada um de nós investiu a fim de tornar esse aplicativo disponível com o objetivo de aumentar a quantidade e a especificidade da oração. Junte-se a nós em www.leadwithprayer.com!

CAPÍTULO 12

LÍDERES ORAM POR AQUELES QUE ELES LIDERAM

"Não cessamos de orar por vós."

(2Tessalonicenses 1:11)

Regi Campbell, o fundador da Radical Mentoring, guardou um segredo que só foi descoberto depois de sua morte em janeiro de 2020.

O mundo conhecia Regi como investidor, empreendedor e mentor de homens mais jovens. Ele foi CEO de quatro empresas e autor de quatro livros. Em 2007, ele fundou a Radical Mentoring para ampliar seu trabalho de mentoria e, na época de sua morte, centenas de igrejas haviam confiado à Radical Mentoring o discipulado dos homens em suas congregações.

David Wills, presidente emérito da National Christian Foundation, tornou-se um grande amigo de Regi. Depois que este faleceu, um dos jovens que ele orientou enviou a David uma foto de algo que descobriu na casa do amigo em comum. A foto foi tirada no quarto de orações de Regi e mostrava um grande quadro branco com seis colunas de nomes, escritos em letras pequenas e organizadas. O quadro incluía o nome de todos os homens em todos os grupos de mentoria que Regi já havia liderado desde o início da Radical Mentoring. Os diários e os artigos de Regi deixaram claro que aqueles nomes não eram uma lista de presença ou um placar — eram sua lista de orações.

"Ficamos espantados", disse Wills. "Todos aqueles homens, todos aqueles nomes. Tinha a sensação, de pé no quarto de orações de Regi, de que estava pisando em solo sagrado."[1]

David Sykora supervisionava uma equipe trabalhando em produtos farmacêuticos em New Hampshire quando conheceu Regi. Ele estava tão motivado a ser orientado por Regi que voava para Atlanta todo mês para sentar-se aos pés do mentor. Durante essas reuniões com homens mais jovens, Regi pedia para alguém orar no começo, no fim e no meio, conforme surgiam questões específicas.

"Quando Regi orava por você", disse Sykora, "era algo diferente. Ele vinha até você, colocava a mão em você e dizia: 'Fala, Senhor, Teu servo está ouvindo.' E a maneira como ele falava com Deus era como uma conversa, como se ele esperasse que Deus respondesse às suas perguntas."[2]

Regi compartilhou com esses homens que começava cada dia com um tempo de silêncio com Deus, incluindo um tempo significativo em oração.

Sykora descobriu que as orações de Regi por ele transbordavam do quarto de orações para as conversas que tinham. "Regi tinha um jeito de saber as palavras que mais falariam ao meu coração", disse Sykora.

> Ele dizia a você: "Ei, eu te amo", e não era apenas "Te amo, cara", mas você sentia isso e ele ficava ali e olhava para você e reiterava. E a profundidade do significado por trás daquilo me fez saber que não era superficial; era um amor sobrenatural que ele tinha por mim e por outros que liderava. E esse amor sobrenatural *não pode* ser formado sem oração. Ele sempre desafiava você de maneira pessoal, específica e apropriada para sua situação. Você *tem* de orar por alguém para amá-lo assim. E ele realmente queria ouvir você.

Mas Regi nem sempre foi muito bom em ouvir a Deus ou aos outros.

No início de sua carreira, ele estava crescendo rapidamente na indústria de telecomunicações. Como um promissor MBA prestes a ser nomeado "Empreendedor do Ano" da Geórgia, a vida estava se movendo a uma velocidade alucinante. Os negócios cresciam, as oportunidades surgiam. Uma nova função exigiu uma mudança para outra cidade e, como muitos empresários, Regi aceitou a função. Mas, ao contrário de muitos empresários, Regi não contou à esposa sobre isso antes de concordar em mudar-se.

A essa altura, Miriam já tinha visto o suficiente e deixou Regi. Mas sua partida removeu as escamas dos seus olhos, e logo depois, de joelhos no quintal, ele clamou a Deus e recebeu a salvação. Conforme crescia na fé, mais tarde ele convenceu Miriam de que Deus o estava mudando. Ele começou a colocar os negócios em seu devido lugar.

Regi viu respostas milagrosas à oração. Uma vez, quando seu filho Ross estava dirigindo para casa vindo da faculdade de medicina, os pneus estouraram e o carro capotou. Regi recebeu a ligação, em uma manhã de domingo, que Ross havia sido declarado morto. Ele alertou seu pastor, que interrompeu o culto e, no momento em que a igreja de Regi se uniu em oração, Ross voltou à vida. Regi já estava se tornando um homem de oração, e esse milagre jogou lenha na fogueira.

Com suas prioridades bem definidas, os negócios de Regi cresceram, assim como sua nova fé e a família. À medida que outros viam o sucesso de Regi, convidavam-no para um café como forma de obter conselhos. Regi era ótimo em amar as pessoas e fazer perguntas, e então mais pessoas combinavam um café com ele. Percebendo que não podia investir profundamente em todos aqueles que desejavam seu tempo, Regi buscou a direção de Deus sobre o que fazer.

Ele orou e decidiu: "Se as pessoas querem meu tempo, eu posso dar a elas, mas elas precisam ser sérias." Regi planejou um programa de mentoria para oito homens, e cada um deles teria de se inscrever e ser aceito. O grupo se reuniria mensalmente por dez meses, e antes de cada reunião os mentorados teriam de ler e se preparar. No final do programa, eles fariam um retiro juntos. Isso se tornou a Radical Mentoring, e agora milhares de homens experimentaram o impacto.

Então, quando Sykora convidou Regi para um café pela primeira vez, este amorosamente recusou e o forçou a se inscrever no programa como os demais. Ele o fez — e assim o nome de David Sykora foi parar no quadro branco de Regi em seu quarto de orações.

"A vida de oração de Regi tinha muita relação com como ele ouvia o Espírito", diz Sykora. "Ao longo da vida, ele passou de alguém que não ouvia Miriam para se tornar um ouvinte incrível: de Deus, de Miriam e de nós."

"Ele ligava ou mandava mensagem só para dizer que estava pensando em nós", diz Sykora. "No nosso retiro final, ele orava por cada pessoa individualmente. Tínhamos duas horas para oito pessoas; então ele orava quinze minutos por pessoa. Ele dizia: 'Estou aqui, Deus, para orar por meu amigo e irmão David. O que o Senhor tem a nos dizer agora?' E então ele parava e me dizia: 'David, Ele quer que você saiba que Ele o ama, principalmente.'"

Antes de falecer em 2020, Regi ficou doente por quatro anos. Perto do fim daquele período, alguém lhe fez uma pergunta sobre Jesus, e, depois de anos falando com Jesus em seu quarto de orações, Regi fez uma pausa e disse: "Mal posso esperar para encontrá-Lo."[3]

Evite exigir seus direitos na oração

Em 1 Timóteo 2:1–2, Paulo escreve a seu cooperador e insiste que "súplicas, orações, intercessões, ações de graças" sejam feitas "em favor dos reis e de todos os que se acham investidos de autoridade". O chamamento para orar pelos líderes é abundantemente claro, e esperamos que haja muitos orando especificamente por *você* em sua função de liderança.

Líderes que conhecem esse chamamento ou esse versículo, incluindo nós mesmos, podem, por vezes, cair em uma atitude de exigência de direitos, acreditando que outros são chamados a orar em nosso favor e nos escusando de retribuir por causa das muitas demandas urgentes em nossa rotina. Muitas palestras, muitos artigos e sermões deixam clara a necessidade de orar por aqueles em autoridade, mas poucos têm enfatizado a necessidade de os líderes orarem por aqueles que lideram. Muitos líderes buscam reivindicar uma "isenção" de orar intencionalmente por suas equipes.

As Escrituras nos mostram um modelo diferente. Líderes do Antigo ao Novo Testamento oravam continuamente por aqueles que lideravam. Eles deram o exemplo ao orar com fervor e especificidade. Considere os seguintes exemplos.

Moisés intercedeu pelos israelitas rebeldes no deserto (Êxodo 32:11-14,31-32; Números 14:13-19), identificando-se profundamente com aqueles que liderava, a ponto de pedir a Deus que infligisse a ele o castigo que eles mereciam.

Quando soube que os muros de Jerusalém estavam derrubados e seus portões, queimados, Neemias clamou a Deus: "Estejam, pois, atentos os Teus ouvidos, e os Teus olhos, abertos, para acudires à oração do Teu servo, que hoje faço à Tua presença, *dia e noite*, pelos filhos de Israel, Teus servos" (Neemias 1:6, ênfase adicionada).

No livro de Colossenses, o apóstolo Paulo dá um dos maiores endossos de qualquer líder bíblico a um líder desconhecido chamado Epafras. Este é tido como fundador da Igreja em Colossos (Colossenses 1:7-8). Paulo o descreve como "servo de Cristo" que está "combatendo sempre" por aqueles cristãos "em oração" (Colossenses 4:12 ACF). Ele é descrito como alguém que agoniza em oração pelos discípulos que estava liderando em Colossos, orando para que eles fossem considerados dignos e espiritualmente maduros.

As cartas de Paulo — cada uma das quais foi escrita para pessoas que ele liderava — destacam orações pela Igreja primitiva e por membros específicos das igrejas. Embora Paulo tenha notoriamente instruído que se fizessem orações pelos líderes, ele deu exemplo de oração pelos que ele liderava.

Por nossa contagem, descobrimos que Paulo mencionou orar, ou apenas orou no texto de suas cartas, 36 vezes, às vezes no tempo presente e às vezes no tempo passado. Por exemplo: em Efésios 1:16, ele escreve: "Não cesso de dar graças por vós", e em Colossenses 1:9 ele diz: "Não cessamos de orar por vós e de pedir que transbordeis de pleno conhecimento de Sua [de Deus] vontade". Dessas 36 orações, 29 são focadas nas pessoas para as quais ele está escrevendo, quatro são orações sobre outro tópico (por exemplo: 1 Timóteo 1:12: "Sou grato para com Aquele que me fortaleceu, Cristo Jesus, nosso Senhor, que me considerou fiel, designando-me para o ministério."), e três são orações de alegria.

Paulo não está transferindo sua lista de orações e delegando a tarefa de orar a seus seguidores. Em vez disso, 80% de suas orações são *por* aqueles que ele lidera, e dessas 29 orações por seus seguidores, doze são orações de *agradecimento* por eles e dezessete incluem pedidos específicos que ele está elevando ao céu a favor deles. Paulo está quase igualmente focado em agradecer a Deus por aqueles que lidera, assim como em pedir a Deus para fazer coisas por eles.

Muitas vezes pedimos a Deus que resolva os problemas daqueles que lideramos — e às vezes sentimos que aqueles que lideramos *são* desafios ou problemas que estamos pedindo a Deus para resolver —, mas o exemplo de Paulo de agradecer a Deus por aqueles que ele liderava nos convida a fazer o mesmo. Como líderes, vamos começar sendo alegremente gratos por aqueles que lideramos.

Lutar em oração

Christine Caine, fundadora da A21, uma organização sem fins lucrativos que trabalha para erradicar o tráfico humano, falou sobre os equívocos que tinha quando era uma jovem crente a respeito da oração intercessória. Ela costumava pensar que a intercessão era para cristãos supersantos cuja intensidade espiritual ultrapassava em muito a dela, mas ela passou a amar orar por aqueles que lidera.[4]

Com centenas de funcionários servindo em dezenove escritórios em quinze países, a crise nunca está longe. Seja devido a um governo instável, uma eclosão de guerra, um desastre natural ou uma crise médica, Christine diz que sem o dom da oração intercessória ela se sentiria muito fora de controle — porque muitas dessas situações realmente estão fora de seu controle como líder. "A oração intercessória me ajuda a colocá-lo de volta nos ombros do Único que poderia suportar o fardo."

O modelo de oração intercessória de Christine emprega círculos concêntricos. Ela começa orando pelos mais próximos a ela. "Estou sempre trazendo as necessidades do meu marido e de minhas filhas diante do Senhor." Ela compara a oração intercessória a "ir à guerra" por outra pessoa, e ela regularmente vai à guerra em oração em nome de seus companheiros de equipe, bem como de sua família e amigos. "E então eu amplio para minha vida ministerial... Em nossa organização, fazemos uma lista interna de coisas grandes pelas quais estamos orando como organização. Coisas muito específicas para escritórios específicos em diferentes partes do mundo, e então até mesmo necessidades individuais específicas, necessidades familiares, necessidades de saúde da equipe desses escritórios."

Enquanto ora, Christine viaja mentalmente para a Bulgária, a África do Sul, o México, a Ucrânia e outras partes do mundo onde a A21 atua, convidando Deus a operar nas necessidades expressadas por cada equipe.

Vá em frente

Inspirado por Christine e pelos líderes de oração nas Escrituras, eu (Ryan) tenho feito uma jornada com o objetivo de orar ativamente por aqueles que lidero. Às vezes eu conto a eles; outras vezes, não. Eu começo apenas perguntando a Deus pelo que especificamente eu deveria orar por eles, e então eu ouço Deus. Há momentos em que Deus me impressionou com uma palavra, imagem ou frase específica que ressoou profundamente, até mesmo miraculosamente, com o colega por quem eu estava orando. É uma bela aventura perguntar a Deus como orar por aqueles que eu conheço e lidero.

Recentemente, eu estava orando por um líder que orientei por anos e tive uma sensação bem clara de que deveria enviar-lhe uma mensagem de texto com três palavras: "Vá em frente." Em um ato de coragem, enviei a mensagem e disse que eu tinha essa louca sensação de que Deus queria que ele fosse em frente. Ele recebeu minha mensagem e começou a chorar. Ele estava buscando a Deus por uma direção importante que poderia afetar o curso de sua vida e da sua família. Naquela mesma manhã, ele pediu a Deus um sinal. Em uma hora, ele recebeu minha mensagem aleatória que dizia: "Vá em frente." Ele chorou lágrimas de alegria pelo amor pessoal de Deus que veio por meio de uma mensagem aleatória.

Para mim mesmo, orar por aqueles que lidero tem se provado ser uma das melhores maneiras de aprender a ouvir a voz de Deus. Como há menos emoção pessoal ou turbulência interna com que lidar, é mais fácil aquietar o coração para ouvir de Deus a favor dos outros.

Infelizmente, todos conhecemos casos específicos em que orar por aqueles que lideramos tem sido mal utilizado. De fato, alguns líderes afirmam que Deus lhes disse "em oração…" como forma de controlar um funcionário ou manipular outras pessoas. Para evitar qualquer tentação em relação a isso em minha própria liderança, minha regra é compartilhar com meus funcionários o que Deus me mostrou somente quando é encorajador, fortalecedor ou que confirme a orientação que Deus está dando à pessoa em sua caminhada de fé. Nenhuma diretriz de liderança e nenhuma mudança de função ou de posição são transmitidas com a linguagem de "Deus me disse para…".

Orando por um organograma

Uma maneira pela qual começamos a implementar a oração por aqueles que lideramos foi imprimir nosso organograma e orar pelos indivíduos de modo específico. A alguns conhecemos bem, e com outros interagimos menos diretamente, mas nos comprometemos a orar por cada membro da equipe dentro de nossa organização.

Orar por pedidos pessoais requer uma base de cuidado e de confiança. Quanto mais nos relacionamos com aqueles que lideramos, melhor podemos apoiá-los com orações específicas e intencionais. E, se não temos ideia sobre o que orar, isso pode ser um convite para passar mais tempo com eles, ouvindo as alegrias e os desafios que estão vivenciando.

À medida que nossa compreensão do papel da oração na vida dos líderes cresceu, convencemo-nos de que nossas orações por aqueles que lideramos são mais do que apenas um gesto gentil ou generoso para transmitir nosso amor e cuidado. Nossas orações por eles são outra maneira de seguir o exemplo de Jesus.

Jesus ora por Seus discípulos

Nos dias que antecederam a crucificação de Jesus, parecia que Seus discípulos ainda não tinham "captado" Seu modelo ou Sua missão de liderança. De inúmeras maneiras, Jesus havia mostrado que Seu Reino era diferente de qualquer reino terrestre, mas ainda assim Tiago e João queriam garantir para si lugares de honra. Eles queriam sentar-se em postos veneráveis à direita e à esquerda de Jesus. Poder e posição sempre foram buscas atraentes. Os outros discípulos ficaram indignados com a ousadia de Tiago e João, mas Jesus lhes respondeu: "Sabeis que os governadores dos povos os dominam e que os maiorais exercem autoridade sobre eles. Não é assim entre vós; pelo contrário, quem quiser tornar-se grande entre vós, será esse o que vos sirva; e quem quiser ser o primeiro entre vós será vosso servo; tal como o Filho do Homem, que não veio para ser servido, mas para servir" (Mateus 20:25–28).

Jesus serviu Seus discípulos lavando-lhes os pés, mas não foi aí que Ele parou. Ele continuou orando por Seus amigos. Na verdade, a oração mais longa registrada de Jesus nas Escrituras, em João 17, foca Seus discípulos e a proteção, a santificação e a unidade deles.

Antes, no Evangelho de João, temos um vislumbre do que estava por trás da lavagem dos pés e das orações. É o que estava por trás de cada parte de Sua missão: amor. João 13:1 diz: "Sabendo Jesus que era chegada a Sua hora de passar deste mundo para o Pai, tendo amado os Seus que estavam no mundo, amou-os até o fim." O amor por Seus amigos era a fonte de Suas orações.

Embora tenhamos apenas um número limitado de orações de Jesus nas Escrituras, com base no que sabemos e nos vislumbres que elas fornecem sobre Sua vida de oração, podemos assumir que Ele orava regularmente não apenas por Seus discípulos como grupo, mas também por eles como indivíduos. Temos um exemplo, em Lucas 22:31-32, onde Jesus ora especificamente por Pedro: "Eis que Satanás vos reclamou para vos peneirar como trigo! Eu, porém, roguei por Ti, para que a Tua fé não desfaleça."

Uma oferta, não uma imposição

André Mann cresceu com uma mãe que era exemplo de oração. "Ela orava por todos e por tudo", ele lembra.[5] E a devoção dela à oração teve um impacto poderoso não apenas nele e em sua família, mas também em sua comunidade no México, onde ela é chamada de "Santa Wilma".

A primeira resposta milagrosa à oração que André recebeu foi quando ele tinha 32 anos e morava no Uzbequistão. Um dia, sua família foi visitar uma senhora idosa que estava às portas da morte, e, com o pouco tadjique que conhecia, André orou pela mulher, pedindo ao Senhor que a curasse. Ao retornar para casa mais tarde naquela noite, ele se sentiu incerto quanto a se Deus realmente responderia à sua oração. "Talvez eu não devesse ter sido tão ousado", ele se afligiu.

No dia seguinte, André estava andando pelo bairro quando, de repente, encontrou a mesma senhora idosa por quem havia orado na noite anterior. Parecendo rejuvenescida, a mulher afirmou que foi porque ele orou em nome de Jesus que ela foi curada. André ficou chocado e, logo depois, várias pessoas da cidade começaram a se aproximar dele e de sua família, pedindo orações e querendo aprender mais sobre Jesus. Com o tempo, ele e sua família ficaram conhecidos como "as pessoas que oram".

André cria que a cura milagrosa operada na idosa não tinha nada a ver com ele ou com sua oração, mas sim tudo a ver com o poder de Deus. André reconheceu que Deus havia escolhido curar a mulher para atrair outros na comunidade para mais perto de Jesus.

Alguns anos depois, André e a família estavam morando no Afeganistão. Enquanto estavam lá, visitaram o filho de um miliciano em um hospital local. O menino tinha uma quantidade significativa de água no cérebro, e André e a família oraram pela criança antes que ela passasse pela cirurgia. Um mês depois, o pai do menino se aproximou de André, dizendo-lhe que o filho havia sido curado por causa daquela oração.

A resposta imediata de André ao miliciano foi que tinha sido a cirurgia do médico, e não a oração, que tinha curado a criança. Mas, embora o pai do menino não fosse crente, ele rapidamente rejeitou a declaração de André, dizendo: "Não! Você orou em nome de Jesus, e eu nunca ouvi ninguém orar em nome de Jesus." O miliciano expressou interesse em aprender mais sobre Cristo, e então André e a família o convidaram para sua casa com o propósito de terem uma conversa mais aprofundada.

Aquela conversa se transformou em 45 dias de discipulado. Depois de apenas quinze dias de leitura e conversa, o homem entregou a vida a Jesus, mas ficou mais trinta dias para crescer na nova fé antes de retornar para casa. "Temos de permitir que nossa vida normal seja interrompida", disse André, "até o ponto de grande inconveniência, se quisermos ver Deus se mover da maneira que Ele pode se mover se simplesmente O deixarmos".

A vida de oração de André tomou um formato diferente quando ele estava no setor corporativo, mas mesmo lá ele viu o poder da oração. Ele ocupou cargos de liderança na Procter & Gamble e em uma variedade de negócios globais. Nesse contexto, ele também descobriu o poder de orar por aqueles que liderava, sendo o modelo da mesma postura e da mesma compreensão que tinha quando servia como missionário. André esperava ativamente pela direção de Deus e procurava colegas de trabalho quando acreditava que estariam abertos à oração. Eles perceberam, e muitos começaram a pedir para se juntar a ele.

Hoje, André atua em uma variedade de papéis de liderança, orando pelas equipes em todas as circunstâncias. Embora nunca imponha oração a ninguém, ele se oferece ativamente para orar em ambientes corporativos.

"As pessoas podem não estar, a princípio, abertas a ouvir o Evangelho, mas provavelmente estão abertas a receber oração."

André viu a oração produzir um maior senso de paz coletiva no coração dos funcionários. Ele viu como o Deus que curou a mulher idosa e o menino ainda responde a orações de maneiras miraculosas hoje.

ORAÇÃO

Por isso, também eu, tendo ouvido a fé que há entre vós no Senhor Jesus e o amor para com todos os santos, não cesso de dar graças por vós, fazendo menção de vós nas minhas orações, para que o Deus de nosso Senhor Jesus Cristo, o Pai da glória, vos conceda espírito de sabedoria e de revelação no pleno conhecimento d'Ele, iluminados os olhos do vosso coração, para saberdes qual é a esperança do Seu chamamento, qual a riqueza da glória da sua herança nos santos e qual a suprema grandeza do Seu poder para com os que cremos, segundo a eficácia da força do Seu poder.

(Efésios 1:15–19)

Por esta causa, me ponho de joelhos diante do Pai, de quem toma o nome toda família, tanto no céu como sobre a terra, para que, segundo a riqueza da Sua glória, vos conceda que sejais fortalecidos com poder, mediante o Seu Espírito no homem interior; e, assim, habite Cristo no vosso coração, pela fé, estando vós arraigados e alicerçados em amor, a fim de poderdes compreender, com todos os santos, qual é a largura, e o comprimento, e a altura, e a profundidade e conhecer o amor de Cristo, que excede todo entendimento, para que sejais tomados de toda a plenitude de Deus. Ora, Àquele que é poderoso para fazer infinitamente mais do que tudo quanto pedimos ou pensamos, conforme o Seu poder que opera em nós, a Ele seja a glória, na igreja e em Cristo Jesus, por todas as gerações, para todo o sempre. Amém!

(Efésios 3:14–21)

FERRAMENTA DE ORAÇÃO

ORE POR SEU ORGANOGRAMA

Se você gostaria de começar a jornada para uma oração mais intencional por aqueles que você lidera, considere imprimir uma lista de funcionários ou um organograma. Dedique e reserve um tempo em seu calendário para uma oração sincera pelos colegas.

Aqui estão quatro maneiras de orar especificamente por aqueles que você lidera:

1. Ore pelos filhos daqueles que você lidera.

Uma das melhores práticas que eu (Ryan) instituí é orar não apenas por meus subordinados diretos, mas também pelos filhos deles, pelo nome, todos os dias. Descobri que isso é incrivelmente encorajador para minha equipe. Como um líder compartilhou: "Sou grato quando você faz algo legal para mim, mas nunca vou me esquecer de você se fizer algo legal para meus filhos." Poucos atos dizem "Eu realmente me importo com você" mais do que orar pelos filhos dos membros mais próximos da sua equipe todos os dias.

2. Ore por bênçãos sobre aqueles que você lidera.

A oração mais comum que os líderes fazem por aqueles que lideram é uma bênção — abençoando a vida e a família deles e seu relacionamento com Deus.

A segunda oração mais comum é orar pelo desenvolvimento espiritual daqueles que lideram. Ore por crescimento espiritual e por um relacionamento com Jesus.

3. Tenha empatia na oração por aqueles que você lidera.

Quando Paulo falou sobre um de seus líderes de oração, Epafras, ele disse que ele "está *combatendo* sempre por vós em orações" (Colossenses 4:12 ACF). A palavra "combatendo" é tradução da palavra grega de onde vem "agonizar". Orar exige comprometimento, tempo e intencionalidade, mas também exige empatia e coração, permitindo-nos sentir a dor daqueles que lideramos.

4. Ore as Escrituras sobre aqueles que você lidera.

Uma das maneiras mais poderosas de orar por aqueles que você lidera é orar as Escrituras sobre eles. Se você gostaria de dar início a essa aventura, comece com orações com Efésios 1 e 3, Filipenses 1 e Colossenses 1.

CAPÍTULO 13

LÍDERES CONSTROEM EQUIPES PARA ORAR COM ELAS E POR ELAS

"Orando [...] também por mim."

(Efésios 6:18–19)

"**O**s guardas me conheciam!" Shalom riu enquanto nos contava sobre os primeiros dias de sua fé.

Após se converter ao cristianismo na adolescência, Shalom começou a passar três ou quatro vezes por semana orando durante a noite em sua igreja. Ele trazia uma Bíblia, um pequeno tapete para nele se ajoelhar e, às vezes, um ou dois amigos. "Nós orávamos para que Deus nos usasse", ele diz, e, conforme faziam isso, os guardas da igreja onde oravam se familiarizavam com esses jovens adolescentes "orantes".

Quando Deus chamou Shalom para ser Sua testemunha "até aos confins da terra" (Atos 1:8), Shalom nem sabia onde encontrar a capital da Etiópia, seu país natal. "Eu não tinha viajado nem cinquenta quilômetros de casa", ele lembra.

Como mencionamos no Capítulo 2, Shalom fundou um ministério poderoso que tem alcançado milhares de pessoas para Cristo, mas a base para esse movimento foi lançada pela equipe de oração de adolescentes de Shalom.

Agora, muitos anos depois, o movimento de Shalom inclui dois mil intercessores voluntários, trinta bases de oração e dez coordenadores de oração pagos. À medida que as demandas de seu ministério aumentavam, Shalom convidava formalmente outros para apoiar o ministério em oração. Sua equipe de oração pessoal ora todas as manhãs às 8h30 por quarenta minutos. Eles jejuam toda quarta-feira. Quatro vezes por ano, jejuam por três dias, e duas vezes por ano, jejuam por seis dias. "Oramos até que o impossível aconteça", ele diz.

E eles têm visto o impossível acontecer.

Quando um líder sênior estava conduzindo um treinamento evangelístico em uma região da Etiópia que é hostil ao Evangelho, uma multidão enfurecida cercou a casa onde eles estavam reunidos, sacudindo as portas trancadas e gritando para o líder e seus treinandos saírem. Esse líder reconheceu o perigo daquela situação, sabendo que outros tinham sido feridos ou até mortos em circunstâncias semelhantes. Sua primeira ligação não foi para a polícia, porque ela já estava lá: *a polícia havia se unido à multidão*. Em vez disso, ele ligou para a coordenadora de oração principal do ministério. Ela mobilizou uma equipe de intercessores e, milagrosamente, em menos de uma hora, uma van militar irrompeu no meio da multidão, salvando o líder e os treinandos.

A equipe de Shalom abraçou a meta "impossível" — e às vezes impopular — de alcançar um grupo especialmente difícil de alcançar de 7,5 milhões de indivíduos. O Joshua Project, uma organização-líder em pesquisa missionária, estima que apenas 0,05% desse grupo étnico é de cristãos evangélicos, mas agora, em parte por causa do trabalho que Shalom e sua equipe banharam em oração, o Evangelho está se espalhando rapidamente.

Para a equipe de Shalom, a expansão para uma nova área ou um novo grupo de pessoas é sempre precedida por oração. Conforme o início do movimento se aproxima, eles mobilizam equipes de oração para orar durante a noite. "Por esse grupo de pessoas não alcançadas, oramos por dez anos", diz Shalom. E, quando a equipe de Shalom compartilhou o Evangelho, tantos quiseram se tornar discípulos que tiveram de construir uma piscina batismal móvel. Agora, há um movimento de mais de cem igrejas entre esse grupo de pessoas "não alcançadas".

Muita coisa pode acontecer em uma década de oração. Crises de saúde vêm e vão. Pessoas queridas entram no mundo, enquanto outras o deixam. Alguns dias as orações não se concentrarão em nossa missão maior, mas simplesmente em atravessar o vale. É por isso que uma equipe de oração importa.

As Escrituras pintam um quadro de oração em Êxodo. A famosa história começa com uma intensa batalha entre os israelitas e os amalequitas com Moisés no alto de uma colina erguendo os braços para o céu (Êxodo 17:8–13). Quando sua força começou a se esvair e seus braços começaram a cair, a batalha se voltou a favor dos amalequitas, mas, enquanto os braços de Moisés permaneciam levantados, os israelitas venciam. À medida que a batalha avançava, Moisés não conseguiu manter essa postura sozinho; ele precisou de Arão e de Hur para segurar-lhe as mãos e firmá-lo.

Uma equipe de oração faz em figura o que Arão e Hur fizeram literalmente por Moisés. Seu apoio estabiliza e fortalece os líderes, ajudando-os a perseverar na oração e no serviço, elevando-os ao céu.

Muitos dos nossos amigos globais mencionaram o papel fundamental de suas equipes de oração.

- "Tenho intercessores pessoais com quem oro… Uma amiga da igreja […] estava sempre um passo à frente no que Deus estava lhe mostrando em oração e obtendo resultados em oração."
- "A maior parte do que aprendi sobre oração foi por meio de orações com meus intercessores pessoais."
- "Temos intercessores regulares da nossa igreja local nos apoiando… Eles são fiéis e apresentam pedidos de oração mensais."
- "Fui até nossa equipe e disse: 'Precisamos fazer uma oração ousada. Temos compartilhado com milhares de pessoas, mas vamos orar para que Deus nos dê milhões de pessoas'… e Deus o fez."

Um convite comunitário

A Igreja global parece ter compreendido a ênfase de Jesus na oração comunitária. Jesus deu exemplo de oração em grupo, dirigiu a oração em grupo e prometeu estar presente na oração em grupo. Sabemos que "onde estiverem dois ou três reunidos" em oração, Jesus está lá (Mateus 18:20), e "se dois dentre vós, sobre a terra, concordarem a respeito de qualquer coisa que, porventura, pedirem, ser-lhes-á concedida por meu Pai, que está nos céus" (v. 19).

Embora Jesus frequentemente se retirasse para orar, muitos desses momentos de oração "pessoais" ainda incluíam outros, como num caso descrito em Lucas 9:18, quando "estando Ele orando à parte, achavam-se presentes os discípulos". Jesus estava orando em particular com seus discípulos.

Em outra ocasião, quando Ele estava orando individualmente, "um dos seus discípulos lhe pediu: 'Senhor, ensina-nos a orar como também João ensinou aos seus discípulos'" (Lucas 11:1). Jesus respondeu com o Pai-Nosso. Como a oração privada de Jesus aconteceu próxima de um grupo, hoje temos o Pai-Nosso.

Equipes de oração estão prosperando em culturas comunitárias ao redor do mundo, mas nos Estados Unidos frequentemente pensamos na oração como uma busca pessoal. Um estudo da pesquisa do Barna Group conduzida em 2017 revelou que 94% dos adultos americanos que oraram nos três meses anteriores, na maioria das vezes, fizeram-no sozinhos.[1] Coincidentemente, 94% dos resultados de busca de imagens do Google para "oração" são imagens de uma única pessoa orando.[2]

Quando, no Ocidente, pensamos em oração, a maioria de nós provavelmente se imagina sozinho, mas essa tendência à oração independente é um afastamento do que Jesus fez, do que a igreja primitiva praticava e de como os líderes globais continuam a orar.

Está na hora de os líderes levarem sua experiência no quarto de oração para a sala de conferências de oração?

A equipe de oração de um líder de ministério

"Se eu enviar meus pedidos de oração com atraso, recebo ligações de mulheres de 80 anos pedindo por eles!", diz Peter Kubasek, um banqueiro de investimentos de Cincinnati, Ohio.³

Todo fim de semana, há quinze anos, Peter tem compartilhado com uma equipe de quarenta dedicados intercessores uma lista de desafios que ele está enfrentando, e entre esse grupo estão alguns octogenários muito constantes e insistentes. "Não acho que falhei duas semanas em quinze anos", ele diz. Ele também tornou seu calendário acessível à equipe para que ela pudesse orar a respeito as reuniões de cada semana.

Peter é um líder ministerial poderoso — e o banco de investimentos é seu ministério. Ele esteve intimamente envolvido em mais de quinhentos projetos de fusão e aquisição, negócios avaliados em bilhões de dólares. Sua empresa próspera alimenta a generosidade radical, promovendo causas do Reino ao redor do mundo.

Uma intercessora de 83 anos foi quem primeiramente ensinou a Peter a importância de orar pelo sangue de Jesus. "Quando está entrando em uma batalha", ela disse, "é preciso ter o sangue de Jesus orado sobre você". Então, diariamente, antes de começar seus dias de alta pressão, Pedro ora pelo sangue de Jesus e pela armadura de Deus sobre si mesmo e sobre sua família. Além das próprias orações, Peter convida sua equipe de intercessores a orar por ele, por sua família e por seu negócio.

Peter começou sua empresa em 1990 com o compromisso de promover o Reino por meio dos lucros que tivesse. Amigos de confiança lhe disseram: "É melhor você banhar isso em oração, porque o negócio que você está tentando começar vai cutucar o diabo com vara curta."

Se fosse viver em desacordo com o diabo, Peter sabia que precisava de uma equipe de fiéis parceiros de oração, mas não tinha certeza de como banhar seu negócio em oração. Ele ligou para vários líderes empresariais cristãos que conhecia a fim de pedir conselhos. Com caneta e papel na mão, ele perguntou: "Qual é a sua estratégia de oração?" Mas não havia muito o que escrever. "A maioria não tem uma estratégia de oração, e isso é desafiador!", diz Peter.

Peter procurou um consultor que pudesse ajudá-lo a criar uma estratégia de oração para uma organização que ele estava ajudando a começar. Isso então culminou em doze líderes empresariais e ministeriais passando um dia em consideração debaixo de oração sobre como Peter e a nova organização poderiam integrar essa prática estrategicamente. Juntos, eles determinaram contratar um coordenador de oração e sete intercessores. "Temos camadas de oração e a experiência inacreditável de reunir oração de outros", diz Peter, descrevendo seus intercessores voluntários, intercessores pagos, companheiros de equipe de oração e orações pessoais.

Peter ora com os participantes — até mesmo os não crentes! — antes de muitas reuniões. Ele é conhecido por fazer uma pausa e tirar um momento para perguntar a Deus: "O que devemos fazer aqui?" A equipe de negócios de Peter ora com frequência. Como equipe, "capturamos aquilo pelo que somos gratos, e ouvimos".

O comprometimento de Peter com a oração não significa que seu negócio sempre corra bem. Em 2012, ele foi diagnosticado com câncer de pele. Enquanto Peter se recuperava da cirurgia, descobriu-se que um associado estava roubando o cheque do aluguel há meses, e a empresa de Peter foi despejada de seus escritórios. A Comissão de Valores Mobiliários dos Estados Unidos intimou Peter sobre as atividades de um de seus parceiros de negócios, e essa pessoa foi indiciada. "Provavelmente havia seis ou oito outras coisas que eram singulares", ele se lembra do período desafiador. "Tudo estava dando errado."

À medida que Peter se inclinava transparente e vulneravelmente para sua equipe de oração, Deus começou a se mover no invisível. "Teríamos falido se não tivéssemos fechado cinco negócios; fechamos cinco negócios no quarto trimestre e ganhamos mais do que nunca. Foi a suficiência de Deus." Outros no círculo de conhecidos de Peter — especialmente os descrentes — ficaram surpresos ao ver Deus livrar a empresa da ruína.

Embora Peter não ore por dinheiro em si, ele ora pela oportunidade de ser generoso.

Peter está vivendo e dando o exemplo de uma vida de oração ao incorporar equipes de oração em um contexto secular, mas seu modelo de uma equipe de intercessão apoiando sua liderança não é o único objeto de envolvimento para equipes de oração.

Uma equipe de funcionários que também é uma equipe de oração

Em Assunção, Paraguai, Judah Mooney dirige a Diaconía, uma organização sem fins lucrativos que fornece serviços financeiros centrados em Cristo e oficinas educacionais para mulheres paraguaias com acesso limitado a capital e treinamento básico em negócios. Com quase um quarto da população do Paraguai vivendo na pobreza, a necessidade pode parecer esmagadora.

"Quando vive fora do reino do que pode fazer por si mesmo, você entende que para fazer essa coisa que Deus lhe pediu para fazer, você precisa d'Ele", diz Judah. O reconhecimento humilde de sua própria insuficiência ajudou-o a se desenvolver como uma pessoa de oração. "Quando eu encontrava pessoas em situações de doença e de pobreza, eu, como Judah Mooney, não era capaz de resolver aqueles problemas – mas Deus tinha a resposta, e Deus sempre tem a resposta para as necessidades da humanidade." Em oração, Judah confessou: "Deus, eu não posso fazer isso. O que Tu farias?"

Judah diz que passou a antecipar que Deus o envolverá graciosamente em Seu plano para a resposta. "Estou continuamente perguntando: Como posso me posicionar para fazer parte do Teu plano restaurador? O que Tu estás fazendo aqui, e como me alinho ao Teu plano nesta situação?"

Parte desse alinhamento significava envolver sua equipe em oração. Muitos membros da equipe da Diaconía já eram pessoalmente dedicados à oração. Um funcionário programou um alarme para soar a cada quinze minutos com o propósito de lembrá-lo de fazer uma pausa e se tornar consciente da operação do Espírito Santo naquele momento, continuando até que o hábito estivesse tão arraigado que ele não precisasse mais do lembrete do alarme para incitar seus pensamentos para o céu. Mas em 2018, a equipe de liderança da Diaconía formalizou a oração como um valor central para a organização. "Oramos porque é Deus quem transforma vidas", afirmam.

"Deus está trabalhando, e Deus é bom. Oramos porque cremos que Ele está restaurando pessoas e respondendo a orações o tempo todo", diz Judah.

Toda a equipe da Diaconía passa um tempo orando coletivamente sobre as necessidades pessoais e de trabalho. Cada manhã começa com uma reunião de quinze minutos que inclui uma oração pela necessidade do dia. Uma vez por semana, a equipe se reúne para um tempo de oração prolongado, apresentando colegas e clientes, orçamentos, planos de treinamento e decisões estratégicas. Eles trazem tudo diante do Pai porque creem de todo o coração que Ele é a resposta para os desafios que a Diaconía, seus clientes e seus funcionários enfrentam. Mensalmente, eles se reúnem para louvor e adoração, honrando a Deus e celebrando Sua fidelidade ao compartilhar testemunhos sobre onde O viram operando. Eles também praticam rotinas regulares de revisão, olhando para os pedidos de oração anteriores a fim de celebrar a provisão de Deus e perseverar na oração a respeito dos desafios que permanecem.

"Não começamos as reuniões em oração apenas como uma formalidade", diz Judah. "Como equipe, entendemos que é Deus quem transforma vidas."[4]

Três objetivos para a equipe de oração

Em nossas conversas com líderes que oram, descobrimos três tipos distintos de grupos de oração, muitas vezes com funções sobrepostas: *equipes pessoais, equipes focadas na organização* e *equipes voltadas para o externo*.

As *equipes pessoais* costumam ser menores e se reúnem para orar especificamente por um líder e sua família e seu trabalho. Os intercessores de Peter Kubasek são um exemplo de equipe pessoal.

As equipes focadas na organização são geralmente maiores, com membros da equipe da organização e focadas em orar pela equipe, pelos frutos e pelas finanças da organização. Os membros da equipe da Diaconía compõem uma equipe de oração desse tipo.

Equipes voltadas para o externo são convocadas por um ministério com o propósito de orar pelos constituintes do ministério, como a equipe de Shalom orando por uma década antes de alcançar um grupo específico de pessoas não alcançadas na Etiópia.

Oração na igreja primitiva

A oração em grupo aparece na maioria das páginas de Atos. Os discípulos se dedicaram à oração (cap. 2). Quando a distribuição de alimentos para as viúvas exigiu mais gente, os discípulos pararam a fim de orar e discernir (cap. 6). Quando Pedro estava na prisão, as pessoas se *reuniram* para orar (cap. 12). A lista continua.[5]

Em *mais da metade* das treze cartas de Paulo, ele pede oração nessas mesmas categorias: por si mesmo, por seu ministério e por aqueles a quem ele ministra. Paulo não espera que todos se tornem espiritualmente maduros antes de pedir-lhes as orações. Ele quer que *todos* orem; por isso, ele não é tímido em pedir aos outros que intercedam!

Veja como eram seus assuntos de oração:

- *Por ousadia.* "Orando [...] e também por mim; para que me seja dada, no abrir da minha boca, a palavra, para, com intrepidez, fazer conhecido o mistério do Evangelho" (Efésios 6:18–19).
- *Para que o Evangelho se espalhe.* "Finalmente, irmãos, orai por nós, para que a palavra do Senhor se propague e seja glorificada" (2Tessalonicenses 3:1).
- *Por segurança e favor.* "Rogo-vos [...] que luteis juntamente comigo nas orações a Deus a meu favor, para que eu me veja livre dos rebeldes

que vivem na Judeia, e que este meu serviço em Jerusalém seja bem-aceito pelos santos" (Romanos 15:30–31).

- *Para que a mensagem seja proclamada claramente.* "Suplicai, ao mesmo tempo, também por nós, para que Deus nos abra porta à palavra, a fim de falarmos do mistério de Cristo, pelo qual também estou algemado; para que eu o manifeste, como devo fazer" (Colossenses 4:3–4).
- *Para que eles se sustentem mutuamente em oração.* "Orando em todo tempo [...] por todos os santos" (Efésios 6:18).
- *Pedido geral de oração.* "Irmãos, orai por nós" (1 Tessalonicenses 5:25).

O presente de uma equipe de oração

Em 2016, um grupo chamado African Strategic Leadership Prayer Network gentilmente se ofereceu para fazer uma chamada comigo (Cameron) com o objetivo de orar. Aquelas pessoas propuseram estar comigo toda semana por uma hora. Como pessoa ocupada, orientada para tarefas, acelerada, perfeccionista, viciada em trabalho e obcecada por produtividade, orar tanto era novidade para mim. Quando começamos, confesso que eu ouvia no telefone enquanto trabalhava em e-mails, oferecendo um ocasional "Sim" ou "Amém".

Com o tempo, comecei a ver a beleza do presente que aquela equipe estava me oferecendo. Depois de alguns meses de oração semanal, as pessoas declararam: "Ok! Agora que estabelecemos um dossel de oração sobre vocês, podemos passar a orar juntos apenas uma vez por mês." Continuando até hoje, ligo para uma linha de conferência na primeira quinta-feira de cada mês e caminho pela vizinhança enquanto meus queridos amigos Keziah, Abi, Emanuel e Grace oram. Eles ouvem meus novos pedidos de oração por cerca de cinco minutos, tomando nota cuidadosamente. A seguir, Abi lidera a equipe em algumas canções de adoração, e cada membro da equipe ora por meus pedidos por cerca de dez minutos cada. No meio do mês, envio a eles uma lista atualizada de tópicos detalhados de oração.

Minha equipe pessoal de oração tem sido absolutamente revolucionária para minha vida de oração, e Deus, de modo contínuo e miraculoso, abre portas em resposta a essas grandes pessoas de oração. Suas frases se tornaram minhas, sua vida de oração está se tornando minha, e a dádiva dessa equipe de oração continua a abençoar a mim e a outros.

ORAÇÃO

*Toma minha vida, e que ela seja
consagrada, Senhor, a Ti.
Toma meus momentos e meus dias;
que eles fluam em louvor sem fim,
que eles fluam em louvor sem fim.
Toma minhas mãos, e que elas se movam
ao impulso do Teu amor.
Toma meus pés, e que eles sejam
rápidos e belos para Ti,
rápidos e belos para Ti.
Toma minha voz, e que ela cante
sempre, somente, para o meu Rei.
Toma meus lábios, e que eles sejam
enchidos de mensagens que vêm de Ti,
enchidos de mensagens que vêm de Ti.
Toma a minha prata e o meu ouro;
nem um centavo eu guardarei.
Toma meu intelecto e usa
cada capacidade do modo como Tu escolheres,
cada capacidade do modo como Tu escolheres.
Toma a minha vontade e faze-a tua;
ela não será mais minha.
Toma meu coração, ele é teu;
será Teu régio trono,
será Teu régio trono.
Toma meu amor; meu Senhor, eu derramo
aos Teus pés os tesouros dele.
Toma-me, e eu serei
sempre, somente, todo para Ti,
sempre, somente, todo para Ti.*

(Frances R. Havergal)

FERRAMENTA DE ORAÇÃO

PASSOS PARA CONSTRUIR EQUIPES PESSOAIS DE ORAÇÃO

Existem dois tipos principais de equipes de oração.

1. **Pequena equipe de oração:** um grupo pequeno e seleto em que os membros oram uns pelos outros.

    Exemplo:

    Jesus convidou um pequeno e próximo grupo – Pedro, Tiago e João – para se juntarem a Ele em oração antes de enfrentar a cruz (Mt 26:37–38).

2. **Grande equipe de oração:** um amplo grupo de intercessores que se sentem chamados a apresentar você em oração.

    Exemplo:

    O apóstolo Paulo frequentemente convidava – até mesmo implorava! – as igrejas que recebiam suas cartas a orar por ele (ver Rm 15:30–32; Ef 6:18–20; Cl 4:2–4; 1Ts 5:25; 2Ts 3:1–2).

Passos para criar uma pequena equipe de oração

1. **Escolha sua equipe.**

    Escolha um grupo de três a cinco pessoas por quem você pode orar, que também se comprometerão a orar por você. Esse grupo deve incluir pessoas a quem você pode confiar pedidos de oração pessoais.

    Elas devem ser:

    - Pessoas com humildade e de caráter que amam orar.
    - Pessoas com quem você gostaria de orar e por quem você gostaria de orar.
    - Pessoas sem segundas intenções ou interesses particulares.
    - Pessoas que conseguem manter a confidencialidade e são de fato confiáveis.

2. **Estabeleça uma rotina.**

    - Peça a essas três a cinco pessoas que se comprometam a orar por você e com você.
    - Comprometa-se inicialmente com um ano; renove seu compromisso um ano por vez.
    - Defina um horário regular para se conectarem online ou pessoalmente para orar.

3. **Estabeleça uma comunicação aberta.**
    - Comunique os assuntos pelos quais você gostaria que elas orassem.
    - Dê-lhes ferramentas para a oração, como livros, cartões de oração, passagens da Bíblia, orações antigas para orarem por você etc.
    - Compartilhe solicitações em tempo real, mas também compartilhe em períodos regulares mensal ou semanalmente.
    - Comemore vitórias, compartilhe louvores e atualize pedidos de oração anteriores para que elas possam ver como Deus está trabalhando mediante as orações por você.
4. **Agradeça-lhes regularmente.**
    - Dê a elas um pequeno presente, envie um bilhete escrito à mão ou convide-as para uma refeição.
    - Certifique-se de que elas se sintam valorizadas e saibam que as orações que fazem estão fazendo diferença.

Passos para criar uma grande equipe de oração

Esse é um grupo maior de pessoas com quem você pode se comunicar por e-mail em grupo, por um grupo fechado nas redes sociais, por mensagens de texto ou por alguma outra forma de comunicação em grupo.

Os integrantes desse grupo, em geral, não precisam ser avaliados previamente. Você pode emitir um convite geral para que pessoas que se sintam chamadas a orar por você se juntem ao grupo. Como ele é maior, seus pedidos de oração serão naturalmente mais focados no ministério e na liderança e menos pessoais.

1. **Envie o chamamento.**
    - Envie uma solicitação geral para que as pessoas se juntem à sua equipe de oração.
    - Estabeleça as expectativas (participação por um ano, recebimento de solicitações mensais ou semanais etc.).
2. **Estabeleça uma comunicação aberta.**
    - Comunique os assuntos pelos quais você gostaria que elas orassem.
    - Dê-lhes ferramentas para a oração, como livros, cartões de oração, passagens da Bíblia, orações antigas para orarem por você etc.
    - Compartilhe solicitações em tempo real, mas também compartilhe em períodos regulares mensal ou semanalmente.

- Comemore vitórias, compartilhe louvores e atualize pedidos de oração anteriores para que elas possam ver como Deus está trabalhando mediante as orações por você.

3. **Agradeça-lhes regularmente.**
   - Dê a elas um pequeno presente, envie um bilhete escrito à mão ou convide-as para uma refeição.
   - Certifique-se de que elas se sintam valorizadas e saibam que suas orações fazem diferença.

CAPÍTULO 14

LÍDERES INVESTEM NA ORAÇÃO

"A chave para o resto da nossa vida e de nosso ministério será o investimento da oração."

(W. A. Criswell)

"Investimos centenas de milhares de dólares em oração todos os anos. Se é importante, deve ser um item no orçamento!", Jon Tyson afirmou com um forte sotaque australiano. Ele é pastor na Church of the City New York no centro de Manhattan, perto da Times Square – um dos cruzamentos mais movimentados em uma das cidades mais movimentadas do mundo. Cercado pelas luzes furiosas da Times Square, com milhões de pessoas correndo aqui e ali, Jon intencionalmente cria uma comunidade de oração como se fosse monástica em sua igreja, onde ele, sua equipe e congregantes escolhem ficar quietos diante de Deus e buscar Sua vontade em oração. A visão de Jon é criar um epicentro de oração no coração da cidade de Nova York.

Mas para conseguir isso, ele percebe que precisa investir financeiramente. A cada ano, ele aloca uma parcela significativa do orçamento de sua igreja — centenas de milhares de dólares – para a oração. Ele aloca recursos para criar espaços físicos que sejam propícios à oração, contrata coordenadores de oração dedicados, paga sua equipe para estar em reuniões de oração durante a semana e patrocina outros pastores para aprender sobre oração em sua igreja.

Jon diz que leva a sério as palavras de Jesus: "A Minha casa será chamada casa de oração para todas as nações" (Marcos 11:17), e mostra essa seriedade com seus investimentos.

Eu (Ryan) fui inspirado pelo exemplo de Jon, e depois de falar com ele percebi que o orçamento da VENTURE simplesmente não mostrava que valorizávamos a oração – e isso precisava mudar. Tomamos a decisão de que a oração não seria apenas uma prioridade da cultura na VENTURE, mas seria um item em nosso orçamento. Desde então, investimos em salas de oração 24 horas por dia, sete dias por semana, coordenadores de oração e reuniões de oração em alguns dos países menos alcançados do mundo.

Desde que lançamos uma sala de oração que funciona 24 horas por dia sete dias por semana no Sudeste Asiático, o ritmo de plantação de igrejas lá dobrou, o governo concedeu terras a um dos grupos de casta mais baixa pela primeira vez em trezentos anos, e um dos membros da nossa equipe conseguiu compartilhar o Evangelho cara a cara com o presidente da nação por mais de uma hora. Todos esses avanços têm sua origem nas orações feitas nessa sala de oração. (Convocamos pessoas nas salas de oração ao redor do mundo para orar por todos que lerem este livro também.)

A paixão de Jon por investir em oração vem de uma vida de oração apaixonada. Ele passa até três horas por dia nas Escrituras, em leitura devocional, oração e intercessão. Sua manhã de cada dia é focada em comunhão, conexão, adoração, escuta, Escrituras, meditação e deleite na presença de Jesus. Ao longo do dia, ele realiza reuniões de oração com sua equipe e, à noite, dedica tempo para intercessão.

Jon diz que quer ajudar a "dobrar a cultura ocidental em direção ao reavivamento", e seu estudo de história o convenceu de que não há como ver isso acontecer sem primeiro lançar um movimento de oração. Jon se inspira no movimento missionário morávio do século XVIII, uma das mais longas reuniões de oração contínuas da história.

A reunião de oração de cem anos

Um dos investimentos mais significativos em oração na história da Igreja é um esforço que ficou conhecido como a reunião de oração de cem anos.

O conde Nikolaus Ludwig von Zinzendorf, um rico aristocrata e apaixonado seguidor de Cristo, foi um dos principais líderes desse esforço, que começou no início de 1700 na Saxônia, Alemanha.

Naquela época, os morávios, um grupo de protestantes apaixonados e com mentalidade missionária, estavam sendo perseguidos pela Igreja Católica, e Nikolaus ficou comovido com a situação deles. Ele ofereceu asilo a centenas de pessoas em sua propriedade, e eles chamaram de Herrnhut (A guarda [ou sob a proteção] do Senhor) a comunidade missionária que se formou.

Nikolaus então deixou sua posição na corte do rei e se dedicou a investir nessa comunidade, que era uma comunidade que orava. Em 13 de agosto de 1727, enquanto oravam, uma "graça incomum" veio sobre todos eles. Em muitos diários da comunidade que ainda existem, esse momento foi chamado de "Pentecostes".[1] Como resultado, a comunidade se comprometeu a orar 24 horas por dia. Os membros se revezavam juntos ou sozinhos, cobrindo cada hora do dia em oração, inspirados por Levítico 6:13, que diz: "O fogo arderá continuamente sobre o altar; não se apagará."

Isso continuou sem parar por mais de cem anos.

Nikolaus investiu sua considerável fortuna na comunidade e nesse esforço de oração. Hoje, muitos missiologistas veem essa reunião de oração como o fogo que desencadeou a revolução das missões modernas que continua até hoje, tendo influenciado líderes como William Carey, que é considerado "O Pai das Missões Modernas", e John Wesley, o fundador da Igreja Metodista. O investimento de Nikolaus ajudou a mudar a face do cristianismo ao redor do mundo.

Investimento em oração na prática

Shalom coloca uma grande parte de seu orçamento em oração, patrocinando um encontro de oração de um dia inteiro de 200 mil pessoas. Não há palco ou apresentação, apenas 200 mil pessoas orando coletivamente para que Deus mude sua nação e as nações do mundo. É realmente um investimento significativo fornecer coordenação, voluntários, comida para os obreiros, antes e depois, marketing e todas as despesas que se possa imaginar para um evento dessa escala. Mas Shalom diz: "Vale a pena."

Em 2021, um grupo de doadores ocidentais pediu a Shalom que lhes enviasse uma proposta para plantação de igrejas entre os não alcançados, e ficaram um pouco perplexos com o orçamento proposto que ele enviou de volta. Os doadores estavam acostumados a ver itens como gasolina, computadores e treinadores para viajar de um lugar para outro. Mas quando viram o orçamento de Shalom, notaram que *quase metade* dele era dedicado a coordenadores de oração e a reuniões de oração. "Claro", Shalom respondeu imediatamente pelo Zoom. "Vocês disseram que queriam se concentrar em grupos não alcançados, e isso nunca acontece sem que muitas pessoas orem muito." O grupo aprovou o pedido.

Desde então, as orações a Deus alteraram a dinâmica espiritual daquela área, e o projeto mudou para plantação e treinamento de igrejas. Para projetos maduros, Shalom dedica cerca de 10% do orçamento à oração. "Deus sempre se move no reino espiritual antes de se mover no reino físico", ele diz.

Investindo em oração em uma empresa com fins lucrativos

Jay Martin, fundador da Martin Bionics, tem inovado próteses para amputados que se ajustam como tênis, proporcionando um conforto sem precedentes e uma qualidade de vida transformada. Sua tecnologia inovadora impactou a indústria de próteses nos Estados Unidos e também deu à Martin Bionics a oportunidade de servir aqueles em situação de pobreza em todo o mundo em desenvolvimento.

Jay, que anteriormente projetou trajes de exoesqueleto para aplicações espaciais e militares para a Nasa, desde a infância sabia da importância de depender de Deus em todos os aspectos da vida. Mas foi somente quando enfrentou desafios médicos na faculdade que aprendeu a "apertar" o Senhor. Jay orou fervorosamente por cura milagrosa. A princípio, não parecia que suas orações estavam fazendo diferença, mas ele continuou a confiar no Pai e a permanecer firme na oração.

Com o tempo, Jay começou a ver avanços espirituais. Em alguns casos, ele ouviu o Senhor falando diretamente com ele; em outros, companheiros crentes falaram-lhe de modo profético. Esses encontros não apenas revelaram o poder de Deus de novas maneiras para Jay, mas também despertaram uma fome cada vez maior de conhecer mais a Deus.

Após cerca de dois anos "pressionando" Deus por meio da oração, Jay foi completa e miraculosamente curado. Por meio daquela experiência de cura miraculosa, a presença de Deus se tornou tão tangível que ele continuou a buscar a vontade de Deus e a experimentar Sua presença em outras facetas da vida.

Anos mais tarde, depois que Jay fundou e desenvolveu a Martin Bionics, ele ficou ainda mais intrigado com a profundidade do impacto que a oração poderia ter em um negócio. Ele se conectou com o pastor Jon Tyson, que lhe mostrou um relatório oficial produzido pela Maclellan Foundation que descrevia a priorização que ela fazia à oração em ambientes organizacionais. Nas semanas seguintes, Jay sentiu-se motivado a começar a implementar formalmente a oração dentro de sua empresa.

Jay contratou Sandra, uma intercessora talentosa que ele conhecia, para servir como intercessora corporativa de meio período dentro de sua empresa. Jay afirma que o sucesso geral da empresa naquele ano foi "diretamente correlacionado a tê-la na equipe".[2] Sandra passava um tempo dedicado todos os dias orando a respeito de tudo, de agendamento de pacientes e decisões comerciais importantes a membros individuais da equipe. A direção específica que Deus proveu por meio de Sandra ajudou Jay a tomar decisões empresariais contraintuitivas que se mostraram frutíferas e, por fim, permitiram que a Martin Bionics impactasse muito mais vidas.

Um dia, Sandra compartilhou que sentiu Deus encorajando Jay a tomar decisões com base na liderança d'Ele, em vez de basear-se no que faz mais sentido comercial, e que o "sim" de Jay precisava permanecer um "sim". Um pouco antes, naquele mesmo dia, Jay havia cancelado o compromisso para uma palestra que ele havia assumido anteriormente em uma próxima conferência de próteses, porque ela "não fazia muito sentido comercial". Depois que ouviu Sandra, ele sabia que a palavra era sobre essa decisão; por isso, ele mudou o que havia estabelecido e decidiu, por fim, falar na conferência.

Após a conferência, Jay foi procurado por um homem que havia ajudado a construir uma clínica de próteses com a qual a Martin Bionics fez parceria no Haiti. Depois de conversar por um curto período, os dois decidiram que a Martin Bionics adquiriria uma clínica que o homem possuía em Austin, Texas. Esta se tornou a primeira clínica doméstica da Martin Bionics fora de sua base em Oklahoma City. Jay não sabia na época da aquisição que a receita da nova clínica em Austin teria um impacto enorme na prosperidade geral da empresa naquele ano. Nada disso teria sido possível sem o discernimento em oração de Sandra e a disposição de Jay em seguir a liderança de Deus.

Após ver o impacto da oração corporativa na empresa, Jay expandiu a equipe de oração intercessória. Cada membro da equipe de oração de meio período cobria uma parte do dia de trabalho. Jay mais tarde formou um conselho consultivo espiritual, reunindo indivíduos com dons de profecia, de discernimento e de intercessão, entre outros. Juntos, eles forneceram, em espírito de oração, informações sobre o que sentiam que Deus queria fazer dentro da empresa.

Algum tempo depois, a Martin Bionics teve a oportunidade de comprar a cota de alguns investidores iniciais depois que eles levantaram preocupações sobre as práticas de oração da empresa. Jay acreditava de todo o coração que sua cultura de oração estava honrando a Deus, mas ele precisava desesperadamente de fundos para manter a empresa à tona e para comprar aquelas cotas. Então ele se voltou para Deus em oração. Dias depois, recebeu uma ligação de uma empresa oferecendo um investimento considerável. A Martin Bionics recebeu os fundos na hora certa: um dia antes de serem necessários para a compra das cotas. Mais importante, porém, foi que esses eventos revelaram o poder da confiança fiel no Senhor, mais uma vez reforçando a convicção da empresa de viver em profunda dependência d'Ele.

A Martin Bionics também experimentou uma série de curas milagrosas. Um dia, o CFO da empresa se encontrava na cidade para uma reunião de negócios e estava sofrendo de uma baita enxaqueca. Embora estivesse com dores excruciantes, o homem havia prometido comparecer à reunião em um café local. Jay se ofereceu para orar por ele, que não era crente, pedindo que sua enxaqueca desaparecesse assim que ele entrasse no café. E foi exatamente isso que aconteceu. O CFO ficou maravilhado porque, assim que passou pela porta, sua enxaqueca desapareceu de repente. Comicamente, quando ele saiu do café, ela retornou. Jay orou por ele uma vez mais, e a dor de cabeça foi curada novamente. Vários outros funcionários e pacientes também foram curados por meio da oração. Enxaquecas crônicas sumiram, lesões no ombro desapareceram, dores nas costas foram eliminadas, dores fantasmas nos membros foram reduzidas e uma mulher que estava paralisada andou de novo. Aos olhos de Jay, no entanto, esses milagres de cura — embora certamente inspiradores — são apenas "o primeiro degrau na escada" do que Deus é capaz de fazer dentro da empresa.

Além dos impactos visíveis da oração intercessória, Jay começou a considerar como outros dons espirituais poderiam influenciar as práticas da empresa, como usar o do discernimento ao contratar novos funcionários.

Nem todos que trabalham na Martin Bionics são crentes ou proponentes de dons espirituais. No entanto, Jay anseia que mais de seus colegas experimentem a plenitude do que Deus é capaz de fazer.

Jay reconhece que nem todos os cristãos valorizam ou praticam a oração no local de trabalho, às vezes porque simplesmente não percebem que é uma opção. Aqueles que reconhecem que as disciplinas espirituais podem ser incorporadas a ambientes de negócios geralmente ficam incertos sobre como começar, como foi o caso de Jay no início da jornada de sua empresa. Outros ainda não perceberam que o escopo total do que o Senhor é capaz de fazer no local de trabalho vai muito além de estudos bíblicos semanais ou pôsteres com passagens das Escrituras adornando as paredes.

Apesar desses equívocos e supostos campos minados, Jay anseia que outros crentes no mundo dos negócios percebam a extensão do que Deus pode fazer dentro de uma empresa. Ao buscar e fazer parceria com o que o Senhor está realizando, podemos visualizar a realidade do "assim na terra como no céu" (Mateus 6:10). Jay encontra valor intrínseco em convidar Deus para participar do local de trabalho, e admite sem nenhuma vergonha que sua empresa só sobreviveu por causa da provisão do Senhor e de Sua compaixão pelos amputados.

No futuro, Jay espera conduzir um estudo clínico sobre a oração nas clínicas da Martin Bionics para quantificar seus efeitos em pacientes que sofrem de dor fantasma no membro. É seu desejo mais sincero que um dia a Martin Bionics seja conhecida não apenas como uma empresa que fornece próteses de qualidade, mas também como um lugar de cura, onde os indivíduos experimentam o amor, a compaixão e a provisão do Pai.

Priorizar a oração

Enquanto conversávamos com líderes que oram sobre seu compromisso em construir uma cultura de oração, ouvimos sobre investimentos em cargos de equipe, em sistemas e em financiamento.

Alguns líderes de oração — como Shalom, Jay Martin, Joni Eareckson Tada e Peter Kubasek — contrataram membros para a equipe dedicados a organizar e a coordenar seus esforços de oração organizacional. Outros investiram em sistemas que reforçam seu comprometimento com a oração.

A Praxis é um ecossistema de construção de empreendimentos que reúne fundadores, financiadores e inovadores cuja fé os motiva a lidar com as principais questões do nosso tempo. Eles existem para equipar e fornecer recursos para o empreendedorismo redentor, e os inovadores que atendem estão enfrentando desafios como injustiça racial, mudança climática e desigualdade de oportunidades educacionais.

Mary Elizabeth Ellett, chefe de equipe da Praxis, liderou as práticas de oração da organização por mais de cinco anos.[3] Desde a fundação da empresa, a oração em equipe foi priorizada, mas, conforme a comunidade cresceu, eles precisaram de um sistema para garantir que cumprissem os compromissos assumidos de orar pelos membros de sua comunidade.

A fim de garantir que essa importante prioridade não fosse esquecida, a equipe da Praxis criou um processo automatizado para ajudar Mary Elizabeth a solicitar pedidos de oração da comunidade da Praxis. Em uma base escalonada, ela envia e-mails para mais de quinhentas pessoas, registrando seus pedidos de oração em um banco de dados. Durante o tempo de oração da equipe de cada dia, pessoas específicas são apresentadas em oração. Ao longo de um ano, cada pessoa na comunidade da Praxis foi convidada a enviar pedidos de oração e foi intencionalmente lembrada em oração.

Os e-mails são curtos, claros e encorajadores:

> Saudações da Praxis! Oramos pelos membros da nossa comunidade durante o ano todo, e daqui a cerca de uma semana oraremos por você pessoalmente durante nosso tempo diário de oração em equipe.
> Gostaríamos muito de interceder por você ou de agradecer junto com você de maneira específica; então, por favor, conte-me se há algo que você gostaria que nossa equipe soubesse enquanto oramos por você durante essa temporada desafiadora.
> Não se preocupe se não tiver tempo para responder — oraremos por você, com ação de graças, de qualquer maneira!

O sistema da Praxis garante que o valor declarado da oração seja praticado de forma ativa e consistente.

Parece impossível investir significativamente em oração como uma organização sem um investimento financeiro. O investimento pode ser em um espaço adicional para oração, como um prédio ou uma sala dedicados; ou criando oportunidades para oração, como os encontros de oração que Shalom e Jon Tyson promovem; ou liberando a equipe — e isso parece necessário — para dedicar parte de suas horas de trabalho à oração. Isso é verdade mesmo entre organizações que têm uma função específica e um indivíduo dedicado à oração. Joni Eareckson Tada diz que cada membro da equipe da Joni and Friends é responsável por orar.

Jesus nos lembra: "Onde está o teu tesouro, aí estará também o teu coração" (Mateus 6:21). É impossível valorizar Jesus no coração sem verificar o investimento do nosso tesouro físico. Há uma conexão entre o coração e as finanças. Investir o coração no relacionamento com Deus inclui investir nossas finanças em oração.

Um investimento multimilionário em oração

Gary Haugen, CEO e fundador da International Justice Mission (IJM), disse que, ao dizermos que algo é importante, podemos querer significar duas coisas diferentes.

O primeiro significado é que valorizamos essa coisa. Ela importa para nós, como nosso casamento ou nossa casa. Essas são coisas que estimamos.

O segundo significado é que essa coisa faz a diferença. Por exemplo: é importante levar protetor solar para a praia ou uma lanterna para um acampamento. É importante para um resultado que valorizamos — nesses casos, não ter uma queimadura de sol com bolhas ou tropeçar em um galho que não vimos.

Gary argumenta de forma convincente que a oração importa não apenas nesse primeiro aspecto, no qual é valiosa para nós, mas também no segundo, no qual ela realmente influencia os resultados nas lutas do mundo real.

"Nós, da IJM, afirmamos com todo o nosso ser que a oração importa. Importa, é claro, porque Deus importa. Ele é o Criador, Ele é a causa primeira, Ele é o Senhor sobre toda a terra, sobre toda a história, sobre todo o tempo e todo o espaço. Ele é de fato o Deus da justiça. O Deus de toda misericórdia. O Deus da compaixão."[4] Essa convicção impulsiona um profundo comprometimento com a oração na IJM.

Poucas organizações têm uma missão mais clara ou grandiosa do que a IJM. Por mais de 25 anos, sua equipe ao redor do mundo tem trabalhado com autoridades locais para resgatar e proteger dezenas de milhares de pessoas na pobreza de formas violentas de opressão, como tráfico de mão de obra, exploração sexual, abuso de poder policial e violência contra mulheres e crianças. Até 2030, a IJM busca resgatar milhões e proteger meio bilhão dos mais vulneráveis do mundo para que nunca cheguem a experimentar esse tipo de exploração violenta desde o início. A equipe tem motivação e ambição apoiada por resultados.

Eu (Peter) e o resto da equipe de liderança da HOPE International queríamos aprender com os membros da IJM como eles implementaram a oração organizacional; então, organizamos uma visita de intercâmbio. Chegando pontualmente às 8h30, saindo do elevador, encontramos um escritório assustadoramente silencioso. Quase nos perguntamos se tínhamos chegado no dia errado ou nos dirigido para o lugar errado, mas logo percebemos que cada funcionário da IJM — em todos os escritórios ao redor do mundo — começa o dia com trinta minutos de oração silenciosa em sua mesa. Quando o dia começou, estavam convidando Deus para ele, começando com a quietude, não com os e-mails.

Às 11h, todo o escritório fez mais uma pausa, para que toda a equipe una-se em oração coletiva.

O compromisso organizacional com a oração não se limita a esses horários específicos a cada dia. Os membros da equipe também participam de retiros de oração para todo o escritório a cada trimestre. Um dia de trabalho (normalmente uma sexta-feira) é gasto em um ensino simples e temático, adoração e duas horas de reflexão guiada. Além disso, todos os membros da equipe do IJM passam um dia de trabalho por ano em solitude e reflexão pessoal. Guias de oração e materiais são fornecidos para esses dias de oração pessoal, juntamente com a responsabilidade da gerência da organização, que garante que cada indivíduo programe seu dia de reflexão e oração.

Cerca de 14% do tempo da equipe do IJM é gasto em formação espiritual, e essa devoção à oração tem um custo real. É um investimento significativo de tempo que no ano passado se traduziu em um investimento de aproximadamente US$ 4 milhões globalmente.[5] Mas Gary e a equipe de liderança veem isso como uma despesa essencial.

Liturgias diárias e práticas de oração servem como lembretes úteis para Gary e os outros membros da equipe do IJM de que os milagres que eles esperam ver um dia no mundo não são, em última análise, o resultado de seu próprio trabalho, mas da graça de Deus.

"Como Jesus nos ensinou implacavelmente, Deus, em Sua soberania, escolheu não fazer tudo isso sozinho. Em vez disso, Ele escolheu nos dar um papel a desempenhar nas coisas que realmente importam. Deus nos permite impactar eventos reais, tanto pelo trabalho que fazemos quanto por liberar Seu poder no mundo por meio de nossos pedidos", reflete Gary. "Não podemos escolher nos importar mais do que Deus ordenou. Isso seria orgulho. Mas podemos escolher nos importar menos do que Ele ordenou, recusando Seu convite para liberar Seu poder no mundo por meio da oração."[6]

No final das contas, a IJM acredita que é Deus quem transforma os corações e cuida dos problemas verdadeiramente "grandes" do mundo — um humilhante e libertador lembrete.

Há um custo financeiro real na maneira como os líderes que oram apoiam a oração pessoal e organizacional, mas eles veem isso como um investimento que vale a pena. Misteriosa e miraculosamente, Deus transforma essa "perda" em um ganho.

ORAÇÃO

Concede-nos, Senhor,
que coloquemos nossa esperança em Teu nome
que é a fonte primordial de toda a criação,
e abrir os olhos de nosso coração,
a fim de Te conhecermos,
Aquele que habita sozinho nos céus mais altos,
no santo dos santos,
que abate a insolência dos orgulhosos,
que coloca os humildes no alto,
e traz o elevado para baixo,
o Criador e Supervisor de todo espírito,
que multiplica as nações na terra.
Nós Te suplicamos, Senhor e Mestre,
que sejas nossa ajuda e nosso provedor.
Salva aqueles entre nós que estão em apuros,
tem misericórdia dos humilhados,
levanta os caídos,
mostra-Te aos necessitados,
cura os ímpios,
converte os errantes do Teu povo,
alimenta os famintos,
liberta os nossos prisioneiros,
levanta os fracos,
conforta os desfalecidos.
Que todos os gentios saibam que só Tu és Deus,
e que Jesus Cristo é Teu Filho,
e que nós somos o Teu povo e ovelhas do Teu pasto.
Sim, Senhor, faz brilhar sobre nós Teu rosto em paz para o nosso bem,
para que sejamos abrigados pela Tua poderosa mão

*e libertados de todo pecado pelo Teu braço erguido.
E livra-nos daqueles que injustamente nos odeiam.
Ó Senhor, só Tu és capaz de fazer essas coisas,
e coisas muito melhores do que essas, para nós.
Nós Te louvamos por intermédio do Sumo-Sacerdote e Guardião de nossa alma,
Jesus Cristo,
por Quem seja a glória e a majestade
a Ti agora e por todas as gerações
e para todo o sempre.
Amém.*

(Clemente de Roma [editado])

A tradição cristã considera essa a mais antiga oração registrada conhecida fora das Escrituras.

FERRAMENTA DE ORAÇÃO

RECURSOS PARA A ORAÇÃO

A oração é um item no orçamento de sua casa, de seu pequeno grupo, de seu negócio, de sua organização? Seja algo tão simples quanto comprar livros sobre oração para os outros (temos uma lista de sugestões em www.leadwithprayer.com), comida para receber uma reunião de oração ou fazer grandes investimentos em salas, coordenadores ou eventos de oração, Deus convida os líderes que oram a investirem na multiplicação da oração.

Algumas das coisas em que os líderes investiram na oração são:

Espaço físico

Sejam edifícios dedicados, salas dedicadas ou salas multiuso reformadas, os líderes dedicaram espaço no escritório, em sua casa, na igreja e em locais para a oração.

Alguns ministérios criaram salas de oração que funcionam 24 horas por dia, sete dias por semana; outros criaram salas que estão disponíveis para funcionários, congregações ou até mesmo para a comunidade.

Pessoas

Os líderes investiram em funções dedicadas à oração em sua organização de duas maneiras. A primeira foi um coordenador de oração que conseguiu coordenar a cobertura de oração, disseminar pedidos pela organização, prover voluntários para uma sala de oração e passar mais tempo orando.

A segunda é pagar intercessores com o objetivo de orarem meio período pela organização. Alguns podem ter dúvidas sobre pagar alguém para orar, mas pagamos líderes de adoração para adorar e pregadores para estudar as Escrituras. Pagar alguém enquanto essa pessoa se envolve em disciplinas espirituais, como oração e adoração, é uma prática que remonta ao livro de Levítico.

Sistemas

Para reunir e compartilhar pedidos de oração, os ministérios geralmente criam planilhas ou bancos de dados de pedidos de oração, juntamente com listas de e-mail de intercessores.

Para agilizar esse processo para igrejas, ministérios e empresas, fizemos uma parceria com o aplicativo Echo Prayer para criar uma bela ferramenta que possa ajudar sua organização a reunir, filtrar e compartilhar tópicos de oração. Imagine enviar uma solicitação e receber uma atualização no dia seguinte confirmando que "três pessoas oraram por você". Imagine os intercessores em sua comunidade recebendo tópicos específicos e oportunos de oração nos quais se focarem. Confira em www.leadwithprayer.com para se juntar a nós no uso dessa ferramenta.

Horário

Permitir que os funcionários orem "no horário de trabalho" é um investimento real e quantificável que muitas organizações, tanto com fins lucrativos quanto sem fins lucrativos, têm feito. Seja permitindo reuniões de oração, dias trimestrais de oração ou momentos diários de oração, essa é uma maneira tangível de comunicar o valor da oração a qualquer equipe ou organização que você lidera.

ESTUDO DE CASO

DE LÍDER QUE ORA À CONSTRUÇÃO DE UMA CULTURA DE ORAÇÃO

Numa tarde de quinta-feira em 2009, David Denmark, diretor-executivo da Maclellan Foundation, uma das maiores e mais respeitadas fundações cristãs dos Estados Unidos, mancou até o hospital para fazer uma ressonância magnética. Cada passo era lento e cheio de dor agonizante, como tinha sido desde que ele sofrera uma lesão nas costas no início da semana. A cirurgia parecia inevitável, mas, por não haver ninguém disponível para ler a ressonância magnética naquela tarde, David foi mandado para casa a fim de descansar e aguardar uma consulta de acompanhamento com um cirurgião, marcada para a próxima terça-feira.

Em vez de ir para casa, David dirigiu 45 minutos em outra direção, com o propósito de ver um amigo pastor apaixonado por oração intercessória. O pastor orou por David e, embora ele não tenha sentido nada especial ou cura instantânea, notou, nos dias que se seguiram, uma melhora gradual e contínua. No domingo, ele estava de volta em um quadriciclo fazendo manutenção em sua propriedade.

Na terça-feira, quando David retornou ao hospital para a visita de acompanhamento, ele não esperava mais pela cirurgia, mas também não imaginava a reação do cirurgião ao entrar na sala. O médico parecia estupefato.

"Sr. Denmark", ele disse, "não há razão médica para que você esteja sentindo seus pés, muito menos para ficar de pé". Ele compartilhou os resultados da ressonância magnética, mostrando o pinçamento completo do nervo ciático. O cirurgião esperava ver um homem funcionalmente paralisado.

À medida que o corpo de David continuava a se curar de modo milagroso nas semanas seguintes, ele ficou curioso com a oração intercessória e cativado por ela. Se a oração tinha se tornado tão real em sua vida pessoal, como ele poderia (e deveria) incorporar a oração muito mais ativamente em seu papel como diretor-executivo de uma fundação filantrópica que distribui recursos financeiros? David compartilhou um plano com sua equipe de liderança que expandiria a oração por toda a América a fim de transformar a nação — e a equipe concordou entusiasticamente. Ele tinha o apoio dos demais e um orçamento de US$ 1 milhão para trazer à vida essa visão.

Logo David reuniu os CEOs dos principais ministérios de oração americanos, orquestrou uma estratégia unificada, construiu um site de alcance mundial, produziu um atrativo vídeo para transmitir a visão e distribuiu inúmeras doações iniciais para organizações em todo o país. Apesar dessas estratégias e de muita "atividade" atrativa, os esforços estagnaram após meses de trabalho. Querendo atear um incêndio florestal, eles mal acenderam uma faísca.

Qualquer número multiplicado por zero...

Enquanto David se preparava para prestar contas ao conselho da Maclellan pelo investimento menos que frutífero, ele perguntou a Deus honestamente: "Por que isso não deu certo? Sei que a oração é importante para Ti, e o país precisa muito dela!" Naquele momento, Deus condenou David, dizendo que ele estava "multiplicando por zero". Os esforços de David para replicar a oração por todo país estavam fadados ao fracasso porque ele ainda não era uma *pessoa* de oração. Ele sentiu que o Espírito o estava instruindo: "Você não pode replicar o que não possui." À medida que aquela certeza lhe trazia clareza ao coração, David viu o caminho a seguir.

Ele começou a orar silenciosamente em seu escritório, de joelhos, sozinho, todas as manhãs. Sem alarde. Sem CEOs famosos. Sem agenda. Apenas um filho falando com o Pai e ouvindo Suas palavras de instrução, amor e sabedoria. David aprendeu que uma cultura saudável de oração começa com um líder que prioriza a oração em vez da programação estratégica.

Após meses de oração pessoal, David sentiu um impulso no espírito para orar com *outros* na Maclellan e dar o exemplo de uma cultura de oração para a equipe.

Corporativamente, a Maclellan Foundation sempre valorizou a oração. Durante anos, a semana de trabalho era iniciada com a oração de todos os funcionários às segundas-feiras. Já fazia parte do ritmo e da rotina; no entanto, muitas vezes parecia mais cumprir um dever do que se envolver estrategicamente em uma batalha espiritual. O tempo dedicado à oração era uma base, mas David queria construir sobre essa base criando um espaço adicional para a oração na vida da organização e criar intencionalidade em torno dela.

Seu primeiro passo foi agendar uma reunião de oração semanal adicional para focar exclusivamente os parceiros de ministério da Maclellan. Anteriormente, os pedidos de oração da reunião de segunda-feira variavam de apelos visionários por reavivamento em determinada nação até a cirurgia no pé da tia de um membro da equipe. Ambos são importantes! Mas David decidiu tornar o tempo de oração mais focado. Agora, a equipe ora por seus parceiros de ministério (beneficiários) às segundas-feiras e adicionou um segundo tempo de oração corporativa às quintas-feiras para atender a pedidos pessoais e familiares.

Internamente, à medida que a oração se enraizava na cultura do escritório, a Foundation começou a falar sobre "Segundas-feiras de Missão" e "Quintas-feiras da Família". A decisão de aumentar a intencionalidade durante o tempo de oração foi um ponto de virada no desenvolvimento de uma cultura de oração mais saudável.

À medida que a Foundation continuou na disciplina da oração e passou um tempo estudando o que as Escrituras ensinam sobre o tema, a equipe chegou a uma conclusão importante: a oração não é apenas um meio para um fim espiritual, mas é um fim em si mesma. Podemos orar para receber coisas de Deus, mas também oramos para receber Deus. David explica: "A oração não é apenas algo que oferecemos; é também algo que nos transforma."

Depois de meses nesse ritmo de oração "duas vezes por semana", David se lembrou de um aforismo da escola de negócios: "Para ver o que uma organização valoriza, observe onde ela aplica os recursos."

Após buscar a orientação do Senhor, a Maclellan identificou treze intercessores locais que concordaram em orar pela fundação e por seus parceiros de ministério. David enviava a esses treze "Intercessores Maclellan" pedidos de oração específicos a cada semana. Durante esse tempo, ele também aprendeu a importância de relatar os resultados de orações anteriores. Semestralmente, David reunia os Intercessores Maclellan visando construir unidade, relacionamentos e impulso. Os intercessores até vinham ao local para reuniões do conselho ou outros eventos estratégicos, convidando a presença, a liderança e a intervenção de Deus.

À medida que a iniciativa de oração crescia, acompanhar solicitações e respostas se tornava cada vez mais demorado. Não apenas isso, mas, à medida que via resultados que só podia atribuir à oração, David se convencia cada vez mais de que a Maclellan estava envolvida em uma batalha espiritual (Efésios 6:12). "Poucos de nós temos o foco e o senso de urgência sobre a oração que se esperaria ver em uma luta de vida ou morte", diz ele. "Nosso oponente nesta guerra é 100% espírito e, portanto, não se distrai com as coisas do mundo natural. Nosso inimigo pode dedicar 100% de seu tempo para empreender a luta. Nunca seremos capazes de igualar isso; portanto, devemos nos tornar muito estratégicos na luta. Como resultado, determinamos nos tornar mais intencionais com respeito à oração."

Para David, isso significava que a oração merecia o tempo e a atenção dedicados de alguém. Ele designou um membro da equipe como coordenador de oração de meio período da Maclellan. "Designar uma pessoa para se concentrar em cultivar uma cultura de oração foi essencial para o nosso sucesso", relembra David.

Invista no que importa

Um escritório foi remodelado para se tornar sala de oração, e um coordenador de oração de meio período expandiu para três intercessores de tempo integral. Conforme o investimento crescia, alguns começaram a questionar: "Por que pagar pessoas para orar?" David tinha a convicção de que isso era certo, mas era difícil expressar o porquê até que ele leu em 1Crônicas sobre como o rei Davi lidou com a equipe do tabernáculo. O texto diz que Davi empregou 288 músicos habilidosos para fazer música para o Senhor. Há em 1Crônicas 9:33 o relato de que esses músicos "estavam alojados nas câmaras do templo e eram isentos de outros serviços". O rei Davi não pagou pelo talento deles, mas simplesmente comprou o tempo para que fossem liberados de outros serviços. Eles, por sua vez, usaram o talento que lhes fora dado por Deus para promover a missão da entidade.

Assim como o controlador da fundação era pago para usar seus talentos a fim de fornecer direção à Maclellan Foundation, os intercessores da equipe usariam seu tempo comprometido e talento dado por Deus para promover a missão. "Pagamos por coisas que achamos importantes", ele diz. "Simplesmente elevamos a oração ao nível da contabilidade."

Ao contratar intercessores pagos, David queria ter cuidado para evitar a tentação de deixar a oração para "os profissionais". A sala de oração na Maclellan é, pelo projeto, ocupada pela equipe de vários departamentos da fundação durante os primeiros e os últimos quinze minutos de cada dia. No meio-tempo, ela é ocupada por intercessores pagos. "Esperamos que todos na Maclellan orem parte do tempo e que alguém na Maclellan esteja orando o tempo todo", diz David.

Agora, quando os líderes de um ministério visitante vêm à Maclellan, eles esperam ansiosamente pelo tempo na sala de oração. Vários parceiros de ministério expressaram apreço pela parceria de financiamento da Maclellan, mas transmitiram um apreço ainda maior pelo tempo gasto na sala de oração. Os parceiros locais agendam um tempo para vir ao escritório da Maclellan e orar com a equipe de intercessão, e os parceiros de ministério distantes podem orar com os intercessores via Zoom.

CONCLUSÃO

Se tivéssemos de resumir os principais ensinamentos e histórias de Jesus sobre oração, o tema principal seria perseverança.

- Pedir, buscar, bater (Mateus 7:7).
- Orar sempre e nunca esmorecer (Lucas 18:1).
- "Vigiai e orai" (Mateus 26:41).
- Esta casta não se expele senão por meio de oração e jejum (Mateus 17:21).
- Compareça ao juiz todos os dias até que sua persistência seja recompensada (Lucas 18:6–8).

Muitos dos nossos entrevistados compartilharam histórias impressionantes que demonstraram o poder da oração persistente. Curas. Grandes vitórias. Milagres.

Mas é possível não se dar conta das horas, de dias e anos entre a oração e as respostas. As orações que não receberam uma resposta imediata – e o compromisso tenaz de *continuar orando*. Em uma conversa particularmente comovente, uma amiga compartilhou conosco não apenas sobre uma resposta milagrosa à oração, mas também sobre o desânimo que ela experimentou durante a batalha de uma década que a precedeu. Ela se sentiu chamada a orar uma hora a cada domingo por seus familiares que não conheciam Jesus. Todos eles haviam sofrido abusos e, quando ela começou a orar, cada um deles era viciado em drogas ou álcool.

No sétimo ano de oração por sua família uma hora por semana, nada havia acontecido. O oitavo e o nono anos foram exatamente iguais. Manter-se em oração persistente parecia ficar mais difícil a cada dia e a cada ano que passavam. Mas no décimo ano, cada um dos membros de sua família, de diferentes maneiras, tornou-se um seguidor apaixonado de Cristo. A vida deles foi radicalmente transformada.

Nunca sabemos onde estamos na história, e nem toda história termina em cura física, provisão financeira ou restauração relacional deste lado do céu. No entanto, mesmo nesses momentos dolorosos de oração aparentemente sem resposta, ainda cremos que vale a pena orar.

Coragem e tenacidade são pré-requisitos para a liderança, e, se quisermos liderar com oração, Cristo nos convida e invoca a trazer esses mesmos atributos para nossa vida de oração: *continuar orando*.

Como Gary Haugen, afirmamos que "a oração importa". Como Joni Eareckson Tada, cremos que a oração não se relaciona apenas com circunstâncias mudadas, mas com pessoas mudadas. E sabemos por experiência própria que é possível encontrar Deus quando estamos de joelhos com o rosto no carpete.

Às vezes, a resposta às nossas orações é um *milagre*; outras vezes, é um *momento* na presença de Deus. Na análise final, talvez esse seja o maior milagre de todos. De qualquer forma, o milagroso vem por meio da oração persistente.

Um axioma comum de liderança diz: "A definição de insanidade é fazer a mesma coisa e esperar resultados diferentes." Por essa definição, a oração persistente é insana.

Mas cortar uma árvore também é: erguer e baixar um machado repetidamente com a expectativa de que a árvore por fim cairá. Se um se sente mais louco do que o outro, é apenas porque os resultados de erguer e baixar um machado são visíveis, enquanto os resultados alcançados na oração geralmente não são. Mesmo quando não vemos resultados, Deus nos ordena a orar persistentemente, avançando aos poucos sobre o mundo caído, avançando aos poucos sobre nossa própria autossuficiência teimosa e inaugurando um novo Reino em nossa vida, nossa liderança e além, "não atentando nós nas coisas que se veem, mas nas que se não veem porque as que se veem são temporais, e as que se não veem são eternas" (2Coríntios 4:18).

Uma palavra final

Como líderes — mas, mais fundamentalmente, como seguidores de Jesus —, perseveramos na oração, e nossas orações perseveram além de nós. As Escrituras ensinam que podemos não ver a consecução das orações durante o período de nossa vida, mas também nos dão esperança de que elas podem viver além de nossa vida (Hebreus 11:39).

Eu (Ryan) aprendi a orar e desenvolvi uma paixão pela oração com minha mãe. Lembro-me dela orando até tarde da noite, noite após noite, quando eu era criança. De seu quarto de oração, ela clamava a Deus por nós, por nossa vizinhança e pelas nações. Nunca me esquecerei de ficar acordado até tarde, com o ouvido colado na porta, para escutar as orações de minha mãe. As orações desesperadas dela diante de Deus ecoam em meus ouvidos até hoje.

Ela me contou algo que sentiu que o Senhor lhe havia falado em um desses momentos de oração à noite: "Há orações nas quais ainda estou trabalhando e que você esqueceu que fez há muitos anos."

Deus nunca esquece uma oração. Mesmo gerações depois.

Em uma de nossas últimas entrevistas, Mark Batterson falou sobre o legado de oração de seu avô.

Mark compartilhou como a própria vida de serviço e de liderança na Igreja está cumprindo muitas das orações do avô, embora este tenha falecido décadas atrás. As orações do avô continuaram vivas e estão sendo respondidas em sua vida.

Temos o poder de fazer orações para o futuro – orações para serem respondidas gerações por vir. A oração pode ser não apenas esperança presente, mas também o fundamento de bênçãos futuras.

Jesus praticou esse tipo de oração geracional no Jardim, tarde da noite, pouco antes de Sua prisão, tortura e morte. Sua mente e Seu coração viajaram além da cruz para o futuro enquanto Ele orava não apenas por Seus discípulos. "Não rogo somente por estes, mas também por aqueles que vierem a crer em Mim, por intermédio da sua palavra", Ele disse (João 17:20). A oração de Jesus está atravessando o tempo até a nossa geração, até nós.

Um amigo compartilhou a história de uma viagem missionária lindamente redentora à Rússia após a queda do comunismo que ilustra de forma pungente esse conceito.

Sua equipe foi contratada para pegar as pedras de um antigo *gulag* russo, um campo de trabalho forçado onde os prisioneiros suportavam condições horríveis, e usá-las para construir a fundação de uma nova igreja.

Apesar do trabalho duro, a equipe ficou cativada pela imagem poética de reaproveitar as pedras que construíram um lugar de desespero para se tornarem a fundação de uma casa de culto. Vários dias depois do processo de desconstrução, um membro da equipe encontrou uma lata em meio aos escombros do *gulag*. Havia um bilhete dentro.

A equipe levou o bilhete ao pastor anfitrião, e ele chorou ao ler as palavras:

Somos uma comunidade de crentes sendo forçados a pegar as pedras da nossa igreja e usá-las para construir nossa própria prisão. Oramos para que um dia Deus nos ouça e use essas pedras para construir uma igreja novamente.

Cada oração que fazemos é como esconder uma lata nos escombros deste mundo. Orações que um Pai amoroso prometeu não esquecer.

Ao orarmos por nossa família, por organizações, equipe e aqueles que buscamos alcançar com nossos ministérios, podemos colocar as orações em latas para as gerações futuras. E, ao treinarmos outros a orar, suas orações também continuarão por gerações – até que vejamos a culminação de todas as nossas esperanças e orações e nossos sonhos na face de Jesus.

Vem, Senhor Jesus.

ORAÇÃO

Jesus,
Ensina-me a orar.
Ajuda-me a acordar a alva com louvor e ação de graças.
Ajuda-me a permanecer em Ti nos momentos de cada dia.
Ajuda-me a receber a noite com grata adoração.
Ajuda-me a vigiar e a orar contigo noite adentro.
Mostra-me a alegria da Tua presença nas provações que enfrento.
Mostra-me Teu poder miraculoso em minha vizinhança e nas nações.
Mostra-me a Tua sabedoria no lugar secreto.
Mostra-me a liberdade do Teu perdão.
Ensina-me a lutar de joelhos contra as forças das trevas.
Ensina-me a ouvir Teus sussurros em meio ao barulho deste mundo.
Ensina-me a confiar na Tua força quando o mundo pesa sobre mim.
Ensina-me a lançar sobre Ti minhas preocupações quando as ansiedades surgirem.
Ensina-me a me render quando meu coração quiser se desviar.
Que eu aprenda a cair de joelhos em humildade.
Que eu aprenda a me erguer no poder da ressurreição.
Nas noites escuras, que eu me apegue firmemente ao Teu amor.
Nos dias brilhantes, que eu não esqueça Tuas bênçãos.
Então minha alma caminhará contigo no jardim, na viração do dia.
Ensina-me a orar, Senhor.
Ensina-me a orar.

(Ryan Skoog)

LISTA DE VERIFICAÇÃO PARA SE TORNAR UM LÍDER QUE ORA

Prática	Ferramenta de oração
____ Crie espaço para a amizade	Guia para caminhar com Deus (pág. 55)
____ Crie um plano, uma Regra de Vida, em torno da oração	Mapa de oração (pág. 73)
____ Crie lembretes para se lembrar de Jesus ao longo do dia	Orações de uma frase (pág. 90)
____ Pratique a postura	Postura comprometida com a oração (pág. 105)
____ Ore em tempos difíceis	Salmos para orar em tempos difíceis (pág. 123)
____ Ore as Escrituras	*Lectio Divina* (pág. 136)
____ Aprenda a ouvir	Passos para ouvir Deus (pág. 155)
____ Arrependa-se humildemente	*Examen* (pág. 167)
____ Crie um cronograma de jejum	Orientação sobre jejum para líderes (pág. 179)
____ Crie um cronograma de retiro	Guia de Richard Beaumont para um retiro pessoal eficaz (pág. 190)
____ Construa uma cultura de oração	Passos para uma cultura de oração (pág. 208)
____ Ore por aqueles que você lidera	Ore por seu organograma (pág. 224)

____ Tenha uma equipe de parceiros de oração   Passos para construir equipes pessoais de oração (pág. 239)

____ Invista na oração   Recursos para a oração (pág. 257)

AGRADECIMENTOS

Na Introdução, reconhecemos que este livro foi "escrito em comunidade". É nosso privilégio expressar gratidão a alguns membros dessa comunidade cujas contribuições moldaram nosso pensamento e nossa escrita.

Há uma pessoa cujos dons incríveis e paixão incansável uniram as palavras de três escritores diferentes e as transformaram em um livro. Sem ela, este livro nunca teria acontecido. Jill Heisey, obrigado.

Andrew Wolgemuth, nosso agente literário, é tão gentil quanto sábio. Ele foi um guia especialista durante todo o processo de escrita do livro.

À equipe da Hachette and FaithWords, particularmente a Ryan Peterson, que acreditou neste livro, em primeiro lugar, e cujas edições esclarecedoras melhoraram significativamente o manuscrito, somos gratos. Oramos pela editora certa, e essas orações foram respondidas em vocês.

A todos os líderes de oração, passados e presentes, obrigado pelo seu exemplo de como é liderar com oração. Vocês nos inspiram. Para aqueles que nos permitiram sentar aos seus pés e aprender com vocês, como resultado nós lideramos de forma diferente. Obrigado.

Poderíamos (e deveríamos!) dizer mais sobre cada um desses familiares e amigos muito especiais que nos apoiaram durante todo o processo de escrita do livro. Somos realmente abençoados por termos colegas incríveis, amigos solidários e família dedicada.

Ryan: Rach, Colones, Syd-the-Kid, Jay Dizzle, Captain, Ma'am, Bishop, A-aron, Amigo, Princeton, Furina, Si, Mr. Oo, Bear, Bahinī, London Al, Rico, Brad, Jerry, Rob, Madam Pres, Brent, Micah, Leak, Fred, Kee, Kuku, Ganesh e Rosebell.

Peter: Laurel, Keith, Liliana, Myles, London, Baxter (produtor-executivo), Megan, LeAnna, Brianna, Claire, Jeff, Joshua, Alaina, Christine, Judah, Dan, Isabel, Pierson, Ashley, Phil, Greg, o comissário, o conselho da HOPE, Lance, Bill, Ryan e Abi, da Paulding Fair.

Cameron: Carolyn, Grace, Christiana, Hewson, Sandhana, Catherine, Keziah, Abi, Emanuel, Grace, John Mark, David, David, David, David, Sam, Travis e Tyler.

Por fim, obrigado, Jesus. Tudo vem de Ti. Tudo é por meio de Ti. Tudo é para Ti.

NOTAS

Introdução: Líderes têm um problema com oração

1. Essa história foi compartilhada pelo neto de Billy Graham, Stephan Tchividjian, que se lembra do avô como um homem de oração que frequentemente estava prostrado em humildade diante de Deus, confessando que não conseguia falar a menos que Deus o tocasse com graça. Stephan Tchividjian, entrevistado por Ryan Skoog, 24 de fevereiro de 2023.
2. "Most Pastors Unsatisfied with Their Personal Prayer Lives" [A maioria dos pastores está insatisfeita com sua vida de oração], *Baptist Press*, 6 de junho de 2025, https://www.baptistpress.com/resource-library/news/most-pastors-unsatisfied-with-their-personal-prayer-lives/.
3. "The Greatest Needs of Pastors" [A maior necessidade de pastores], *Lifeway Research*, março-abril de 2021, https://research.lifeway.com/wp-content/uploads/2022/01/The-Greatest-Needs-of-Pastors-Phase-2-Quantitative-Report-Release-1.pdf.
4. A fundação que encomendou o estudo desejou permanecer anônima, mas concedeu aos membros de nossa equipe a oportunidade de revisar as descobertas do estudo sob a condição de anonimato.
5. Tim Keller, "New York City Gathering NYC 2018: The Primacy of Prayer" [Reunião na cidade de Nova York NYC 2018: A primazia da oração], *New City Network*, 7 de junho de 2018, vídeo: https://www.youtube.com/watch?v=KeKWjd4fe5E&t=44s.
6. Tim Keller, "Bonus Episode: A Conversation with Tim Keller" [Episódio bônus: Uma conversa com Tim Keller], entrevista com Mike Cosper, *The Rise and Fall of Mars Hill*, 1º de julho de 2022, podcast, 1:02:14, https://www.christianitytoday.com/ct/podcasts/rise-and-fall-of-mars-hill/tim-keller-mike-cosper-mars-hill-bonus.html.
7. J. Robert Clinton, "Listen Up Leaders!" [Prestem atenção, líderes!] Barnabas Publishers (1989): 18, https://clintonleadership.com/resources/complimentary/ListenUpLeaders.pdf. Clinton conduziu seu estudo no início da década de 1990. Nem todos os líderes que Clinton identificou foram descritos em detalhes suficientes para serem avaliados, mas daqueles que foram, apenas cerca de 30% terminaram bem pela definição de Clinton: "Caminhando com Deus em um relacionamento pessoal vibrante, desenvolvendo o

potencial que Deus deu à sua capacidade apropriada e deixando atrás de si uma contribuição final que é agradável a Deus e estabelecida por Ele." Clinton aplicou esse mesmo padrão a mais de 1.200 líderes históricos e contemporâneos e chegou a uma conclusão igualmente surpreendente: "Evidências de hoje indicam que essa proporção é provavelmente generosa. Provavelmente menos de um em cada três está terminando bem hoje." Veja J. Robert Clinton, *The Making of a Leader* [A formação de um líder], 2ª ed. (Colorado Springs: NavPress, 2012).

8. J. Robert Clinton, *The Making of a Leader*, 2ª ed. (Colorado Springs: NavPress, 2012), 210.

9. "Status of Global Christianity, 2022, in the Context of 1900–2050" [Posição do cristianismo global, 2022, no contexto de 1900 a 2050], *Center for the Study of Global Christianity at Gordon-Conwell Theological Seminary*, acessado em 6 de março de 2023, https://www.gordonconwell.edu/center-for-global-christianity/wp-content/uploads/sites/13/2022/01/Status-of-Global-Christianity-2022.pdf; Aaron Earls, "Ten Encouraging Trends in Global Christianity in 2020" [Dez tendências encorajadoras no cristianismo global em 2020], *Lifeway Research*, 10 de junho de 2020, https://research.lifeway.com/2020/06/10/10-encouraging-trends-of-global-christianity-in-2020/; Y Bonesteele, "How the Growing Global Church Can Encourage American Christians" [Como o crescimento da Igreja global pode encorajar os cristãos americanos], *Lifeway Research*, 17 de março de 2021, https://research.lifeway.com/2021/03/17/how-the-growing-global-church-can-encourage-american-christians/.

10. Para a segurança de nossos entrevistados e do ministério atuante deles, respeitamos sua escolha em usar apenas o primeiro nome ou um pseudônimo e omitir localizações precisas.

11. David Watson e Paul Watson, *Contagious Disciple Making: Leading Others on a Journey of Discovery* [O contagiante fazer discípulos: Liderando outros em uma jornada de descoberta], (Nashville: Thomas Nelson, 2014); Ying Kai e Grace Kai, *Ying & Grace Kai's Training For Trainers: The Movement That Changed the World* [O treinamento de Ying & Grace para treinadores: O movimento que mudou o mundo], (Monument, CO: Wigtake Resources LLC, 2018). Veja também as obras do pesquisador David Garrison. [Há dois livros dele publicados em português: *Movimentos de plantação de igrejas* e *Um vento na casa do Islã* (Curitiba: editora Esperança, 2015 e 2016) (N. do T.)]

12. Justin Taylor, "George Verwer's Conversion: 60 Years Ago Today God Created a Global Evangelist" [A conversão de George Verwer: 60 anos atrás Deus criou um evangelista global], *The Gospel Coalition*, 3 de março de 2015, https://www.thegospelcoalition.org/blogs/justin-taylor/george-verwers-conversion-60-years-ago-today-god-created-a-global-evangelist/.

13. "Quem somos". Operação Mobilização BR, acessado em 30 de novembro de 2024, https://om.org.br/quemsomos/.

14. "Silent and Solo: How Americans Pray" [Em silêncio e a sós: Como os americanos oram], *Barna Group*, 15 de agosto de 2017, https://www.barna.com/research/silent-solo-americans-pray/.

15. Stephen Macchia, *Crafting a Rule of Life: An Invitation to the Well-Ordered Way* [Elaborando uma regra de vida: um convite ao caminho bem-ordenado], (Downers Grove, IL: InterVarsity Press, 2012), 29.
16. Christian Dawson, "Ephesians: Immeasurably More: Part 10: Stand" [Efésios: Abundantemente além: Parte 10: Firmes], *Bridgetown Audio Podcast*, 4 de setembro de 2022, bridgetown.podbean.com/e/part-10-stand/.
17. "Be Thou My Vision" [Sê Tu minha visão], tradução do hino irlandês "Bí Thusa 'mo Shúile", traduzido para o inglês em 1905. [Na versão em português, "Sê minha vida, ó Deus de poder", traduzida em 1976, não há essa frase, mas há uma de teor semelhante: "Sê o primeiro no meu coração". (N. do T.)]

Capítulo 1: Líderes "perdem tempo" com Deus

1. "Prayer in Christian Organizations" [Oração em organizações cristãs], *Barna Group*, 2020.
2. Rosebell, em entrevista a Ryan Skoog, 11 de fevereiro de 2019. Para segurança dela, não daremos seu sobrenome nem informaremos sua localização.
3. Oswald Chambers, "Are You Fresh for Everything?" [Você está disposto a qualquer coisa?], *My Utmost for His Highest*, acessado em 11 de setembro de 2023, https://utmost.org/are-you-fresh-for-everything/. [Publicado em português como *Tudo para Ele* (Venda Nova: Editora Betânia, 1988). (N. do T.)]
4. John Kim, em entrevista a Ryan Skoog, 7 de dezembro de 2021.
5. Ibrahim Omondi, em entrevista a Peter Greer, 3 de fevereiro de 2023.
6. C. S. Lewis, *Letters to Malcolm: Chiefly on Prayer* (San Francisco: HarperOne, 2017), 125. [Publicado em português como *Cartas a Malcolm, sobretudo a respeito da oração* (Rio de Janeiro: Thomas Nelson Brasil, 2019), 134. (N. do T.)]
7. G. K. Chesterton, *Orthodoxy* (Londres: John Lane Company, 1909), 298. [Publicado em português como *Ortodoxia* (Rio de Janeiro: Rocco, 2025), 237. (N. do T.)]
8. Gerard Manley Hopkins, "As Kingfishers Catch Fire" [Como os martim-pescadores pegam fogo], acessado em 6 de março de 2023, https://www.poetryfoundation.org/poems/44389/as-kingfishers-catch-fire.
9. Jacob Hess, "Celebrating the Relentless Love of God: A Conversation with the Beloved Rev. Francis Chan" [Celebrando o inexorável amor de Deus: Uma conversa com o amado rev. Francis Chan], *Deseret News*, 5 de dezembro de 2021, https://www.deseret.com/2021/12/4/22796535/celebrating-the-relentless-love-of-god-a-conversation-with-the-rev-francis-chan-evangelical-lds.
10. As citações nesta seção que não sejam de outra fonte são de Francis Chan, em entrevista a Cameron Doolittle, 19 de fevereiro de 2023.
11. Francis Chan, "Prayer Makes a Leader" [A oração faz o líder], BRMinistries, 2min33 e 5min13, 30 de novembro de 2018, vídeo, https://www.youtube.com/watch?v=y9AUr-6xic2Q&t=327s&ab_channel=BRMinistries.

12. Hess, "Celebrating the Relentless Love of God."
13. Henri Nouwen, *Beloved: Henri Nouwen in Conversation* [Amado: Conversa com Henri Nouwen], (Norwich, UK: Canterbury Press, 2007), 30-31.
14. Madre Teresa em entrevista a Dan Rather, como citado em Ron Mehl, *What God Whispers in the Night* [O que Deus sussurra à noite], (Sisters, Oregon: Multnomah, 2000), 97.
15. St. Teresa of Kolkata, *Everything Starts from Prayer* [Tudo começa com oração], (Ashland, OR: White Cloud Press, 2018), 1.
16. Summer Allen, "The Science of Awe" [A ciência do assombro], Greater Good Science Center at UC Berkeley, setembro de 2018, https://ggsc.berkeley.edu/images/uploads/GGSC-JTF_White_Paper-Awe_FINAL.pdf.
17. Charles Austin Miles, "In the Garden" [No jardim], 1912.

Capítulo 2: Líderes treinam a alma

1. Marjorie J. Thompson, *Soul Feast: An Invitation to the Christian Spiritual Life* [Festa da alma: Um convite para a vida espiritual cristã], (Louisville, KY: Westminster John Knox, 2014), 150.
2. John Piper, "If You Don't Pray, You Won't Live" [Se você não ora, você não vive], Desiring God, 31 de outurbro de 2018, https://www.desiringgod.org/messages/put-in-the-fire-for-the-sake-of-prayer/excerpts/if-you-dont-pray-you-wont-live.
3. John Mark Comer, "Prayer Part 9: Fixed Hour Prayer" [Oração parte 9: Oração em hora fixa], *Bridgetown Church*, 3 de julho de 2017, https://vimeo.com/224118521.
4. Como citado em John Ortberg, *Soul Keeping: Caring for the Most Important Part of You* [Sustento da alma: Cuidando da parte mais importante de você], (Grand Rapids, MI: Zondervan, 2014), 89.
5. Comer, "Prayer Part 9: Fixed Hour Prayer."
6. Daniel Kahneman, *Rápido e devagar: Duas formas de pensar* (São Paulo: Objetiva, 2012).
7. Barbara Bradley Hagerty, "Prayer May Reshape Your Brain… and Your Reality" [A oração pode redesenhar seu cérebro… e sua realidade], NPR, 20 de maio de 2009, https://www.npr.org/2009/05/20/104310443/prayer-may-reshape-your-brain-and--your-reality.
8. Andrew Newberg, "How Do Meditation and Prayer Change Our Brains?" [Como a meditação e a oração mudam nosso cérebro?], acessado em 7 de março de 2023, http://www.andrewnewberg.com/research.
9. Para saber mais sobre as pesquisas de Newberg, veja http://www.andrewnewberg.com/research, bem como Andrew Newberg e Mark Robert Waldman, *How God Changes Your Brain: Breakthrough Findings from a Leading Neuroscientist* (New York: Ballantine Books, 2009), 23–27. [Publicado em português como *Como Deus pode mudar sua mente – Um diálogo entre fé e neurociência* (Duque de Caxias: Prumo, 2009) (N. do T.)] O livro de Newberg menciona um estudo sobre como a meditação budista muda o cérebro.

Mais tarde, ele repetiu um teste semelhante com freiras rezando que evidenciaram aumento da atividade no lobo parietal inferior, bem como nos lobos frontais. A pesquisa de Newberg foi acessada online em 5 de abril de 2023.
10. Peter Boelens, Roy Reeves, William Replogle, Harold Koenig, "A Randomized Trial of the Effect of Prayer on Depression and Anxiety" [Um ensaio randomizado sobre o efeito da oração sobre a depressão e a ansiedade], *International Journal of Psychiatry in Medicine* 39, n. 4 (2009): 377–92, https://doi.org/10.2190/PM.39.4.c.
11. Andrew Newberg, em entrevista a Michael Sandler, "How God Changes the Brain! Neuroscience of Prayer, Spirituality and Meditation!" [Como Deus muda o cérebro! A neurociência da oração, da espiritualidade e da meditação!], *Michael Sandler's Inspire Nation*, 28 de julho de 2020, https://www.youtube.com/watch?v=qp_sqMIOMcs&ab_channel=MichaelSandler%27sInspireNation.
12. Hagerty, "Prayer May Reshape Your Brain… and Your Reality."
13. Newberg, em entrevista a Michael Sandler.
14. Amy Wachholtz and Kenneth Pargament, "Is Spirituality a Critical Ingredient of Meditation? Comparing the Effects of Spiritual Meditation, Secular Meditation, and Relaxation on Spiritual, Psychological, Cardiac, and Pain Outcomes" [É a espiritualidade um ingrediente crítico da meditação? Comparando os efeitos da meditação espiritual, da meditação secular e do relaxamento sobre os resultados espirituais, psicológicos, cardíacos, e sobre a dor], *Journal of Behavioral Medicine* 28, n. 4 (agosto de 2005): 369-384, https://doi.org/10.1007/s10865-005-9008-5.
15. Christine Larson, "Health Prayer: Should Religion and Faith Have Roles in Medicine?" [Saúde pela oração: Podem a religião e a fé desempenhar algum papel na medicina?], *U.S. News & World Report*, 22 de dezembro de 2008, https://health.usnews.com/health-news/articles/2008/12/22/health-prayer-should-religion-and-faith-have-roles-in-medicine.
16. Shalom é um pseudônimo, usado para proteger nosso entrevistado e seu ministério.

Capítulo 3: Líderes praticam a presença de Deus

1. Irmão Lawrence, *The Practice of the Presence of God: The Best Rule of Holy Life* (Grand Rapids: Christian Classics Ethereal Library, 1994), https://ccel.org/ccel/l/lawrence/practice/cache/practice.pdf. Esse livro já vendeu mais de vinte milhões de exemplares. [Várias edições em português. Por exemplo: *Praticando a presença de Deus* (São Paulo: Casa Publicadora Paulista, 2024). (N. do T.)]
2. Henri J. M. Nouwen, prefácio para *The Practice of the Presence of God*, trad. John Delaney (Nova York: Image, 1977), 10.
3. "Love's, Hobby Lobby Recognized among Forbes Largest Private Companies List" [Love's e Hobby Lobby têm o reconhecimento da lista das maiores empresas privadas da *Forbes*], *News 9*, 9 de novembro de 2010, https://www.news9.com/story/5e35b38e83eff40362bee303/loves-hobby-lobby-recognized-among-forbes-largest-private-companies-list.

4. David Green em conversa pessoal com Ryan Skoog, em 3 de fevereiro de 2018.
5. David Green, *Giving It All Away… and Getting It All Back Again: The Way of Living Generously* [Dar tudo… e receber tudo de volta: A maneira de viver generosamente] (Grand Rapids, MI: Zondervan, 2017).
6. David Green, "The Importance of Family Legacy with David Green Pt. 1" [A importância do legado familiar, com David Green, parte 1], entrevista com Ray Hilbert, *Truth at Work*, em 25 de setembro de 2018, podcast, 7:22, https://truthatwork.org/the-importance-of-family-legacy-with-david-green-pt-1/.
7. Green, *Giving It All Away*.
8. "God be in my head" [Deus está na minha cabeça], *The Oxford Book of Prayer*, ed. Appleton, © 1985, 1992.
9. J. D. Watson, *A Word for the Day: Key Words from the New Testament* [Uma palavra por dia: Palavras-chave do Novo Testamento], (Chattanooga, TN: AMG Publishers, 2006).
10. Dallas Willard, *The Great Omission: Reclaiming Jesus's Essential Teachings on Discipleship* (San Francisco: HarperCollins, 2006), 125. [Publicado em português como *A grande omissão: As dramáticas consequências de ser cristão sem se tornar discípulo* (São Paulo: Mundo Cristão, 2008). (N. do T.)]
11. Zehra é um pseudônimo, usado para proteger nossa entrevistada e seu ministério.
12. Zehra, em entrevista a Cameron Doolittle, 26 de janeiro de 2023.
13. Dolores Smyth, "What Is the Origin and Purpose of Church Bells?" [Quais são a origem e o propósito dos sinos de igreja?], Christianity.com, 16 de julho de 2019, https://www.christianity.com/wiki/church/what-is-the-origin-and-purpose-of-church-bells.html.
14. Mark Zhou, em entrevista a Cameron Doolittle, 10 de novembro de 2021.
15. HELPS Word-studies, s.v. "Proseuchomai", acessado em 16 de março de 2023, https://biblehub.com/greek/4336.htm.
16. Irmão Lawrence, *The Practice of the Presence of God*.
17. No livro *Words Can Change Your Brain* [Palavras podem mudar seu cérebro], Andrew Newberg, neurocientista da Universidade Thomas Jefferson, e Mark Robert Waldman, especialista em comunicação, afirmam: "Uma única palavra tem o poder de influenciar a expressão de genes que regulam o estresse físico e emocional."

Capítulo 4: Líderes ajoelham-se diante do Senhor

1. Justin Whitmel Earley, em entrevista a Peter Greer, 6 de janeiro de 2023.
2. Justin Whitmel Earley, *The Common Rule: Habits of Purpose for an Age of Distraction* [A regra comum: hábitos propositais para uma era de distração] (Grand Rapids, MI: InterVarsity Press, 2019), 37.
3. Entrevista com Justin.
4. Eusébio de Cesareia, *História eclesiástica*, trad. Wolfgang Fischer (São Paulo: Fonte Editorial, 2019), 70.
5. Edward Bounds, *E. M. Bounds on Prayer* [E. M. Bounds sobre oração] (Peabody: Hendrickson Publishers, 2006), 6.

6. Papa Emérito Bento XVI, "The Theology of Kneeling" [A teologia do ajoelhar-se], *Adoremus*, 15 de novembro de 2022, https://adoremus.org/2002/11/the-theology-of-kneeling/.
7. John Ortberg, em entrevista a Cameron Doolittle, em 13 de março de 2023.
8. Don Millican, em entrevista a Peter Greer, em 18 de janeiro de 2023.
9. Kathryn Reid, "1994 Rwandan Genocide, Aftermath: Facts, FAQs, and How to Help" [O genocídio de 1994 em Ruanda, resultado: Fatos, Perguntas mais frequentes e Como ajudar], World Vision, 1º de abril de 2019, https://www.worldvision.org/refugees-news-stories/1994-rwandan-genocide-facts.
10. Christine Baingana, em entrevista a Peter Greer, em 20 de maio de 2022.
11. "Angaza Awards 2022 Top Finalist; Christine Baingana" [Os finalistas do prêmio Angaza 2022: Christiane Baingana], *Kenyan Wall Street*, 18 de janeiro de 2022, http://kenyanwallstreet.com/angaza-awards-2022-top-finalist-christine-baingana/.

Capítulo 5: Líderes oram em tempos difíceis

1. Meu (de Ryan) irmão e sócio foi entrevistado para esse artigo. Rachel Siegel, "Congress Needs to Weigh In on Expanding Main Street Loan Program to More Businesses, Boston Fed Chief Says" [Chefe do Federal Reserve de Boston defende que o Congresso precisa avaliar a expansão do programa de empréstimos para pequenas empresas], *Washington Post*, 8 de setembro de 2020, https://www.washingtonpost.com/business/2020/09/08/main-street-fed-loans.
2. C. S. Lewis, *Till We Have Faces* (San Francisco: HarperOne, 2017), 269. [Publicado em português como *Até que tenhamos rostos – A releitura de um mito* (Rio de Janeiro: Thomas Nelson Brasil, 2021), 310. (N. do T.)]
3. Joni Eareckson Tada, *Seeking God: My Journey of Prayer and Praise Reflections* [Buscando Deus: Reflexões de minha jornada de oração e de louvor] (Brentwood, TN: Wolgemuth & Hyatt, 1991).
4. Joni Eareckson Tada, "Heartfelt, Honest Prayers" [Orações francas e sinceras], *Joni and Friends*, 2 de janeiro de 2022, https://www.joniandfriends.org/heartfelt-honest-prayers/.
5. Joni Eareckson Tada, em entrevista a Peter Greer, em 2 de fevereiro de 2023.
6. "Joni Eareckson Tada Shares Her Story" [Joni Eareckson Tada compartilha sua história], *Joni and Friends*, 28 de janeiro de 2014, vídeo, 6:45, https://www.youtube.com/watch?v=VVXJ8GyLgt0.
7. Tom Fowler, "No. 1 Private Company: Texon" [Texon: A empresa privada nº 1], *Houston Chronicle*, 6 de junho de 2011, https://www.chron.com/business/article/No-1-private-company-Texon-1683065.php.
8. Terry Looper, *Sacred Pace: Four Steps to Hearing God and Aligning Yourself with His Will* [Ritmo sagrado: Quatro passos para ouvir Deus e alinhar-se com a vontade d'Ele] (Nashville: Thomas Nelson, 2019).

9. Terry Looper, em entrevista a Ryan Skoog, em 25 de julho de 2022.
10. Ganesh é um pseudônimo, usado para proteger nosso entrevistado.
11. Ganesh, em entrevista a Ryan Skoog, em 26 de julho de 2022.
12. Mike Cosper, "Bonus Episode: Paint the Beauty We Split: A Conversation with Chad Gardner" [Episódio-bônus: Pinte a beleza que dividimos: uma conversa com Chad Gardner], *The Rise and Fall of Mars Hill*, 5 de maio de 2022, podcast, https://www.christianitytoday.com/ct/podcasts/rise-and-fall-of-mars-hill/mars-hill-podcast-chad-gardner-kings-kaleidoscope.html.
13. Helen H. Lemmel, "Turn Your Eyes upon Jesus" [Volte os olhos para Jesus], 1922.

Capítulo 6: Líderes oram as Escrituras

1. Tim Mackie, mensagem de e-mail para Cameron Doolittle, em maio de 2023.
2. Tim Mackie, "Paradise Now" [Paraíso agora], *24-7 Prayer USA*, 12 de outubro de 2022, vídeo, https://www.youtube.com/watch?v=HQlH-WfmZms&t=735s.
3. Tim Mackie, em entrevista a Cameron Doolittle, em 21 de abril de 2020.
4. Idem.
5. Tim Mackie, "Paradise Now".
6. Japhet Yanmekaa, mensagem de e-mail para Cameron Doolittle, 17 de fevereiro de 2023.
7. Japhet Yanmekaa, em entrevista a Cameron Doolittle, em 11 de dezembro de 2020.
8. Embora nem todas elas fossem orações, Shari Abbott compilou uma lista das vezes em que Jesus citou Salmos, Seu livro de orações. Acesse a lista completa em https://reasonsforhopejesus.com/old-testament-book-jesus-quote-often/.
9. Alexander McLean, "Justice Defenders *Lectio Divina*" (introdução, reunião por Zoom, 26 de janeiro de 2023).
10. Alexander McLean, em entrevista a Peter Greer, em 2 de julho de 2021.
11. John Piper, "How Do I Pray the Bible?" [Como eu oro a Bíblia?], *Desiring God: Ask Pastor John*, 6 de fevereiro de 2017, podcast, 0:45, https://www.desiringgod.org/interviews/how-do-i-pray-the-bible.
12. John Piper, "How to Pray for Half-an-Hour" [Como orar por meia hora], *Desiring God*, 5 de janeiro de 1982, https://www.desiringgod.org/articles/how-to-pray-for-half-an-hour.
13. John Piper, "Should I Use the Bible When I Pray?" [Devo usar a Bíblia quando oro?], *Desiring God*, 28 de setembro de 2007, https://www.desiringgod.org/interviews/should-i-use-the-bible-when-i-pray.
14. Piper, "Should I Use the Bible When I Pray?".
15. Piper, "How to Pray for Half-an-Hour".
16. John Piper, "Learning to Pray in the Spirit and the Word, Part 1" [Aprendendo a orar no Espírito e na Palavra, Parte 1], *Desiring God*, 31 de dezembro de 2000, https://www.desiringgod.org/messages/learning-to-pray-in-the-spirit-and-the-word-part-1.

17. Citamos de modo livre, e com permissão, de https://www.soulshepherding.org/lectio-divina-guides/.
18. Henri Nouwen, *Spiritual Direction: Wisdom for the Long Walk of Faith* [Direção espiritual: Sabedoria para a longa caminhada da fé] (Nova York: Harper Collins, 2006), xvii–xviii.
19. Cortesia de Bill Gaultiere e Soul Shepherding.

Capítulo 7: Líderes aprendem a ouvir

1. Brother Andrew, *God's Smuggler*, 2ª ed. (Minneapolis: Chosen, 2015), 60. [Irmão Andrew, *O contrabandista de Deus* (Santa Bárbara de Oeste: Z3 Editora, 2012). (N. do T.)]
2. Timothy D. Wilson, et al., "Just Think: The Challenges of the Disengaged Mind" [Apenas pensar: Os desafios da mente desocupada], *Science*, 1º de julho de 2014.
3. Terry Looper, entrevista a Ryan Skoog, em 25 de julho de 2022.
4. Aila Tasse, em entrevista a Cameron Doolittle, em 25 de agosto de 2022.
5. Aila Tasse, mensagem de WhatsApp para Cameron Doolittle, 16 de fevereiro de 2023.
6. Entrevista com Aila.
7. Priscilla Shirer, "Learn How to Recognize God's Voice" [Aprenda a reconhecer a voz de Deus], *Praise on TBN*, 3 de março de 2022, https://www.youtube.com/watch?v=iyBQXFYQ3P0.
8. Philip Yancey, "Where the Light Fell" [Onde a luz caiu], entrevista a Dave e Ann Wilson, *Family Life Today*, 16 de fevereiro de 2023, podcast, https://www.truthnetwork.com/show/family-life-today-dave-ann-wilson-bob-lepine/56629/.
9. John English, *Spiritual Intimacy and Community: An Ignatian View of the Small Faith Community* [Intimidade espiritual e comunidade: Uma visão inaciana da pequena comunidade de fé] (Mahwah, NJ: Paulist Press: 1993).
10. George Müller, *Answers to Prayer* [Respostas à oração], acessado em 5 de abril de 2023, http://storage.cloversites.com/mountainview/documents/Answers%20To%20Prayer%20by%20George%20Mueller.pdf, 2-3.

Capítulo 8: Líderes se arrependem

1. Jamie Rasmussen, "Unveiled" [Revelado], Scottsdale Bible Church, 20 de novembro de 2022, vídeo, 1:05:37, https://scottsdalebible.com/message/?enmse=1&enmse_sid=121&enmse_mid=622.
2. Rob Ketterling, entrevista a Ryan Skoog, em 6 de fevereiro de 2023.
3. Jean é um pseudônimo usado para proteger nosso entrevistado.
4. George Aschenbrenner, *Consciousness Examen* [*Examen* de consciência], acessado em 8 de dezembro de 2022, https://ww.ignatianspirituality.com/ignatian-prayer/the-examen/consciousness-examen/.

5. St. Ignatius, *The Spiritual Exercises of St. Ignatius* (New York: Random House, 2000), 20 [Publicado em português como *Escritos de Santo Inácio: exercícios espirituais* (São Paulo: Loyola, 2000). (N. do T.)].
6. Rachel Adelman, "The Burning Bush: Why Must Moses Remove His Shoes?" [A sarça ardente: por que Moisés teve de tirar os calçados?], *TheTorah.com*, 7 de janeiro de 2021, https://www.thetorah.com/article/the-burning-bush-why-must-moses-remove-his-shoes.
7. Ignatius, *The Spiritual Exercises of St. Ignatius*.

Capítulo 9: Líderes buscam a Deus por meio do jejum

1. Patrick Johnson, entrevista a Cameron Doolittle, em 24 de janeiro de 2022.
2. Patrick Johnson, e-mail para Cameron Doolittle, 30 de março de 2023.
3. Japhet Yanmekaa, entrevista a Cameron Doolittle, em 11 de dezembro de 2020.
4. Para a segurança do nosso entrevistado e de seu ministério que está em andamento, acatamos seu pedido de omitir seu nome e sua localização.
5. Pavel é um pseudônimo usado para proteger nosso entrevistado e seu ministério.
6. Stan Parks, entrevista a Ryan Skoog, em 23 de setembro de 2021. Stan lidera a 24:14, uma comunidade comprometida em atender movimentos de plantação de igrejas em todos os grupos de povos e lugares não alcançados.
7. Pavel, entrevista a Ryan Skoog, em 27 de novembro de 2021.
8. R. Joseph Owles, *The Didache: The Teaching of the Twelve Apostles* [A Didaquê: O ensino dos doze apóstolos] (CreateSpace, 2014), 14.
9. São Basílio, conforme citado em Kent Berghuis, "Christian Fasting, Appendix 1: Basil's Sermons About Fasting" [Jejum cristão, Apêndice 1: Sermões de Basílio sobre o jejum], Bible.org, https://bible.org/seriespage/appendix-1-basil%E2%80%99s-sermons-about-fasting#P1625_606319, acessado em 1º de abril de 2023.
10. São João Crisóstomo, conforme citado por Sergei Bulgakov, "Fasting according to the Church Fathers" [Jejum de acordo com os Pais da Igreja], *Orthodox Christianity Then and Now*, https://www.johnsanidopoulos.com/2013/03/fasting-according-to-church-fathers.html, acessado em 1º de abril de 2023.
11. Santo Isaac, o Sírio, conforme citado por Sergei Bulgakov, "Fasting according to the Church Fathers" [Jejum de acordo com os Pais da Igreja], *Orthodox Christianity Then and Now*, https://www.johnsanidopoulos.com/2013/03/fasting-according-to-church-fathers.html, acessado em 1º de abril de 2023.
12. Joan Brueggeman Rufe, *Early Christian Fasting: A Study of Creative Adaptation* [Jejum cristão primitivo: Um estudo de adaptação criativa] (Ann Arbor: UMI, 1994), iii.
13. Kent Berghuis, *Christian Fasting: A Theological Approach* [Jejum cristão: Uma compreensão teológica], 2007, https://bible.org/book/export/html/6521.
14. Dallas Willard, "Real Lyfe - Dallas Willard - Hooked (Extra: fasting)" [Vida real – Dallas Willard – Atraído (Extra: jejum)], *Lyfe videos by Bible Society*, 11 de outubro de 2010, 0:38, https://www.youtube.com/watch?v=oocf0eoAy5I&t=37s.

15. Dallas Willard, "Dallas' Personal Daily Practices?" [Práticas diárias pessoais de Dallas?], entrevista a Bobby Schuller, *Tree of Life Community*, 16 de agosto de 2011, https://www.youtube.com/watch?v=GqLmeubS65Q.
16. Dallas Willard, *Life without Lack* [Vida sem carência] (Nashville: Nelson Books, 2018), 14.
17. Willard, *Life without Lack*.
18. Entrevista com Yanmekaa.

Capítulo 10: Líderes separam tempo para um retiro

1. Hala Saad, entrevista a Cameron Doolittle, 17 de janeiro de 2022.
2. Richard Foster, *Devotional Classics*, edição revista (Nova York: HarperCollins, 2005), 85. [Publicado em português como *Clássicos devocionais: Seleção de 52 leituras dos principais autores devocionais sobre renovação espiritual* (São Paulo: Editora Vida, 2009). (N. do T.)]
3. Brian Cavanaugh, *Sower's Seeds of Encouragement: Fifth Planting* [Sementes de encorajamento do semeador: Quinta plantação] (Nova York: Paulist Press, 1998), 32.
4. Tim Mackie, "Paradise Now" [Paraíso agora], *24-7 Prayer USA*, 12 de outubro de 2022, vídeo, https://www.youtube.com/watch?v=HQlH-WfmZms&t=735s.
5. Dallas Willard, *Renovation of the Heart*, 20ª edição (Colorado Springs: NavPress, 2021), 84. [Publicado em português como *A renovação do coração: Assuma o caráter de Cristo*, 1ª edição (São Paulo: Mundo Cristão, 2007). (N. do T.)]
6. Richard Beaumont, e-mail pessoal para Cameron Doolittle, 6 de setembro de 2022.
7. Evelyn Underhill, *The Ways of the Spirit* (Nova York: Crossroad, 1994), 50-51.

Capítulo 11: Líderes criam uma cultura de oração

1. Publicado em português como *A força da oração perseverante* (Rio de Janeiro: Thomas Nelson Brasil, 2013). (N. do T.)
2. Mark Batterson, em entrevista a Ryan Skoog, em 20 de dezembro de 2022.
3. Steve Shackelford, em entrevista a Ryan Skoog, em 9 de janeiro de 2023.
4. Steve Shackelford, Redeemer City to City, 9 de março de 2022, https://facebook.com/RedeemerCTC/videos/449542340289304.
5. "History Is Being Made, Right Now. Be a Part of It" [A história está sendo feita, bem agora. Seja parte disso], *YouVersion*, 8 de maio de 2017, https://blog.youversion.com/2017/05/history-made-right-now-part/.
6. Todd Peterson, em entrevista a Cameron Doolittle, em 26 de março de 2023.
7. "Who We Are" [Quem somos], Life in Abundance International, acessado em 23 de março de 2023, https://lifeinabundance.org/pt/who-we-are/.
8. Esta citação e as seguintes, a menos que seja indicado de outro modo, são de Florence Muindi, *The Pursuit of His Calling: Following in Purpose* [A busca de Seu chamamento: Seguindo no propósito] (Nashville: Integrity Publishers Inc., 2008).

9. Florence Muindi, em entrevista a Chris Horst e a Jill Heisey, em 19 de outubro de 2020.
10. Gil Odendaal, em entrevista a Peter Greer, 26 de outubro de 2021.
11. Edward Bounds, *E. M. Bounds on Prayer* [E. M. Bounds sobre a oração] (Peabody, MA: Hendrickson Publishers, 2006), 165.
12. Registro nos Estados Unidos que isenta certas organizações sem fins lucrativos de impostos federais. Organizações com esse registro podem receber doações dedutíveis de impostos dos doadores. No Brasil, é algo semelhante a uma Organização da Sociedade Civil de Interesse Público (OSCIP). (N. do T.)

Capítulo 12: Líderes oram por aqueles que eles lideram

1. David Wills, e-mail pessoal para Cameron Doolittle, em 13 de março de 2023.
2. David Sykora, em entrevista a Cameron Doolittle, em 13 de janeiro de 2023.
3. Relatado por David Syokra em entrevista a Cameron Doolittle, em 13 de janeiro de 2023.
4. Christine Caine, "Intercession with Christine Caine" [Intercessão com Christine Caine], entrevista a Tyler Staton, *Praying Like Monks, Living Like Fools*, 31 de outubro de 2022, https://www.youtube.com/watch?v=eldI4RHxhUY.
5. André Mann, em entrevista a Peter Greer, em 15 de junho de 2021.

Capítulo 13: Líderes constroem equipes para orar com elas e por elas

1. "Silent and Solo: How Americans Pray" [Em silêncio e a sós: Como os americanos oram], *Barna Group*, 17 de agosto de 2017, https://www.barna.com/research/silent-solo-americans-pray/.
2. Com base no exame das primeiras cinquenta imagens em 30 de setembro de 2022.
3. Peter Kubasek, em entrevista a Cameron Doolittle, em 20 de janeiro de 2021.
4. Judah Mooney, em entrevista a Peter Greer, em 30 de março de 2023.
5. Orações em grupo em Atos: 1:13–14; 2:42–46; 4:24–31; 8:14–15; 12:5–12; 13:1–3; 14:23; 16:13–16; 20:36; 21:5–6; 27:29.

Capítulo 14: Líderes investem na oração

1. Leslie Tarr, "A Prayer Meeting That Lasted for 100 Years" [Uma reunião de oração que durou cem anos], *Christian History* 1, nº 1, 1982, https://www.christianitytoday.com/history/issues/issue-1/prayer-meeting-that-lasted-100-years.html.
2. Jay Martin, em entrevista a Peter Greer, em 16 de junho de 2021.
3. Mary Elizabeth Ellett, em entrevista a Peter Greer, em 12 de novembro de 2021.
4. Gary Haugen, "GPG 2015: Prayer Matters —An Introduction" [GPG 2015: A oração importa – Uma introdução], *International Justice Mission*, 18 de abril de 2015, 5:07, https://www.youtube.com/watch?v=_lBwdRuuz8Y.
5. Jim Martin, vice-presidente de formação espiritual da International Justice Mission, em entrevista a Peter Greer, em 30 de junho de 2021.
6. Haugen, "GPG 2015: Prayer Matters —An Introduction".

Impressão e Acabamento:
GRÁFICA GRAFILAR